In Zeiten des Wandels

Jochen Bohl

In Zeiten des Wandels

Briefe, Predigten, Vorträge

EVANGELISCHE VERLAGSANSTALT
Leipzig

Jochen Bohl, Jahrgang 1950, studierte Evangelische Theologie in Wuppertal, Marburg und Bochum. Nach pfarramtlicher Tätigkeit in der westfälischen Kirche wechselte er ins Rheinland, wo er das Evangelische Jugendwerk an der Saar leitete. Von 1995 bis 2004 war er Direktor der Diakonie Sachsen, bis er 2004 zum Landesbischof der Evangelisch-Lutherischen Landeskirche Sachsens gewählt wurde. Zusammen mit seiner Frau Margarete hat er drei Söhne.

© Steffen Giersch, Dresden

Bibliografische Information der Deutschen Nationalbibliothek
Die Deutsche Nationalbibliothek verzeichnet diese Publikation in der Deutschen Nationalbibliografie; detaillierte bibliografische Daten sind im Internet über http://dnb.dnb.de abrufbar.

© 2015 by Evangelische Verlagsanstalt GmbH · Leipzig
Printed in Germany · H 7922

Das Buch wurde auf alterungsbeständigem Papier gedruckt.

Cover: Makena Plangrafik, Leipzig
Coverfoto: Altarraum der Trinitatiskirche Leipzig (Reudnitz-Thonberg) © Steffen Giersch, Dresden
Layout und Satz: Steffi Glauche, Leipzig
Druck und Binden: Hubert & Co., Göttingen

ISBN 978-3-374-04125-1
www.eva-leipzig.de

Vorwort

Elf Jahre sind im Leben eines Menschen eine lange Zeit, ein Abschnitt, in dem sich vieles verändert; im alltäglichen Geschehen vielleicht unmerklich, im Rückblick aber unübersehbar. Wenn alle zehn Jahre die »runden« Geburtstage gefeiert werden, so geht es dabei nicht in erster Linie um die Faszination bestimmter Zahlen, sondern um den lebensgeschichtlichen Wandel, das Phänomen der Vergänglichkeit und das Wissen um Lebensabschnitte, deren Vergehen Vergangenes abschließt und neue Möglichkeiten eröffnet.

»Trau keinem über 30« war für eine ganze Generation weit mehr als ein lockerer Spruch, sondern Ausdruck einer Lebenshaltung, die das Jugendalter feierte. Wer 60 Jahre alt wird, blickt auf den größten Teil der Wegstrecke zurück und spürt vielleicht das Bedürfnis, verbleibende Möglichkeiten auszuloten, hat erkannt, »kein bisschen weise« zu sein. Wer dann wiederum einige Jahre später in das »Dritte Alter« eintritt, wie man in Frankreich den Ruhestand nennt, steht vor einer Gestaltungsaufgabe eigener und durchaus anspruchsvoller Art.

Im Leben einer Kirche dagegen stellt das Vergehen der Zeit sich anders dar; da sind zehn oder elf Jahre eher ein Wimpernschlag. Wenn 2017 das Reformationsjubiläum gefeiert wird, reicht der Blick zurück über 500 Jahre und wird die Theologie des Apostels Paulus einschließen, die im 1. Jahrhundert entstanden ist und für Martin Luther so entscheidend war.

Wie jedes kirchliche Amt nimmt auch das Bischofsamt den Menschen in Anspruch, der es ausübt. Amt und Person müssen voneinander unterschieden werden, aber ohne die personale Dimension kann die Leitungsaufgabe nicht glaubwürdig ausgeübt werden und ebenso ist das Amt auf den Einsatz der Person, der es übertragen wurde, angewiesen. Mit diesem Amt und seiner umfassenden Beanspruchung zu leben, hat mich sehr geprägt und auch verändert. Ein anderer Mensch bin ich nicht geworden, wohl aber als Person bereichert in jeder Hinsicht, als Theologe und Pfarrer, als suchender und lernfähiger Mensch. Zudem haben bestimmte Sichtweisen, Zuschreibungen und Empfindungen, die sich mit dem Amt verbinden, ihre Wirkung entfaltet und darin lag sicherlich auch etwas Einengendes.

Dieser Band sammelt Texte, die zu konkreten Anlässen entstanden sind: Predigten, Rundschreiben und Vorträge, in denen es um Grundsätzliches und Aktuelles geht, um Reaktionen auf Ereignisse und Vorausschau auf absehbare Entwicklungen.

Ich würde mich freuen, wenn darüber für geneigte Leserinnen und Leser ein Bild vom Leben der sächsischen Landeskirche in einem kurzen Moment ihrer langen und segensreichen Geschichte entstehen würde.

Jochen Bohl
März 2015

Inhalt

7

Kirchliche Impulse

Gesellschaftliche Entwicklungen

Gerechtigkeit für alle

Predigt zum Friedensgebet in der
Leipziger Nikolaikirche*, 30. August 2004

> Und er sprach: Womit wollen wir das Reich Gottes ver-
> gleichen, und durch welches Gleichnis wollen wir es ab-
> bilden? Es ist wie ein Senfkorn: wenn das gesät wird aufs
> Land, so ist's das kleinste unter allen Samenkörnern auf
> Erden; und wenn es gesät ist, so geht es auf und wird grö-
> ßer als alle Kräuter und treibt große Zweige, so dass die
> Vögel unter dem Himmel unter seinem Schatten wohnen
> können. (Mk 4,30-32)

Liebe Gemeinde,

die Menschen, denen Jesus dieses Gleichnis erzählte, litten erbärmlich unter der politischen Situation ihres Landes; der Besetzung und Unterdrückung durch das römi-

---

* In den ersten Jahren des neuen Jahrtausends befand sich
  Deutschland in einer wirtschaftlichen Krise, man sprach vom
  »kranken Mann« Europas. Über lange Zeit waren die Arbeits-
  losenzahlen unentwegt angestiegen und insbesondere in den
  neuen Bundesländern war die Lebenssituation vieler Menschen von der Erfahrung bestimmt, auf dem Arbeitsmarkt
  keine Chance zu haben. In manchen Regionen Sachsens waren mehr als 25 % der Erwerbsbevölkerung betroffen. Im Sommer 2004 kam es zu Demonstrationen, die die Tradition der
  montäglichen Friedensgebete aufnahmen. In der Leipziger
  Innenstadt setzte sich ein Demonstrationszug mit dem ehemaligen SPD-Vorsitzenden an der Spitze in Bewegung. Noch

sche Weltreich. Angesichts der Kräfteverhältnisse gab es auch keine realistische Hoffnung auf Veränderung. Aber in Israel war immer der Glaube an eine ganz andere Macht lebendig gewesen, dass es nämlich eine alternative Wirklichkeit gibt, die von Gott geprägt ist und von seinem Willen, das Verletzte und Beschädigte zu heilen: Neben der Welt des Vorfindlichen mit ihren mächtigen Reichen glaubten die Menschen an das Reich Gottes und warteten auf sein Heraufziehen, auf die ersten Anzeichen. Die Bibel erzählt staunenswerte Geschichten von ihm, in großer Zahl. Und je schlechter es den Menschen in der wirklichen Wirklichkeit ging, desto mehr interessierten sie sich für die andere, das Reich Gottes.

Ob uns in diesem Friedensgebet das Gleichnis hilft – an das Reich Gottes, die ganz andere Wirklichkeit, denken in einer solchen Situation …? Ob das wohl geht? Und etwas nützt? In dieser Situation … So viele Menschen in unserem Land sehen in Sorge und Unsicherheit auf die Einführung der Arbeitsmarktreformen und des Arbeitslosengeldes II. Sie haben seit vielen Jahren, nicht wenige seit der Wende, keine Arbeit mehr gefunden – jedenfalls nicht auf dem ersten, dem »regulären« Arbeitsmarkt. Das ist eine Erfahrung des Ausgeschlossenseins, die das ganze Leben beeinflusst: trotz guter Ausbildung, trotz allen Suchens und zahlloser

---

vor den Bundestagswahlen 2005 gründete sich in den alten Bundesländern die »Wahlalternative Soziale Gerechtigkeit«, die sich später mit der in den ostdeutschen Parlamenten stark vertretenen PDS zu einer neuen Partei namens »Die Linke« zusammenschloss.

Bewerbungen keine wirkliche Chance zu bekommen. Ein dauerhafter Schmerz und eine Wunde, die nicht richtig heilt. Immerhin haben sie die Erfahrung gemacht, dass sie materiell insofern aufgefangen worden sind, als die Sicherung des Lebensnotwendigen nicht in Frage stand. Jetzt stellen sie sich erschrocken die Frage, ob diese Sicherung nun auch noch wegfallen soll? Keine Arbeit – und nun auch noch ohne Absicherung? Den Weg in die Armut gehen müssen, per Gesetz, wie es aggressiv auf Wahlplakaten zu lesen ist?

Da sind andere, die sich sorgen um die Stabilität ihres Arbeitsplatzes – ich habe Arbeit, aber wie lange noch ... Wie schnell kann es unter diesen Bedingungen gehen, dass man draußen ist ... Ich sehe ja, wie mein Betrieb kämpft ... Es gibt jedes Jahr mehr Arbeitslose in Sachsen – wann erwischt es mich? Und wie gering ist dann die Wahrscheinlichkeit, eine neue Anstellung zu finden ...

Das ist die eine Seite der Wirklichkeit. Wir wissen, dass es eine andere gibt; in ihr steigt der Wohlstand, der Reichtum gar. Insbesondere in den letzten vier Jahren, in denen die Situation in Deutschland für viele deutlich schlechter geworden ist, haben andere sich in nie dagewesener Weise bereichert. In einem großen deutschen Konzern, um ein Beispiel zu geben, wurden in diesem Zeitraum die Vorstandsgehälter verdreifacht. Überall im Land leiden Menschen unter schmerzhaften Anpassungsprozessen an neue Wirklichkeiten – es gefährdet den Zusammenhalt im Land, wenn Teile der Eliten sich eine eigene Welt konstruieren, die nichts gemein hat mit dem Leben derer, über die sie Entscheidungen treffen. Dieses Verhalten, es gibt leider weitere Beispiele, verletzt das Gebot der Gerechtigkeit, das in einer guten Gesellschaft für alle gelten muss. Die Krise, in der unser Land sich befindet, wird so verschärft.

Was die Krise ausmacht, ist vor diesem Hintergrund genau zu beschreiben: Es gibt viel zu viele Menschen in Deutschland, die mit Sorge auf die Zukunft sehen und in Ängsten leben.

Leider wird jeden Tag die Demagogie derer, die diese Nöte vor den Wahlen für ihre Parteiinteressen benutzen wollen, deutlicher. Ich erinnere uns daran, dass es keine Alternative zu unserer demokratischen Ordnung gibt. Sie wurde in langen Auseinandersetzungen erkämpft und ist nichts Selbstverständliches. Vielmehr ist sie immer und zu allen Zeiten darauf angewiesen, dass wir uns beteiligen und sie stützen – aber in schwierigen Zeiten wie diesen keinesfalls Extremisten überlassen. Es ist gerade jetzt wichtig, nüchtern und besonnen zu bleiben. Zu Panik und kopfloser Furcht besteht kein Anlass. Inzwischen dürfen wir davon ausgehen, dass für die in Sachsen betroffenen Menschen im nächsten Jahr kaum weniger Geld bereitstehen wird als in diesem; dabei wird es stärker um Beschäftigung, um Arbeit gehen als um Versorgung. Gut ist auch, dass die 130.000 erwerbsfähigen Sozialhilfeempfänger besser gestellt werden. Es kann keine Rede davon sein, dass Deutschland aufhört, ein Sozialstaat zu sein.

Besonnen zu handeln, ist auch wichtig, weil es Jahre brauchen wird, um die Krise des Landes zu bewältigen. Die Probleme reichen in die Tiefe; dazu drei Beobachtungen:

– In Sachsen leben nur noch etwas mehr als ein Drittel der Menschen von eigener Erwerbsarbeit. Noch 1991, schon nach der ersten Runde der Betriebsschließungen, waren es etwa 50 %. Gleichzeitig und entsprechend ist die Zahl derer, die von staatlichen Transferzahlungen leben, also Arbeitslosengeld und -hilfe, Sozialhife und Altersrenten erhalten, stark angestiegen. Zugespitzt könnte man sagen, dass heute vier Erwerbstätige fünf Nicht-Arbeitende unterhalten müssen. Das ist ein völlig unerträgliches Verhältnis, das rasch verbessert werden muss. Kein anderes Land, das mit Deutschland vergleichbar ist, hat so schlechte Ergebnisse im Kampf gegen die Arbeitslosigkeit erzielt wie wir.

– Die hohe Arbeitslosigkeit ist einer der Gründe für die schwindelerregende Verschuldung des Staates – und auch von drei Millionen Privathaushalten. Diese Schulden werden bezahlt werden müssen. Aber die nächste Generation, der wir diese Last übergeben, ist zahlenmäßig so schwach, dass man nicht weiß, wie sie damit fertig werden könnte. Wir leben über unsere Verhältnisse, auf Kosten der Lebenschancen unserer Kinder. Wer wollte das moralisch rechtfertigen?

– Es werden viel zu wenig Kinder im Land geboren. Darum gerät das Verhältnis von Jungen und Starken zu den Alten und Schwachen völlig durcheinander. Wir haben zu lange übersehen, dass die mittlere Generation der im Leben Stehenden immer die Aufgabe hat, sowohl für die Alten und ihren würdigen Lebensabend zu sorgen als auch für die Weitergabe des Lebens, also Kindern das Leben zu schenken. So wenig Kinder zu haben wie wir – das bedeutet, die Zukunft zu gefährden. Zuerst unsere eigene, die wir meinten, auch ohne Kinder leben zu können. Es werden, wenn wir alt sind, zu wenige Hände sein, die unsere gebrechlichen Körper pflegen könnten.

Es ist wahr, wir können nicht so weitermachen. Die Zukunft der Gesellschaft steht auf dem Spiel – wir leben ohne Perspektive für ein gutes Morgen. Wie konnte es so weit kommen? Erklärungen und vor allem Schuldzuweisungen gibt es viele.

Ich meine, dass diese Krise zuerst eine geistige Ursache hat; dass sie in den Köpfen begonnen hat, dass wir versäumt haben, Antworten zu suchen auf Fragen, die keinesfalls unbeantwortet bleiben dürfen: Welches Verständnis von einem guten Leben teilen wir miteinander? Was hält unsere Gesellschaft eigentlich im Innersten zusammen? Woran glauben wir? Worauf setzen wir unsere Hoffnung? Was sind wir bereit, für die Gemeinschaften zu geben, ohne die doch niemand leben kann?

Die Ideologien des vergangenen Jahrhunderts haben seit 1989 unwiderruflich ausgedient. Seitdem ist im Zentrum unseres Verständnisses vom Leben wenig geblieben, was wir benennen könnten und was für alle im Land gilt. Wer wüsste zu sagen, welche Überzeugung uns in Deutschland trägt?

Zunehmend gewinnen wir den Eindruck, dass wir alle Lebensbereiche dem wirtschaftlichen Denken erst öffnen und dann unterwerfen, dass ein krasser Materialismus das einzige ist, was geblieben ist. Aber die Jagd nach dem Geld, koste es was es wolle, führt zu einer Spaltung der Gesellschaft. Solidarität wird gefährdet und die Schwachen werden an den Rand gedrängt. Das Geld kann unmöglich das Leben tragen. Im Gegenteil: Es soll und muss gerade andersherum sein – die Wirtschaft soll unserer Vorstellung von einem guten und erfüllten Leben dienen; aber es nicht beherrschen. Die Zukunft sichern wir nicht durch Geld, sondern durch Glauben, Hoffnung und Liebe. Es ist falsch, was die Marxisten meinten – und heute manche Ökonomen. Vielmehr ist es genau andersherum: Das Bewusstsein bestimmt das Sein. Am Anfang eines guten Lebens – für jeden von uns und für die Gemeinschaften, in denen wir leben – steht eine Überzeugung, die trägt und eine Hoffnung, die unseren Mut stärkt – und vor allem: ein Glaube, der die Richtung weist für meine Arbeit und Verantwortlichkeiten, der die Freuden des Lebens erschließt, trösten kann in der Not und Orientierung an klaren und verbindlichen ethischen Maßstäben gibt. Wie wir leben, entscheidet sich zuerst in unseren Herzen und Köpfen. Gerechtigkeit ist nicht möglich, ohne dass wir sie wollen und gerecht handeln. Eine Gesellschaft, die dauerhaft Menschen ausschließt, wird zerfallen. Eine Gesellschaft, die an nichts glaubt, kann auch nicht an ihre Zukunft glauben.

Liebe Gemeinde, ich lese noch einmal die wenigen und doch so treffenden Worte vom Reich Gottes:

»Und er sprach: Womit wollen wir das Reich Gottes vergleichen, und durch welches Gleichnis wollen wir es abbilden? Es ist wie ein Senfkorn: wenn das gesät wird aufs Land, so ist's das kleinste unter allen Samenkörnern auf Erden; und wenn es gesät ist, so geht es auf und wird größer als alle Kräuter und treibt große Zweige, so dass die Vögel unter dem Himmel unter seinem Schatten wohnen können.«

Ein Senfkorn, ein besonders winziger Samen. Es wird aber eine große und starke Staude, fast schon ein Baum daraus. Manchmal, will Jesus uns mit diesem Gleichnis sagen, kündigen sich große Dinge im Verborgenen an – und niemand bemerkt es. Erst später, nach einer Zeit des Wachstums im Stillen, unbeachtet, wird dann die Kraft und Dynamik des Prozesses für alle sichtbar und offenkundig, zu aller Überraschung. So ist es mit dem Reich Gottes. Auch in diesem Moment; während wir im Friedensgebet zusammen sind und unsere Sorgen und Nöte vor Gott bringen, wächst es. Von Christus kommt uns Hilfe zu. Es ist die Grunderfahrung eines christlichen Lebens, dass wir gerade dann Stärkung erfahren, wenn Ängste uns zu lähmen drohen. Vielleicht ist es sogar so, dass sie uns näher zu Gott führen, dem wir Vertrauen schenken dürfen. Er befreit uns aus der Not, und so können wir mit unseren Kräften und Begabungen das tun, was uns möglich ist. Und bleiben nicht allein, weil die Gemeinschaft der Christinnen und Christen um uns ist, die uns zur Seite steht. Wer glaubt, sieht mit Vertrauen auf die Zukunft, und weiß sie in Gottes Händen. Das ist so hilfreich, weil uns sonst die Angst blockiert und wir unsere Gaben nicht nutzen können. Gott hat keine Freude daran, dass wir uns in unserer Schwäche verlieren, sondern er will, dass wir auf den Glauben vertrauen, und die Lebenskraft, die in uns ist. Er macht uns frei, zur Liebe, mit der alles beginnt, was uns im Leben helfen kann.

Das Reich Gottes wächst unter uns, klein und verborgen zunächst. Aber so, dass es unser Leben prägt und wir in ihm bestehen. Es gibt uns Zugang zu der Wirklichkeit, die von Gott bestimmt ist: zu Glauben, Hoffnung und Liebe – den Geschenken, die nur er gibt. Wir bekommen Anteil an ihnen, wenn wir auf sein Wort hören, auf Jesus Christus; durch ihn empfangen wir Segen für unser Leben mit allen seinen Ängsten und Sorgen und Herausforderungen. Gott hilft gegen die Angst. Wenn wir ihn nur aufnehmen, dürfen wir vertrauensvoll in die Zukunft sehen – und sie bestehen. Trauen wir zuerst darauf, dass sein Reich unter uns wächst – und dann werden wir erleben, wie unsere Not sich wendet.

Amen.

Euer Herz erschrecke nicht!

Predigt zur Tsunami-Katastrophe im Indischen Ozean 2004*
Dresdner Kreuzkirche, Neujahr 2005

> Euer Herz erschrecke nicht! Glaubt an Gott und glaubt an mich! In meines Vaters Hause sind viele Wohnungen. Wenn's nicht so wäre, hätte ich dann zu euch gesagt: Ich gehe hin, euch die Stätte zu bereiten? Und wenn ich hingehe, euch die Stätte zu bereiten, will ich wiederkommen und euch zu mir nehmen, damit ihr seid, wo ich bin. Und wo ich hingehe, den Weg wisst ihr. Spricht zu ihm Thomas: Herr, wir wissen nicht, wo du hingehst; wie können wir den Weg wissen? Jesus spricht zu ihm: Ich bin der Weg und die Wahrheit und das Leben; niemand kommt zum Vater denn durch mich. (Joh 14,1-6)

Liebe Gemeinde,

unser Herr Jesus Christus redet uns, seine Gemeinde an: »Euer Herz erschrecke nicht!« An diesem Neujahrstag hören wir diese Worte wohl in besonderer Weise, denn wir stehen erschrocken unter dem Eindruck der Flutkatastrophe in Südasien. Unser Mitgefühl gilt den Opfern und ihren Ange-

---

* Am Zweiten Weihnachtsfeiertag 2004 ereignete sich im Indischen Ozean eines der stärksten jemals aufgezeichneten Erdbeben, das einen Tsunami auslöste, bei dem mehr als 200.000 Menschen starben. Weltweit löste das Ereignis tiefe Erschütterung und Anteilnahme aus, in Deutschland gingen bei den großen Hilfsorganisationen mehr als 500 Mio. Euro an Spenden ein.

hörigen. So unbegreiflich viele Menschenleben sind zerstört worden, durch gewaltsamen, unbarmherzigen Tod. Wir hoffen und beten, dass die Trauernden getröstet werden mögen und dass den Überlebenden Kraft und Mut zuwachsen mögen, die sie so überaus dringend notwendig haben, um in bedrohlicher Situation bestehen zu können. Viele sehen sich aus einem bescheidenen Leben jäh in bittere Armut gestoßen. Auch hoffen wir, dass es nachhaltige Unterstützung und Hilfe geben wird in dem notwendigen Maß, und wir wollen unseren Beitrag dazu leisten. Wir beobachten das Geschehen aus der Ferne, und sind doch unmittelbar betroffen durch die Gegenwart der medialen Bilder in unseren Wohnstuben; und wissen inzwischen ja auch, dass eine große Zahl von Mitbürgerinnen und Mitbürgern zu Tode gekommen ist. Der moderne Tourismus bringt uns einstmals abgelegene Regionen, von deren Leben und Leiden wir kaum wussten, nah; auch ihre Nöte. Seine Verheißung von einem flüchtigen und genussreichen Leben ist jetzt in schrecklicher Weise in Frage gestellt – denn es ist ja offenkundig, dass die Opferzahlen auch deswegen so hoch sind, weil in zuvor nicht gekannter Weise die Küsten bebaut und besiedelt wurden, möglichst nah an die »Traumstrände« – man mag das Wort kaum aussprechen – heran.

Seit Menschengedenken hat es kein Naturereignis von vergleichbarem Schrecken gegeben; zu Recht wird davon gesprochen, es sei eine Jahrhundertkatastrophe gewesen. Wahrscheinlich wird man niemals in der Lage sein, genau anzugeben, wie viele Menschen zu Tode gekommen sind. Und bestimmt wird es nicht möglich sein, angemessene Worte zu finden, die dem Maß des Leides entsprechen, das über die betroffenen Familien und Länder gekommen ist.

Niemand hatte ein Geschehen dieser Wucht und zerstörerischen Kraft erwartet oder auch nur für möglich gehalten; nach den ersten Meldungen am Zweiten Weihnachtsfeiertag waren wir wohl alle geneigt anzunehmen, dass es sich um eines der vielen »Schadensereignisse« handele, die wir bedauern, an deren Eintreten wir uns doch aber in dem Sinne gewöhnt haben, dass sie ein Teil unseres alltäglichen Erlebens geworden sind. Jetzt sind wir zutiefst erschrocken und müssen erkennen, wie unsicher und gefährdet das Menschenleben, auch in unseren modernen Zeiten, ist. Die Ausmaße des Unglücks lassen die Frage aufkommen, ob es unser Verständnis von der Welt und unserem Leben in ihr verändern wird.

Vor 250 Jahren, 1755, erschütterte das Erdbeben von Lissabon die Welt, im wahrsten Sinne des Wortes. Damals kamen 30.000 Menschen um ihr Leben, und überall in Europa diskutierte man erregt über die Frage, wie Gott so etwas zulassen könne. Es war das Zeitalter der beginnenden Aufklärung und die Naturkatastrophe verstärkte die bereits bestehende Unsicherheit, ob der christliche Glaube wirklich zu einem guten Leben führe. Den Menschen begann das Versprechen und der Anspruch der neuen Zeit plausibler zu erscheinen, für alle Lebensprobleme und auch für das Nachdenken darüber »vernünftige« Lösungen anbieten zu können. Vertreter des Geisteslebens mochten nicht länger Gott vertrauen, vielmehr sahen sie sich als Unmündige, von ihm Abhängige – und verpflichtet, nun das Schicksal in die eigenen Hände zu nehmen. Man verstärkte die Anstrengungen, das Innerste des Weltgeschehens besser zu verstehen – mit dem Ziel, der unberechenbaren Schrecken der Natur Herr zu werden. Es begann der Aufschwung der Naturwissenschaften, der unser heutiges Leben so sehr prägt.

In unserer Zeit wissen wir so viel mehr, als sich die Menschen im 18. Jahrhundert auch nur vorstellen konnten; wir haben es auch verstanden, das Leben leichter und sicherer zugleich werden zu lassen – und doch stehen wir in gleicher Erschütterung vor einem Naturereignis wie sie damals. Vieles hat sich seither verändert – doch Menschen sind wir darüber geblieben.

Langsam beginnen wir, uns der Erkenntnis anzunähern, dass unser Leben aus sich selbst heraus gefährdet ist; und dass diese Gefährdung zum Leben dazugehört, wir uns niemals ihrer werden entledigen können. Alle Kenntnisse, alles Wissen, jede vernunftgemäße Verhaltensweise wird nichts daran ändern können: es gibt keine Garantie für ein gelingendes Leben. Als Mensch auf dieser Erde zu leben, bedeutet, abhängig zu sein von Umständen, die wir nicht beeinflussen, sondern nur hinnehmen können – wie aufgeklärt wir auch immer die Welt betrachten mögen und wie erstaunlich auch unsere Fähigkeiten erweitert sind. Seit Jahren schon, nicht erst seit dem Seebeben im Indischen Ozean, ist eine tiefgreifende Verunsicherung über das gute Leben, das wir suchen und anstreben, zu spüren. Viele Menschen sehen verzagt und ängstlich in die Zukunft, weil sie kein Vertrauen aufbringen können, dass sie für sie Gutes bringen wird. Aus der Seelsorge und den Lebensberatungsstellen der Diakonie wissen wir, dass diffuse Lebensängste die Geißeln dieser Zeit geworden sind. Nachdem viele Menschen sich von Gott abgewandt, sich allein dem Leben gestellt haben, steht jetzt auf neue Weise die Frage an, welche Überzeugungen und welche Haltungen das Leben tragen, woran wir uns binden können, welchen der unabsehbar vielen Wege, die uns offen stehen, wir gehen können. Wir brauchen doch Wegweisung und einen festen Halt.

Der Unglaube erlebt in diesen Zeiten seine Krise, denn er lässt die Menschen in Zweifel über den tragenden Grund des Lebens – er stürzt in Unsicherheit.

Das Gespräch Jesu mit seinen Jüngern, auf das wir an diesem ersten Tag des neuen Jahres sehen, hatte damit begonnen, dass die elementare menschliche Lebensangst angesprochen wird, die jeder kennengelernt hat oder kennenlernen wird: »Euer Herz erschrecke nicht!« Gleichzeitig benennt Jesus den festen Grund gegen Furcht und Ängste: »Glaubet an Gott und glaubet an mich!« Thomas, der Jünger Jesu, dem es so sehr schwer fiel, seinen Zweifel zu überwinden und zu glauben, ist aber nicht beruhigt und nicht überzeugt. Er möchte wohl glauben und sucht eine Hoffnung, die ihn trägt – aber es will ihm nicht gelingen, von sich abzusehen und loszulassen von seinen Fragen. Thomas bringt auch die Fragen unserer Zeit auf den Punkt: »Herr, wir wissen nicht, wo du hingehst, und wie können wir den Weg wissen?« Wo gibt es Sicherheit, worauf kann ich vertrauen? Jesus bringt die Antwort des Glaubens auf den Punkt: »Ich bin der Weg und die Wahrheit und das Leben, niemand kommt zum Vater denn durch mich.« In dieser Frage und in dieser Antwort ist alles zusammengefasst: die Not des Lebens und der Trost des Glaubens.

Es kann geschehen, dass wir vom Leben geschlagen und durchgerüttelt werden, dass die Sorgen uns überwältigen und der Boden unter unseren Füßen im wahrsten Sinne des Wortes schwankt, die Angst nach uns greift – unsere Kraft nicht ausreicht, dem Bösen und Lebensfeindlichen zu widerstehen. Es kann geschehen, dass wir keinen gangbaren Weg entdecken oder den falschen wählen und uns verirren. Dann brauchen wir Trost, denn wir sind schwache Menschen. Uns Christen wird er geschenkt; wir dürfen in dem Glauben leben, dass wir für unser Leben den tragenden Grund gefunden haben – wir werden gehalten und müssen uns nicht fürchten. Es ist Jesus Christus, der unserer Hoffnung aufhilft und uns zur Liebe befreit. Er hat uns zu sich gerufen und führt uns auf unserem Weg durch das Leben. Er zeigt uns den Weg zu Gott, seinem Vater, der uns nicht entmündigt oder gar in verächtlicher Abhängigkeit hält, wie immer noch viele zu Unrecht meinen. Vielmehr liebt er uns und beschenkt uns mit der Gabe, die wir am nötigsten haben: Vertrauen. Er wird uns auf dem Weg durch unser Leben leiten. Wer auf das Kreuz Jesu von Nazareth sieht, erkennt Gott als den, der mit uns Menschen mitleidet. Er ist nicht unnahbar oder unberührt von Not und Elend dieser Welt – er ist uns nahe. Unsere Schmerzen und unsere Verzweiflung sind ihm vertraut. Er ist der Weg und die Wahrheit und das Leben. In ihm erkennen wir uns selbst und die göttliche Wahrheit, die uns freimacht.

Vor 250 Jahren führte ein Erdbeben Menschen in die Haltung des Zweifels. Heute kann uns der Schrecken eines

Seebebens zu der Erkenntnis führen, dass wir den gnädigen und barmherzigen Gott nötig haben zu unserem Trost, damit wir in dieser Welt vertrauensvoll leben können. Es gilt uns die große Verheißung: »Euer Herz erschrecke nicht!« Gebe Gott, dass wir in diesem Jahr diese Wahrheit des Glaubens erfahren dürfen.

Amen.

Den Kindern gehört das Himmelreich

Bibelarbeit zum demografischen Wandel,
30. Deutscher Evangelischer Kirchentag, Hannover 2005

> Und sie brachten Kinder zu ihm, damit er sie anrühre. Die Jünger aber fuhren sie an. Als es aber Jesus sah, wurde er unwillig und sprach zu ihnen: Lasst die Kinder zu mir kommen und wehret ihnen nicht; denn solchen gehört das Reich Gottes. Wahrlich, ich sage euch: Wer das Reich Gottes nicht empfängt wie ein Kind, der wird nicht hineinkommen. Und er herzte sie und legte die Hände auf sie und segnete sie. (Mk 10,13–16)

1 Die Segnung der Kinder

In meinem Pfarrerleben habe ich viele Kinder und einige Erwachsene getauft. Einmal waren es in einem Gottesdienst elf Kinder. Damals hatte unsere Gemeinde beschlossen, einen uralten Taufstein aus dem Mittelalter wieder in den gottesdienstlichen Gebrauch zu nehmen. Ein Schmied hatte seinen handwerklichen Ehrgeiz dareingesetzt, einen Aufsatz herzustellen, in den eine Taufschale eingelassen wurde. Diesen Gottesdienst werden die Gemeinde, die ihn miterleben durfte, und eben auch die Eltern, die ihre Kinder gebracht hatten, wohl nicht vergessen. Überhaupt habe ich es immer so erlebt, dass die Taufe ein Moment großer innerer Bewegung, tieferer Gefühle ist. Vieles kommt zusammen, die Dankbarkeit für die Bewahrung in der Geburt; aber natürlich auch Sorgen, die in der Schwangerschaft gedrückt hatten; der Ausblick auf das gemeinsame Leben mit dem Kind, die Hoffnung, dass es ein glückliches Miteinander in der Familie geben wird; die Ungewissheit, ob es gelingen kann, das Neugeborene vor den Gefahren des Lebens zu bewahren, nicht zuletzt die Freude an der Gesundheit und der Schönheit des Kindes oder der ängstliche Blick auf seine Schwäche. Auch für uns Pfarrerinnen und Pfarrer ist es immer ein besonderes Erlebnis, die Eltern, Großeltern und Paten mit dem Kind am Taufstein sehen zu dürfen. Ich glaube, dass es nicht viele Momente im Leben gibt, in denen Menschen so herzliche und anrührende Gefühle erleben, wie bei einer Taufe.

Gefreut habe ich mich auch an der Taufe von aufrechten, selbstbewussten Kindern, die selber schon entschieden hatten, dass sie getauft werden möchten. Vor einigen Monaten wurde im Gottesdienst unserer Gemeinde in Radebeul bei Dresden ein zwölfjähriger Junge getauft, der über sechs Jahre hinweg die Pfarrerin immer wieder darum gebeten hatte. Er kam aus einer nichtchristlichen Familie. Die Eltern wussten wohl gar nicht, wie sie mit dem Wunsch ihres Kindes umgehen sollten. Die Pfarrerin wollte in seelsorgerlicher Verantwortung abwarten und nicht sofort dem Taufbegehren eines so jungen Kindes nachgeben. Der Junge war in seinem Begehren aber hartnäckig und ließ nicht locker. Es war ein bewegender Gottesdienst, in dem er getauft wurde. Seine Freunde aus der Gruppe der Christlichen Pfadfinder, der er angehört, umstanden den Taufstein. Sie erinnerten sich selbst an ihre eigene Taufe. Allen, die diese Stunde miterlebt haben, wird sie unvergesslich bleiben.

Im vergangenen Monat hat die Synode unserer Landeskirche eine neue Taufordnung verabschiedet. Die alte Taufordnung stammte aus dem Jahr 1951. Der Vergleich der beiden Ordnungen über den Zeitraum von 54 Jahren macht deutlich, wie sehr sich das Leben unserer Kirche verändert hat. Zu Beginn der 1950er Jahre, also bevor die SED begonnen hatte, gegen die christlichen Kirchen im Osten Deutschlands vorzugehen, gehörten etwa 95 % der Bevölkerung Sachsens unserer Landeskirche an. Nahezu alle Neugeborenen wurden evangelisch-lutherisch getauft. Von diesem Bewusstsein war die Taufordnung durchtränkt. Sie rechnete im Grunde genommen nicht mit der Möglichkeit der Erwachsenentaufe. Das ist nun anders geworden. Heute ist die Wirklichkeit unserer Landeskirche auch davon bestimmt, dass Menschen im Jugend- und Erwachsenenalter Christus kennenlernen und glaubend auf die frohe Botschaft antworten. Übrigens macht die veränderte Taufordnung auch deutlich, dass sich im Kern unseres Auftrages trotz aller gravierenden Veränderungen nichts geändert hat. Der Missionsbefehl gilt ja uns nicht anders, als er vor 50 Jahren gegolten hat oder vor 500.

Wenn unser Text auch seit Menschengedenken bei Taufen gelesen wird, so redet er aus sich heraus doch offenkundig nicht von der Taufe. Vielmehr gehört er in einen größeren Zusammenhang, der das Reich Gottes erörtert, den Kern der Botschaft des Jesus von Nazareth. Zuvor ging es um die schwierige Frage der Ehescheidung, und an unseren Abschnitt schließt sich die Erzählung vom reichen Jüngling an, der sich nur schwer von seinem Besitz lösen kann. Wie bekommen die Menschen Anteil am

Reich Gottes, gibt es Voraussetzungen, die erfüllt werden müssen, was bedeutet es für ihr Leben, dass es nahe herbeigekommen ist?

Dass man Kinder zu Jesus bringt, ist an sich nichts Ungewöhnliches. Es gab die Sitte, Kinder von bekannten oder berühmten Rabbinern segnen zu lassen. Offenkundig sind die Jünger aber der Meinung, Kinder hätten mit dem Reich Gottes nichts zu tun und wollen ebendies durch ihre Abweisung der Kinder – und ihrer Eltern – klarstellen. Es geht ihnen darum, die Bedeutung der Person Jesu und seiner Botschaft nicht zu verwischen, sondern gerade durch die Ablehnung eines beliebten Brauches zu unterstreichen: Ihr Herr ist nicht wie andere. In der Begegnung mit ihm geht es um das Reich Gottes. Die Jünger werden erstaunt gewesen sein, dass sie es sind, die – wenn auch liebevoll – zurechtgewiesen werden. Das Markusevangelium ist hier und an vielen anderen Stellen durchaus kritisch im Umgang mit den Jüngern Jesu. Der Grund dafür dürfte sein, dass Markus im Bericht über das Verhalten der Jünger bestimmte Konflikte, die sich in der Nachfolge ergeben hatten, gewissermaßen durchbuchstabiert. Hier geht es um die Frage, ob Kinder in die Verkündigung vom kommenden und schon angebrochenen Reich Gottes schon einbezogen werden sollen oder nicht. Die Auffassung der Jünger, die eine ablehnende ist, dürfte dem allgemein üblichen Blick auf das Leben der Kinder in Israel zur Zeit Jesu entsprochen haben. Man war es nicht so wie wir gewöhnt, dem Leben der Kinder einen eigenen Rahmen und eine eigene Bedeutung zuzuerkennen. Vielmehr wurden Kinder als heranwachsende, gewissermaßen noch nicht vollständige Erwachsene betrachtet. Vor allem war es wichtig, sie zu erziehen und in der Thora zu unterrichten, damit sie auf die Aufgaben, die das Leben ihnen stellt, gut und in geeigneter Weise vorbereitet werden. Insofern werden die Jünger wohl ganz selbstverständlich davon ausgegangen sein, dass sie mit dem Gottesreich noch nichts zu tun haben können. Um Anteil zu gewinnen an dem Reich Gottes, werden sie gedacht haben, ist eigener Entschluss, persönliche Überzeugung, fromme Leistung und anderes mehr erforderlich, und all das ist Kindern noch nicht möglich. Sie müssen in den Jahren ihrer Kindheit vorbereitet werden, damit sie sich später, als Erwachsene, entsprechend zu verhalten wissen.

Überraschenderweise sieht Jesus das ganz anders. Er sagt vielmehr ausdrücklich, dass die Kinder kommen sollen. Er will ihre Nähe. Und indem er diese Nähe herstellt, fordert er die Erwachsenen zu einer Änderung im Denken und Verhalten auf. Eigentlich wäre es auch nicht überraschend, wenn sein Wort in der Form einer Seligpreisung formuliert worden wäre. Vielleicht etwa so: »Selig sind die Kinder, denn ihrer ist das Reich Gottes«. Übrigens könnte es auch sein, dass sich hinter der Frage nach dem Umgang mit den Kindern noch ein weiterer grundsätzlicher Konflikt verbirgt, nämlich ob generell Personengruppen mit Defiziten Zugang zum Gottesreich, zur Gemeinde und zu ihrem Herrn haben. In Israel gab es zum Beispiel eine Tradition, in der von der Priesterschaft eine unversehrte körperliche und geistige Existenz verlangt wurde. Kinder waren in gewissem Sinne Menschen mit einem Defizit, nämlich noch keine vollwertigen Glieder des Volkes. Insofern könnte man auch annehmen, dass es in dem Streit um die Nähe Jesu zu den Kindern um die grundsätzliche Klarstellung geht, dass Jesus allen Menschen gleichermaßen nahe ist – wie den Kindern so auch den Behinderten, den Ausgegrenzten und den Armen. Gerade solchen (wie ihnen) gehört das Reich Gottes. Das können wir nun wissen. Das Reich Gottes will zu jedem kommen.

2 Wenn dein Kind dich morgen fragt

Das Kirchentagsthema kommt genau in dieser feststehenden und geprägten Formulierung sehr häufig im Alten Testament, in der hebräischen Bibel vor, nicht nur im 5. Buch Mose, Kapitel 6, Vers 20. Sie drückt die Selbstverständlichkeit aus, mit der die Kinder an der Seite ihrer Eltern in das religiöse Leben des Gottesvolkes eingeführt werden. Sie beobachten, was die Erwachsenen tun, und stellen ihre Fragen – warum das Laubhüttenfest so gefeiert wird, wie es gefeiert wird, warum am Sabbat bestimmte Dinge nicht getan werden, warum in der Heiligen Schrift gelesen wird und warum das in einer bestimmten Haltung geschieht: Die Erwachsenen leben ihren Glauben, die Kinder schauen hin und fragen. Das Alltagsleben ist von religiösen Sitten und Gebräuchen durchzogen, es löst Fragen der Kinder aus und diese Fragen sollen ihnen beantwortet werden. »Wenn dein Kind dich morgen fragt« – nach dieser Einleitung werden Ratschläge an die Eltern und Großeltern gegeben, wie sie den Kindern ihren Wissensdurst stillen können. In einem unablässigen Prozess der Erklärung des Lebens mit Gott werden Kinder auf ihre Zukunft vorbereitet – und in ihnen das Volk auf die seine.

Israel unterschied sich von den Völkern der Umgebung durch seine außerordentliche Kinderfreundlichkeit. Verglichen mit den nichtjüdischen Völkern begegnete Israel den Kindern – und auch anderen Schwachen in der Gesellschaft – in einer Haltung außerordentlicher Wertschätzung. Die gängigen Mittel der Familienplanung wie Abtreibung, Aussetzung oder die Tötung von Neugeborenen waren für Jüdinnen und Juden inakzeptabel. Im römischen Recht dagegen lag die Entscheidung über Leben und Tod eines Kindes in der Hand des Vaters. Er konnte Kinder sogar verkaufen, verpfänden oder Dritten zu deren Gebrauch anbieten. Das war für Israel unmöglich. »Das Leben der Kinder steht nicht zur Disposition der Eltern« (F. Crüsemann). Diese besondere Hoch- und Wertschätzung, die Heiligkeit auch des kindlichen Lebens ist für Israel nicht nur begründet in der großen Gefährdung angesichts der hohen Säuglingssterblichkeit. Diese Faktoren wirkten gleichermaßen auf alle Völker der Antike ein. Vielmehr geht es für Israel um die tiefere Wahrheit, dass das Gottesvolk in der Gemeinschaft mit Gott durch die Zeiten wandert. Zum Juden oder zur Jüdin wird man dadurch, dass die eigene Mutter eine Jüdin ist, was bedeutet: Das Gottesvolk erneuert sich in der Abfolge der Generationen. Jede Geburt eines jüdischen Kindes stärkt das Gottesvolk und sichert seinen Fortbestand in der Zukunft. Darum gibt es in der Bibel immer wieder Genealogien, also Zusammenstellungen der Abstammung großer Figuren der Heilsgeschichte. Auch das Neue Testament beginnt in

Matthäus 1 mit einer solchen Genealogie, in der die Geschichte des Jesus von Nazareth bis auf Abraham zurückgeführt wird – über dreimal 14 Generationen von Abraham zu David, von David bis zur babylonischen Gefangenschaft und von dort bis zur Geburt Jesu.

So ist es auch folgerichtig, dass Kinder als werdende Erwachsene angesehen werden. Sie gehen in die Schule, in der sie in den Umgang mit der Heiligen Schrift eingeführt werden. Sie lernen die Thora kennen und die Regeln für das Leben, die sich aus ihr ergeben. Und darin werden sie vorbereitet auf die Aufgaben, die sie zu übernehmen haben in ihrem Erwachsenenleben, als Glieder des Gottesvolkes.

Dazu lohnt es sich, einen Blick auf die Zehn Gebote zu werfen. Sie gliedern sich in zwei Gruppen. Die ersten drei Gebote beschäftigen sich mit dem Verhältnis der Menschen zu Gott, die Gebote vier bis zehn ordnen ihr Leben untereinander. Dabei fällt es auf, dass das Erste in der zweiten Gruppe sich mit dem Verhältnis von Kindern und Eltern beschäftigt. Im vierten Gebot geht es um die Weitergabe des Lebens: Die Jungen, Lebenstüchtigen werden ermahnt, auch das Leben der Alten, die nicht mehr produktiv sein können, zu ehren und zu schützen, dann werden sie selber in ihrem Alter ebenfalls geachtet und gepflegt. »Du sollst deinen Vater und deine Mutter ehren, damit es dir wohl ergehe und du lange leben mögest auf Erden.« Das meint: Die Generationen sind aufeinander bezogen, voneinander abhängig, und darin repräsentieren sie die Wanderung des Gottesvolks durch die Zeiten, von Generation zu Generation. Das vierte Gebot ist also nicht nur einseitig auf den

Schutz der alten Generation zu beziehen. Mit Blick auf unser heutiges Leben ist es vielmehr wichtig, auch die unausgesprochene Voraussetzung zu sehen – dass Kinder geboren werden. In einer Zeit, in der es keine Verhütungsmittel in unserem Sinne gab, war es zunächst einmal eine Selbstverständlichkeit, selbst Vater und Mutter zu werden. Dem vierten Gebot geht es um die Weitergabe des Lebens und darin um die Heiligkeit des Lebens in einem umfassenden Sinn. Wie es die Ehre von Vater und Mutter zum Gegenstand hat, setzt es die Bedeutung des Vater- und Mutterwerdens voraus. Übrigens ist das fünfte Gebot – du sollst nicht töten – nicht zufällig dem vierten nachgeordnet: zuerst wird die Weitergabe des Lebens thematisiert; dann folgt sein Erhalt, das Tötungsverbot. Das mag überraschen, denn in unserem Bewusstsein ist das fünfte Gebot ja von deutlich größerer Bedeutung.

3 Deutschland – ein reiches und kinderfeindliches Land

Wir verlassen für einen Moment unseren Text und wenden uns der Wirklichkeit des Lebens in unserem Land zu. Deutschland befindet sich unter den Bedingungen des raschen Wandels in einem zusammenwachsenden Europa und des entgrenzten Wirtschaftens in einer Anpassungskrise. Vertrautes ändert sich in rasendem Tempo und viele Menschen reagieren auf diese Situation mit einer ausgesprochen ängstlichen Haltung. In einer der großen Tageszeitungen konnte man vor einigen Monaten den zusammenfassenden Satz lesen »Furcht ist das Grundgefühl dieser Zeit«. Zukunftsangst macht aber alles nur schwerer, weil sie verhindert, dass die Menschen ihre Begabungen und Kräfte in geeigneter Weise einsetzen. Leider ist es wohl auch so, dass die allgegenwärtige Verzagtheit darauf hindeutet, dass unser Land in eine Sinn- und Wertekrise geraten ist, die verhindert, dass die großen Zukunftsaufgaben entschlossen angepackt werden können. Wie wollen wir leben, in welcher Haltung unsere Zeit gestalten, wofür lohnt es den Einsatz? Welche Überzeugungen tragen uns?

Darüber kann man nicht reden, ohne die grassierende Kinderfeindlichkeit im Land anzusprechen. Dazu einige Beobachtungen.

Schon seit Langem, seit Anfang der 1970er Jahre, werden viel zu wenig Kinder geboren, im Osten Deutschlands kam es nach der Wende zu einem regelrechten Absturz der Geburtenrate. Mit etwa 1,3 Kindern pro Frau steht Deutschland unter allen Ländern, die eine Statistik führen, an fünftletzter Stelle. Einen »Weltrekord« halten wir: Ein Drittel der Männer und Frauen eines Jahrgangs bleibt sein Leben lang kinderlos. Das gibt es sonst nirgends. Inzwischen gibt es »kinderfreie Zonen« in dem Sinn, dass nicht Wenige ihren Alltag leben, ohne mit Kindern in Berührung zu kommen.

Inzwischen dringen die Folgen dieser Entwicklung in das allgemeine Bewusstsein. Wir wissen, dass sich im Jahr 2020 die Bevölkerung Sachsens etwa um mehr als ein Viertel gegenüber 1990 reduziert haben wird. In den Kommunen, in den Städten und Dörfern diskutiert man den Rückbau von Wohnungen. Die Politik beschäftigt sich mit den Veränderungen im Bevölkerungsaufbau – was bedeutet es, wenn so wenig junge Leute für so viele alte werden sorgen müssen? Der Prozess der Schließung von Schulen und anderen öffentlichen Einrichtungen ist bereits ausgesprochen schmerzhaft geworden.

Auch müssen wir erkennen, dass die Versorgung der älteren Generation zu einer nahezu unlösbaren Aufgabe wird, vor allem, was die Sicherung der körperlichen und seelischen Pflege der Hoch- und Höchstbetagten betrifft. In dieser Situation reiben sich viele überrascht die Augen. Man hat doch darauf vertraut, dass man in die Renten-, die Kranken- und die Pflegeversicherung einzahlt, zusätzlich noch private Vorsorge betrieben – und muss jetzt doch erkennen, dass das alles nicht genug und nicht ausreichend sein soll. Wir haben uns zu lange der Illusion hingegeben, dass die Sorge um die Gestaltung des Lebens im Alter bei den Institutionen des Sozialstaats in guten Händen sei. Wie auch immer das soziale Netz konstruiert ist, es ist davon abhängig, dass genügend Kinder geboren werden, damit in der Zukunft das Leben gestaltet werden kann und die Versorgung der alten Generation gewährleistet ist. Es wird immer und zu allen Zeiten so sein, dass die mittlere, im Leben stehende Generation die Aufgabe hat, sowohl die alte Generation zu versorgen als auch um die Weitergabe des Lebens, die nächste Generation bedacht zu sein.

Wer sich dafür entscheidet ohne Kinder zu leben, unterbricht diesen Zusammenhang und muss darauf vertrauen, dass die Kinder anderer Menschen die eigene Versorgung und Pflege in den Krisen und Schwächephasen des Lebens sicherstellen. Nun entdecken wir, dass auch die Kinder anderer Leute bei Weitem nicht in dem Maße zur Verfügung stehen, wie dies notwendig wäre. In jüngster Zeit gerät zudem die Tatsache in den Blick, dass der Alterungs- und Schrumpfungsprozess der Bevölkerung unvermeidlich auch mit einer Schwächung der Wirtschaftskraft und damit mit einer Gefährdung des erreichten Wohlstandsniveaus verbunden sein wird. Lange hatten wir uns mit der Aussicht beruhigt, dass die demografische Entwicklung das Problem der Arbeitslosigkeit lindern würde. Auch das war ein Irrtum. Vielmehr gerät eine ebenso schlichte wie für ein kinderfeindliches Land bedrückende Wahrheit in den Blick: Ohne Kinder kann es keine gute und gedeihliche Zukunft für ein Gemeinwesen geben. Wer nur auf sich und sein eigenes Leben sieht, lebt nicht nachhaltig, gefährdet die eigene Zukunft und die aller. An der Frage der Kinderfreundlichkeit oder -feindlichkeit entscheidet sich die Zukunftsfähigkeit der Gesellschaft. Werden weiterhin so wenig Kinder geboren, trägt dies Züge einer Selbstaufgabe. Dies gilt nicht zuletzt in wirtschaftlicher Hinsicht; die Kinderlosigkeit heute bedeutet den wirtschaftlichen Abstieg morgen.

Inzwischen ist die Politik aufgewacht und alle Parteien sind sich einig, dass es um der modernen Familien willen, in denen Männer und Frauen gleichermaßen gut ausgebildet sind, darauf ankommen wird, die Vereinbarkeit von Beruf und Familie zu verbessern. Das Land braucht familiengerechte Jobs – aber erwartet doch immer noch die jobgerechte Familie. Eltern muss die Wahlfreiheit über das Maß des eigenen Engagements in Beruf *und* Familie gegeben sein. Dieser Forderung stimme ich zu. Sie reicht aber nicht aus. Wir dürfen nicht übersehen, dass es letztendlich nicht eine Frage der sozialpolitischen Rahmenbedingungen ist, ob Menschen sich für ein Kind entscheiden, sondern eine Frage der elementaren Lebenseinstellung. Wenn Eltern einem Kind das Leben schenken, so sagen sie für die Zukunft gut. Jedes Kind ist Ausdruck des Vertrauens, dass das eigene Leben es wert ist, gelebt und darum auch weitergegeben zu werden; auch das Vertrauen in die Festigkeit des Verhältnisses von Vater und Mutter ist von großer Bedeutung.

Auf der anderen Seite gilt: Wer sich gegen Kinder entscheidet, bringt ebenfalls eine Lebenseinstellung und Haltung zum Ausdruck. Nicht Wenige treffen eine Entscheidung gegen ein Kind zugleich als eine Entscheidung für den Erwerb von Konsumgütern oder einen Lebensstil in vermeintlicher Ungebundenheit. Anderes ist eben wichtiger. Gegen viele ungeborene Kinder spricht auch die Zerbrechlichkeit der Liebesbeziehungen oder die Furcht vor einer als bedrohlich empfundenen Zukunft. Jedenfalls gibt es, bevor der Raum des Politischen beginnt, den weiten Bereich des Vorpolitischen, in dem wir unser Leben nach den eigenen Wertvorstellungen und Hoffnungen gestalten. Insofern wäre es bei Weitem zu kurz gegriffen, wenn man die Ursachen für die Kinderlosigkeit nur in bestimmten sozialpolitischen Fehlentwicklungen unseres Landes sehen würde. Indiz dafür ist die Beobachtung, dass die Kinderlosigkeit in Deutschland dort am stärksten ausgeprägt ist, wo die Möglichkeiten der Tagesbetreuung von Kindern am besten organisiert sind: in Ostdeutschland. Ein weiteres Indiz: Leider sind die Abtreibungszahlen in den letzten Jahren konstant hoch gewesen. Da die Geburtenzahlen sinken, verschlechtert sich das Verhältnis zwischen geborenen und abgetriebenen Kindern immer weiter. Inzwischen kommen auf etwa 130.000 Abtreibungen nur noch 700.000 Geburten. Auch hinter diesen Zahlen scheint die Erkenntnis auf, dass die Kinderfeindlichkeit der Gesellschaft Ausdruck ihrer Sinn- und Wertekrise ist. Sie leidet unter Vertrauensverlust, weiß nicht mehr, was das Leben im Innersten trägt. Sie glaubt nicht an Gott, nicht an sich selbst und nicht an die eigene Zukunft. Die Menschen verzichten darauf, Kindern das Leben zu schenken, weil sie kein Vertrauen in das Leben haben.

4 Empfangen wie ein Kind

Wir kehren zurück zu unserem Text, dem Kinderevangelium. In Vers 15 geht es um den Kern der Botschaft Jesu. Das wird ausdrücklich noch einmal mit einer Einleitung herausgestellt: *Amen, ich sage euch, wer das Reich Gottes nicht empfängt wie ein Kind, der wird nicht hineinkommen.* Das Reich Gottes ist den Kindern also ausdrücklich zugeeignet. Jesus rührt sie an, legt ihnen die Hände auf und segnet sie. Das Reich Gottes kommt auch ihnen zu, als ein Geschenk. Man könnte sagen, dass hier in völlig untheologischer Weise die ganze Rechtfertigungslehre des Paulus, alles, was die Reformatoren an wiedergewonnener christlicher Erkenntnis der Kirche gebracht haben, enthalten ist: den Kindern gehört das Reich Gottes, weil sie ganz ohne Leistung und ohne Besitz sind. So kommt ihnen das Reich Gottes zu. Es ist ganz Gnade und bleibt jedem verschlossen, der sie nicht annehmen kann, weil er seinerseits etwas leisten will.

Das ist hilfreich zu sehen, denn es geht ja um die Frage, wie Menschen am Reich Gottes Anteil gewinnen können. Dafür gibt es in der Auslegung von Vers 15 zwei verschiedene Verständnismöglichkeiten. Das Reich Gottes können Menschen empfangen entweder in der Haltung eines Kindes; oder in der Haltung, mit der man ein Kind empfängt. Beide Interpretationen sind exegetisch möglich. Traditionell wird die erste bevorzugt.

Sie erinnert uns daran, dass Kinder eine eigene Haltung zum Leben haben. Sie sind nicht berechnend, nicht abwägend, aber voller Vertrauen. Darum sind sie immer bereit, zu kommen – sich hinzubewegen zu den Menschen, von denen sie abhängig sind und denen sie vertrauen, zu ihren Eltern. Ebenso sind sie darauf angewiesen, anzunehmen – die guten Gaben, die ihnen zugedacht werden, Liebe, Fürsorglichkeit, Vertrauen, Verständnis, Gemeinschaft. Damit sind Kinder leicht zu beschenken, weil sie ja um ihretwillen auf uns zukommen. Vertrauen erwarten, suchen und annehmen sind auch elementare Glaubenshandlungen: sich auf Gott zuzubewegen in einer Lebenshaltung, die darauf gerichtet ist, seine guten Gaben dankbar zu empfangen. Das ist die Haltung, die wir im Glauben einnehmen und im geistlichen Leben einüben. Gegenüber der Liebe Gottes bleiben wir Kinder, wir kommen zu ihm und nehmen sein Geschenk an.

Auch die zweite Interpretation ist hilfreich und weiterführend. Ein Kind zu empfangen bedeutet, der Zukunft zu vertrauen, die gute Gabe des Lebens weiterzugeben. Jede

Frau, die ein Kind zur Welt gebracht hat, und jeder Mann, der die Geburt seines Kindes miterleben durfte, wird dieses Erlebnis so verstehen, dass ihm oder ihr ein großes Geschenk gemacht worden ist. Kinder sind Geschenke, die das Leben reich machen und intensiv. Wer sie als solche annimmt, sieht sich selbst als Empfangenden. Ebenso ist es mit dem Reich Gottes: Wir empfangen es, wir leisten nichts dafür, Gott beschenkt uns mit seiner Gegenwart, die uns leben lässt.

5 Schluss

Sehen wir auf die Kinder, erkennen wir unweigerlich das zentrale Defizitphänomen unserer Zeit; *dass die Menschen in sich verkrümmt leben.* Wir haben uns in einer Kultur der Selbstbezüglichkeit eingerichtet, die uns kinderfeindlich leben und die Zukunft vergessen lässt. Sie steht im Widerspruch zu der christlichen Botschaft von dem die Menschen liebenden und auf sie zukommenden Gott. Das Reich Gottes empfängt man in der Haltung eines Kindes, oder wie man ein Kind empfängt – oder man empfängt es eben nicht. Wie wollen wir es empfangen, wenn es keine Kinder gibt, auf die wir sehen können? Wir brauchen sie, sonst verfehlen wir Gott – und unser Leben.

Weihe der Dresdner Frauenkirche

Predigt zum Festgottesdienst,* 30. Oktober 2005

> Und er sprach: Womit wollen wir das Reich Gottes vergleichen, und durch welches Gleichnis wollen wir es abbilden? Es ist wie ein Senfkorn: wenn das gesät wird aufs Land, so ist's das kleinste unter allen Samenkörnern auf Erden; und wenn es gesät ist, so geht es auf und wird größer als alle Kräuter und treibt große Zweige, so dass die Vögel unter dem Himmel unter seinem Schatten wohnen können. (Mk 4,30–32)

Liebe Gemeinde,

es ist ein großer Tag, den wir heute miteinander erleben dürfen, ein Fest, wie es nur wenige gibt. Unsere Herzen und Sinne sind bewegt von Dankbarkeit und großer Freude. Obwohl wir seit Jahren auf ihn gewartet haben, staunen wir,

---

*   Ein denkwürdiges, unvergessliches Ereignis. »Brücken bauen – Versöhnung leben« war über die Jahre hinweg die Losung des Wiederaufbaus und stand für den Willen und die Hoffnung unzähliger Menschen, die sich an diesem erstaunlichen Geschehen beteiligten, zumal aus England und den Vereinigen Staaten. Sicherlich war die emotionale Kraft, die von einem Sakralgebäude ausgeht, eine notwendige Bedingung – es handelte sich nicht einfach um ein geschichtsträchtiges Bauwerk, sondern um eine Kirche, in der das Evangelium des Friedens gepredigt wurde und wird. Ehemalige Kriegsgegner arbeiteten im Geist der Versöhnung zusammen. Am Tag der

45

dass dieser Tag möglich wurde. Vor 271 Jahren, als die neuerbaute Frauenkirche geweiht wurde, wird es nicht anders gewesen sein. »Ist jemand nur hierher gekommen, etwas Neues zu sehen und zu hören, wie den neuen Dingen der eitlen Welt Brauch ist«, fragte damals Superintendent Löscher in seiner Predigt, vermutlich mit strengem Unterton, und erklärte der Gemeinde, dass es gerade an einem solchen Tag darauf ankommt, das Evangelium aufmerksam zu hören. Da hatte er recht, und so wollen wir uns dem Gleichnis vom Senfkorn zuwenden.

Es redet sich nicht leicht vom Reich Gottes, von dem wir ja vor allem zu wissen meinen, dass es nicht von dieser Welt ist. Auch Jesus von Nazareth musste überlegen, wie er es seinen Jüngern erklären könnte. Er suchte einen anschaulichen Vergleich und fand ihn in dem Senfkorn: stecknadelkopfklein, ganz unscheinbar unter allen Saatgütern; und doch wird etwas Großes daraus, eine nützliche Pflanze, für Menschen und Vögel, und erfreulich anzusehen, ein Zeichen für die Kraft des Lebens. So, sagt Jesus, verhält es sich auch mit dem Reich Gottes, es wächst aus kleinsten Anfängen. Zunächst mit dem bloßen

---

Weihe sagte eine hochbetagte Dresdnerin, dass für sie »nun erst der Krieg zu Ende gegangen« sei.

Den Festgottesdienst verfolgten mit den 1800 geladenen Gästen, unter ihnen Bundespräsident Köhler, die Altpräsidenten Rau und Herzog, Bundeskanzler Gerhard Schröder und seine designierte Nachfolgerin Angela Merkel, vor der Kirche etwa 60.000 Menschen und mehr als zwei Millionen Zuschauer der TV-Übertragung des ZDF.

Auge kaum zu erkennen, wächst es zu Größe und strahlender Schönheit.

An diesem Tag, liebe Gemeinde, gewinnen wir modernen Menschen des Jahres 2005 ein Gleichnis dazu: Der Wiederaufbau der Frauenkirche hat winzig klein, unscheinbar begonnen, aber es ist ein großes Werk geworden, im Geist der Versöhnung.

Es begann mit den Kerzen, die Jugendliche am 13. Februar 1982, dem Jahrestag der Zerstörung Dresdens, an der Ruine entzündeten; als Ausdruck des Leidens an der Feindseligkeit, die Europa über so lange Jahrzehnte gequält hat, und ihrer Friedenssehnsucht. Sie waren nicht bereit, sich mit den Realitäten abzufinden. Damit gaben sie ein Zeichen der Hoffnung, dass Wunden geheilt, Unrecht und Gewalt überwunden werden können; und Gegner zu lernen vermögen, einander mit neuen Augen anzusehen. Die Ruine wurde zur Botschaft, sie mahnte zum Frieden, und die Bilder der brennenden Kerzen gingen um die Welt.

Zu dem Versöhnungswerk und in die Geschichte des Wiederaufbaus gehört auch jener denkwürdige Abend wenige Tage vor Weihnachten im Jahr 1989, als die Einheit Deutschlands zu einer wirklichen Möglichkeit wurde, und an der Ruine der Frauenkirche Anspannung und Erwartung der Menschen jene Dichte erreichten, die es nur selten in der Geschichte gibt, von der sie aber bewegt wird.

Wenig später nahm der »Ruf aus Dresden« die Hoffnungszeichen an der Ruine auf und verband sie mit dem Impuls zum Wiederaufbau, »das Evangelium des Friedens« solle in dem wiederaufgebauten Gotteshaus verkündet werden. In den 15 Jahren, die seither vergangen sind, ließ sich eine unübersehbare, weltweite Gemeinde von der Hoffnung bewegen, dass Versöhnung gelebt werden kann in der Folge bekannter Schuld. Auch eine tiefe, lange Zeit blutende Wunde kann geheilt werden; aus Feindschaft kann eine versöhnte Gemeinschaft erwachsen, die Frieden möglich macht. An diesem Tag ihrer Weihe ruft die Frauenkirche zum Frieden, jeder soll diese Botschaft hören, sie wird kraftvoll und in leuchtender Schönheit in die Welt gesprochen. Im Blick auf das Kuppelkreuz, ein Geschenk aus England, kann jeder ein großes, anrührendes Werk der Versöhnung sehen. Es begann im Kleinen, und darum wird der Wiederaufbau der Frauenkirche uns zu einem Gleichnis, das etwas aus unscheinbarem Anfang zu kraftvoller Größe heranwachsen kann.

So ist es mit dem Reich Gottes. Jesus Christus hat immer wieder davon gesprochen, dass es schon angebrochen ist. Er machte den Menschen Mut, das Reich Gottes als eine andere Wirklichkeit zu sehen. Sie ragt hinein in die Realitäten unserer Welt, in der Licht und Dunkel in so unauflöslicher Weise miteinander verwoben und ineinander verschränkt sind. Tag für Tag stehen wir vor der Herausforderung, unser Leben zu gestalten, und wissen doch, dass nicht ausgemacht ist, wie es wird mit uns – ob gelingt, was wir erhoffen? Kann es gut werden, wenn wir uns mit den Realitäten abfinden? Was richten wir an, wenn wir keine Perspektive suchen über den Tag hinaus?

Das Gottesreich können wir nicht planen, wie wir uns Lebensräume erobern; wir können es nicht konstruieren. Es ist vielmehr ein Geschenk an uns, das wir nur anzu-

nehmen brauchen. Die andere Wirklichkeit des Gottesreichs erkennen wir, indem wir unseren Blick heben zu
Gott. Im Vaterunser beten wir, dass es kommen möge und
sehen zugleich, dass es mit Jesus Christus schon begonnen hat. Er selbst ist das Zeichen dieses Reiches. Sehen wir
auf ihn, eröffnet sich eine neue, ganz andere Sichtweise
und wir empfangen die Gaben, die nur Gott geben kann.
Sie heißen Glaube, Hoffnung und Liebe. Wir können *glauben* und werden beschenkt mit Gottvertrauen, das uns
hilft gegen die Lebensangst. Unsere *Hoffnung* wird gestärkt, ohne die wir nichts beginnen können, was Mut und
Zuversicht erfordert. Wir werden frei zur *Liebe*, mit der alles beginnt, was unser Leben reich macht.

Auch in diesem Moment, mitten unter uns, wächst das
Reich Gottes, denn es beginnt, wo Menschen auf die frohe
Botschaft hören, auf das Evangelium.

Liebe Gemeinde, wir leben in einer merkwürdigen Zeit.
Ihr Glück ist offenkundig und geradezu mit Händen zu
greifen. Seit 60 Jahren leben wir in Frieden, so lange wie
nie zuvor. Mit allen unseren Nachbarn gestalten wir gemeinsam die Zukunft Europas. Die Freiheitsrechte der
Bürgerinnen und Bürger sind garantiert, und die Welt
steht uns offen mit dem vielfältigen Reichtum ihres Lebens; unsere Kinder überschreiten Grenzen, als hätte es
sie nie gegeben. Ein so viel längeres Leben als unsere Vor-
fahren dürfen wir für uns erwarten.

Aber dennoch liegt eine Angststarre lastend auf dem
Land. Sorgen richten sich auf die Gefahr, aus dem Leben
einer nach wie vor reichen Gesellschaft ausgeschlossen zu
werden, die Arbeit zu verlieren und keine Chance zu be-

kommen. Viele fürchten sich, allein dazustehen, denn die Ehen und Liebesbeziehungen und Familien sind labil, und zerbrechlich. Es ist so vieles ungewiss, fragwürdig geworden. Sogar das Elementarste überhaupt, die Weitergabe des Lebens an die nächste Generation, stürzt uns in Unsicherheit und Verlegenheit. Zu wenig Kinder – zu wenig Vertrauen in die Zukunft.

Nahezu verwundert, zögernd noch entdecken wir die Dringlichkeit uralter Fragen. Woran kann ich glauben? Worauf dürfen wir hoffen? Welche Liebe hat Bestand?

Nichts braucht unser Land in dieser verzagten Zeit so nötig wie eine Bewegung in den Köpfen, einen Wandel der Mentalitäten, eine Orientierung auf die geistliche Dimension des Lebens. Aber dieser Wandel hat ja schon begonnen. Der Wiederaufbau dieses Gotteshauses war ein mutiges, vielleicht sogar ein verwegenes Unternehmen, denn die Realität sprach dagegen. Soviel anderes schien einer »realistischen« Betrachtung in jenen Wendejahren dringender, naheliegender als eine Ruine, die schon 45 Jahre lag. Es brauchte also einen neuen Blick, um eine andere Wirklichkeit sehen zu können, in der die Frauenkirche als ein helles und strahlendes Zeichen steht für ein Leben im Geist der Versöhnung. Es brauchte die Blickrichtung des Glaubens, der die Welt überwinden kann: den Blick auf das Reich Gottes. Erst durch ihn wurden elementare Kräfte und Gaben freigesetzt, Zuversicht und Vertrauen wuchsen, trennende Grenzen wurden bedeutungslos. In großmütiger Haltung, freigiebig, beteiligten sich unzählige Spender; weltweit erkannten Menschen, dass sie, sie selbst, Brücken bauen und Versöhnung leben können. Künstler, Architekten, Ingenieure, Handwerker aller Baugewerke sahen es als eine Ehre an, sich mit ihren Fähigkeiten beteiligen zu dürfen.

So macht die Geschichte des Wiederaufbaus die Sicht frei auf die geistliche Dimension unseres Lebens. Wo wir das Gute tun, das uns möglich ist, und unseren Mitmenschen liebevoll begegnen; bereit sind, einander zu vergeben und uns zu versöhnen, dem Nächsten mit unseren Gaben zu dienen, unsere Güter mit den Armen zu teilen – da wächst das Gottesreich und wir können in Frieden miteinander leben. Aber wer nicht auf die andere Wirklichkeit Gottes sieht, wer sich blindlings in der Realität der Welt einrichtet – der wird das Leben verfehlen. Wir brauchen eine Kraft, die das Dunkel der Welt und das Leiden der Menschen in ihr überwindet, damit es gut wird mit uns. Ohne eine Überzeugung, die uns trägt, können wir nicht leben. Ohne Orientierung an einer Wahrheit, die verlässlich ist, gefährden wir alles.

Liebe Gemeinde, das Gottesreich ragt als eine andere Wirklichkeit in diese Welt hinein. Wir können es nicht machen, sondern nur empfangen. Aber wenn wir uns diesem Geschenk geöffnet haben, können wir dazu beitragen, dass es wächst; mit unseren Kräften und Begabungen werden wir gebraucht. So ist die Frauenkirche, Werk der Versöhnung und Mahnung zum Frieden, wiedererstanden.

Jesus musste erst nachdenken, wie er es wohl erklären könnte; manch einer seiner Zuhörer konnte nichts sehen von den winzigen Anfängen des Gottesreichs und zweifelte. An diesem Tag sehen wir, in tiefer Dankbarkeit, wie eine andere Wirklichkeit aufscheint, die von Gott bestimmt ist und befreit zu Glauben, Hoffnung und Liebe – den Geschenken, die nur er gibt. Wir bekommen Anteil an ihnen, wenn wir auf sein Wort hören, auf Jesus Christus vertrauen. Trachten wir zuerst danach, dass sein Reich unter uns wächst – und dann gelingt es, Brücken zu bauen und Versöhnung zu leben.

Amen.

Zur Freiheit berufen

Von der Zukunft des Glaubens in der säkularen Gesellschaft

Vortrag vor dem »Comenius-Club Sachsen«, März 2008

1 Rückkehr der Religion?

Meine Damen und Herren,
In den Feuilletons, aber auch in der philosophischen Diskussion wird schon seit Längerem von einem neu erwachten Interesse an der Religion geredet. Dennoch kam für viele die große Aufmerksamkeit für Religion und Glauben im vergangenen Jahr überraschend. Wer die Bestsellerlisten des Buchhandels verfolgte, konnte den Eindruck bekommen, als sei die Religion das aktuellste der Sachthemen. Streitschriften für den christlichen Glauben und atheistische Gegenrede finden große Auflagen; und wer genauer hinsieht, wird auch finden, dass in Belletristik und Lyrik religiöse Fragestellungen eine zentrale Rolle spielen. Die Literatur fragt, wie wir Menschen zum Glück finden, das wir suchen, wie wir uns in dieser Welt einrichten und in ihr bestehen können, so widersprüchlich, gefährlich und wunderbar, wie sie ist. Darum geht es auch der Religion, und dass sie zum Thema des öffentlichen Gesprächs geworden ist, mag den einen oder anderen verwundern; denn immerhin leben wir in einem Land, in dem über lange, sehr lange Zeit hinweg die Auffassung mit großem Nachdruck vertreten wurde, dass die Religion ein Relikt aus versunkenen Zeiten sei, das zwangsläu-

fig absterben werde. Heute aber kann von ihrem Verschwinden keine Rede sein, eher schon von ihrer Wiederkehr.

Wenn man religionssoziologische Studien betrachtet, die sich mit dem Verhältnis der Deutschen zur Religion befassen, so registriert man eine Zunahme an religiösem Interesse seit Mitte der 1990er Jahre. Trendforscher sprechen von einem »Megatrend Religion« oder einem »Megatrend Spiritualität«. Seit einigen Jahren machen die Statistiken auch auf die Veränderung religiöser Verhaltensmuster aufmerksam. Der Trend zu einer neuen Religosität ist messbar geworden, das öffentliche Interesse an religiösen Themen steigt, religiöse Erziehung wird in zunehmendem Maße für wichtig gehalten, und ein wachsender Anteil der deutschen Bevölkerung glaubt, dass religiöse Haltungen auch in Zukunft von Bedeutung sind. So scheint die These von der unaufhaltsam fortschreitenden Säkularisierung Europas passé zu sein, oder doch zumindest in Frage zu stehen.

Lange Zeit sah es so aus, als ob die Aufklärung, auch wenn sie nicht im heutigen Sinne als atheistische Bewegung zu bezeichnen ist, doch einen kämpferischen Atheismus hervorgebracht hat, der auf lange Sicht den Gottesglauben ablösen würde. Die marxistische Religionskritik und die (frühe) Kirchenpolitik der SED bauten darauf auf und versuchten, diesen Wandel zu erzwingen. Verschiedene Erfahrungen des 20. Jahrhunderts stehen einer solchen Entwicklung aber entgegen und dürften zu einer veränderten, positiveren Bewertung des Beitrags der Religion beigetragen haben. Vier möchte ich nennen.

Der aufklärerische Optimismus hatte die notwendigerweise beschränkten Erkenntnismöglichkeiten auch der Wissenschaften nicht im Blick. Man war im 18. Jahrhundert, ebenso zu großen Teilen des 19. Jahrhunderts der Auffassung, dass der menschlichen Erkenntnis, und darauf aufbauend auch den menschlichen Gestaltungsmöglichkeiten, keine Grenzen gesetzt seien; und ging davon aus, dass es prinzipiell möglich sei, nicht nur alle Geheimnisse der Welt zu enträtseln, sondern auch eine »neue Welt« konstruieren zu können, die den menschlichen Bedürfnissen besser entspreche als die höchst fehlerbehaftete vorfindliche.

Heute dagegen berichten Naturwissenschaftler von staunendem Respekt angesichts der vielfach strukturierten Komplexität der Welt und formulieren die Einsicht, dass jede Erkenntnis neue Fragehorizonte eröffnet; und darüber sind auch unüberschreitbare Grenzen des Erkenntnisvermögens sichtbar geworden. In diesen Tagen haben wir uns an das Scheitern der Bemühungen des Physikers Werner Heisenberg um eine einheitliche Theorie der Materie, die sogenannte »Weltformel« erinnert. Die Vorläufigkeit und Fehlerhaftigkeit allen menschlichen Handelns steht uns am Anfang des 21. Jahrhunderts im Sinne einer anthropologischen Konstante deutlich vor Augen, und dies wird man nicht zuletzt auch im Rückblick auf die Katastrophen des 20. Jahrhunderts sagen; die Zeit eines ungebrochenen Fortschrittsoptimismus hat sich überlebt.

Die von Kant postulierte Unentscheidbarkeit der Gottesfrage wurde vielfach als Verneinung der Existenz Gottes

rezipiert; und in der Folge seines Satzes von dem aufklärerischen Ausgang aus der selbstverschuldeten Unmündigkeit kam es zu einer Haltung, die von einem »General-
verdacht« gekennzeichnet war, dass nämlich der Gedanke
an Gott einer guten und gedeihlichen Entwicklung des
Menschengeschlechts im Wege stehe. Diese Betrachtung
hat sich aber erschöpft, nicht zuletzt wegen des Zusammenbruchs der atheistischen Ideologie des dialektischen
Materialismus 1989/90.

Der europäische Weg stellt sich in einer weltweiten Perspektive – also einer relativ jungen Betrachtungsweise –
mehr und mehr als Sonderweg heraus. Das geistige und
(dann auch) materielle Kräftepotential der Religion wächst
in anderen Teilen der Welt immens, ich denke an Asien,
Nord- und Südamerika oder einige afrikanische Länder.
Jedenfalls kann nach dem zu Jahresbeginn veröffentlich-
ten Religionsmonitor der Bertelsmann-Stiftung keine Rede
davon sein, dass der Satz gelte »je moderner, desto säkularer«.

Für Deutschland übrigens bestätigt diese aufwendige
Untersuchung die weit verbreitete These vom Traditions-
abbruch in Sachen Religion nicht. Hier lässt sich sogar feststellen, dass die Jüngeren, 18- bis 29-Jährigen am stärksten
von allen Altersgruppen religiös interessiert sind und es gerade nicht – wie man sonst immer annimmt – die Älteren
sind, die sich in dieser Hinsicht besonders engagieren. So
findet zum Beispiel die Glaubensaussage, dass es ein Leben nach dem Tod gibt, bei den über 60-Jährigen mit 32 %
weniger Zustimmung als bei den 18- bis 29-Jährigen mit
immerhin 41 %. Auch der Anteil derjenigen, die gar nicht an

ein Weiterleben nach dem Tode glauben, ist unter den über 60-Jährigen beinahe doppelt so groß (37 %) wie unter den 18- bis 29-Jährigen (19 %). Ja, es zeigt sich sogar, dass in naturalistischen Deutungen des Lebens sich die heutigen Seniorinnen und Senioren nicht übertreffen lassen. So stieß die Zustimmung zu der Aussage, dass die Seele in irgendeiner Form weiterlebt, schon 1997 bei den damals über 60-Jährigen auf weniger Zustimmung als bei den 14- bis 29-Jährigen. Dies alles mag bedeuten, dass traditionelle Glaubensinhalte im Altersvergleich nicht an Bedeutung verloren haben; jedenfalls erhält in der jüngsten Altersgruppe ein naturwissenschaftliches Weltmodell die niedrigste Zustimmung.

Die Verlegenheiten und krisenhaften Entwicklungen der westlichen Moderne müssen in diesem Zusammenhang ebenfalls erwähnt werden. Damit ist die Frage angesprochen, was denn eine Gesellschaft – oder auch generell menschliche Gemeinschaften – in ihrem Inneren zusammenhalten kann. Die Desintegrationsphänomene sind schon lange offenkundig, sie haben teilweise besorgniserregende Ausmaße angenommen. Die Spaltungen zwischen den einzelnen Gruppen in der Gesellschaft haben sich vertieft, und ein Teil der Gesellschaft sieht sich dauerhaft ausgeschlossen von einer guten Entwicklung. Darüber ist es fraglich geworden, ob es gelingen kann, die drei Ziele einer guten Entwicklung der Gesellschaft – Gewährleistung der Freiheitsrechte, sozialer Zusammenhalt und wirtschaftliche Prosperität – gleichermaßen zu erreichen. Daran gibt es begründete Zweifel, und im Hintergrund dieses Zweifels taucht die Frage auf, ob Menschen in Freiheit und Gerechtigkeit zusammenleben können ohne eine sie verbindende geistige Grundlage, ohne eine Verständigung über ein gemeinsames Gutes, wie es die Religion bereitstellt.

2 Ungleichzeitigkeiten

Selbstverständlich wird man aus der Sicht eines Theologen zunächst sagen, dass es erfreulich ist zu sehen, wie die Indikatoren für subjektiv gelebte Religiosität in Deutschland von 1990 bis 2005 zugenommen haben; denn es bedeutet, dass mehr Menschen beten, an eine göttliche Macht und ein Leben nach dem Tod glauben. Zweifellos ist das geistige Klima für Religion und religiöse Fragestellungen wieder freundlicher geworden, und es ergeben sich nach meiner Einschätzung Chancen für die Kirche, die wir lange nicht gehabt haben.

Es heißt aber – leider – nicht, dass die Menschen sich in gleichem Maß wieder mit den christlichen Kirchen identifizieren bzw. in großer Zahl zurückkehren. Die Entwicklung der großen Kirchen in Deutschland gibt bislang ein anderes Bild ab, die Mitgliederzahlen sind rückläufig, auch in Sachsen. Die Ursachen liegen allerdings nahezu ausschließlich im demografischen Bereich, also in Entwicklungen der Vergangenheit und in solchen, auf die die Kirche kaum Einfluss hat, wie z. B. das Arbeitsplatzangebot im Freistaat und der Fortzug der Jungen. Zwar gibt es ermutigende Tendenzen, dazu später mehr; aber dennoch wird man davon auszugehen haben, dass das erneuerte, aber diffuse kulturelle Interesse an Religion nicht ohne Weiteres eine verstärkte Zuwendung zu den Kirchen und ihrer Botschaft bedeutet. Nüchtern betrachtet gibt es also keinen Anlass, in Euphorie zu verfallen. Zu vage, zu ungefähr sind die Suchbewegungen der Menschen, kaum zielorientiert, und ein Teil dieser neuen Religiosität ist eine Religion ohne den Gott des christlichen Glaubens. »Sie rechnet mit kosmischen Energien und Kraftfeldern, die man spirituell anzapfen kann, nicht aber mit einem persönlichen Gott«,[1] wie der Theologe Ulrich Körtner von der Universität Wien konstatiert. Religionssoziologen wie Thomas Luckmann machen gar eine »unsichtbare Religion« zu ihrem Forschungsfeld, dazu gehören dann auch Fußballstadien und Kinosäle. Keinesfalls sollte unerwähnt bleiben, dass es neben religiösen Neuaufbrüchen bei uns ja nach wie vor einen massenhaften Gewohnheitsatheismus gibt; die Frage nach Gott ist vielen Menschen schlicht abhanden gekommen, so dass sie sie auch gar nicht vermissen.

Zusammengefasst ist es wohl so, dass ein noch nicht gestoppter Bedeutungsverlust der Institution Kirche einhergeht mit einem steigenden Bedarf an religiöser Orientierung und neu erwachender Sehnsucht nach der geistlichen Dimension des Lebens. In dieser offenen Situation besteht die Gefahr, dass die Kirchen den Anschluss an den neuen Trend verpassen könnten; und so stellt sich die Frage nach der angemessenen Strategie, wenn – um ein Gleichnis Jesu auf-

---

[1] Ulrich Körtner, Wiederkehr der Religion? Das Christentum zwischen neuer Spiritualität und Gottvergessenheit, Gütersloh 2006, 15.

zunehmen – das Bedürfnis nach dem Wein vorhanden ist, der Wein auch in exzellenter Qualität zur Verfügung steht, das Verpackungsmaterial aber unattraktiv erscheint, den Schläuchen nicht getraut wird?

Um die weitere Entwicklung besser einschätzen zu können, wird man aber zunächst einmal die Frage stellen, wozu Religion denn gebraucht wird, welchen Nutzen sie den einzelnen Menschen und der Gesellschaft in ihrer Gesamtheit stiftet.

3 Wozu Glauben, was leistet Religion?

Der Theologe wird eine solche Frage nicht stellen, sie sogar ablehnen. Denn der Religion geht es nicht um Nützlichkeit, sondern um Wahrheit. Und auch ich selbst glaube nicht, weil mir dies nützlich ist, sondern weil ich in Jesus Christus zu der einen Wahrheit gefunden habe, die ich mir selbst nicht zu geben wusste und weiß.

Andere aber stellen die Frage, und so will ich versuchen, darauf eine Antwort zu geben. In einer offenen Gesellschaft ist es ja, wie bereits angedeutet, durchaus sinnvoll, zu untersuchen, was die religiöse Bindung von Menschen für ihr Zusammenleben und für dessen Gelingen bedeutet. Eine funktionale Annäherung an die Bedeutung und die Wirkungen von Religion für unsere Gesellschaft wird zu der Erkenntnis kommen, dass Religion lebensdienliche Kulturleistungen hervorbringt (Franz Xaver Kaufmann), unter anderen Kontingenzbewältigung und Handlungsführung.

Kontingenzbewältigung heißt z. B., dass ein religiöser Mensch durch seinen Glauben befähigt ist, mit Ängsten umzugehen. Es wird möglich, Zufälle und Krisen, Notlagen und Unberechenbarkeiten des Lebens zu verstehen, einzuordnen und zu gestalten und das eigene Leben auch mit seinen Dunkelheiten als Teil eines Ganzen zu sehen, das Vertrauen verdient. Gottvertrauen schenkt einen Trost, aus dem Stärke erwächst; und die Fähigkeit, eine eigene Identität auszubilden. Aus der vergleichenden Sozialforschung ist bekannt, dass der Glaube Menschen hilft, im Leben und seinen Wechselfällen zu bestehen, er stabilisiert, gibt Halt in Krisen.

Eine zweite Funktion, die Religion übernehmen kann, ist Handlungsführung. Religionen sind immer auch Moralsysteme. Durch Einübung in den Ritus und die gläubige Akzeptanz von Vorgegebenem, wie es z. B. die Zehn Gebote für die Christen sind, entsteht Sicherheit, wie man sich in konflikthaften Situationen zu verhalten hat. Ein in den Ordnungen der Religion gebundenes Leben stiftet Orientierung in außergewöhnlichen Situationen, ermöglicht die verbindliche Beachtung von Regeln und begründet nicht zuletzt die Unterscheidung von Gut und Böse. Für unseren Zusammenhang ist es offenkundig, dass es nach Kontingenz und Handlungsführung in diesen modernen Zeiten einen steigenden Bedarf gibt; und das hängt nicht zuletzt mit drei Entwicklungsrichtungen der offenen, freiheitlichen Gesellschaft zusammen, der Individualisierung, der Säkularisierung und Rationalisierung unseres Lebens.

3.1 Individualisierung

Die erste Entwicklungsrichtung ist uns allen vertraut. Der Trend zur Individualisierung zeigt sich in der Vielzahl der Möglichkeiten, das eigene Leben zu gestalten, er zeigt sich in dem Bestreben, sich gegenüber anderen abzugrenzen und die eigene Personalität zu betonen; er zeigt sich nicht zuletzt in der Pluralisierung unserer Lebensbezüge. Dazu gehört – spiegelbildlich – die Schwächung von gemeinschaftlichen Institutionen, wie Parteien, Verbänden und auch Kirchen; und auch in der stetig schwindenden Wahlbeteiligung und in der Entwicklung zu Fünf- bzw. Sechs-Parteienparlamenten. Die Bündelung der divergierenden Lebensstile, Milieus und Auffassungen in den Kollektiven wird zweifellos schwieriger, denn es werden immer mehr und immer neue individuelle Lebensformen entwickelt. Darüber wird aber die Orientierung sowohl für den Einzelnen als auch für die Gesellschaft immer mehr zu einem drängenden Problem.

Auf dem Feld der Religion erleben wir Ähnliches. Längst spricht man von einer »Patchwork-Religiosität«, also von dem Phänomen, dass Menschen sich ein eigenes System der Sinnorientierung aus verschiedenen Bausteinen »zurechtbasteln«. Darin wird man eine Wirkung der Globalisierung sehen. Menschen mit einem anderen kulturellen und religiösen Hintergrund leben in großer Zahl in unserem Land; und auch die unterschiedlichen Ausprägungen des christlichen Glaubens in anderen Teilen der Welt entfalten ihre Wirkung, auch auf Mitglieder unserer Landeskirche. Die subjektiven Aspekte des Glaubens gewinnen zunehmend an Bedeutung, während die Einbettung des persönlichen, je eigenen Glaubens in eine Systematik, wie sie z. B. die Katechismen Martin Luthers kennzeichnet, den Menschen weniger bedeutsam erscheint. Die Aufgabe der Einheit, die jedem Pfarrer übertragen ist – und auch dem Bischof – ist unter diesen Bedingungen schwerer zu erfüllen.

Positiv daran ist aber, dass es verstärkt auf den je eigenen Glauben ankommt. Es ist ein Grundsatz der lutherischen Konfession, dass die Individualität des Stehens vor Gott wichtig und ernst genommen wird. Allerdings ist damit aber eben nicht eine ungebremste Subjektivität gemeint, sondern die Auseinandersetzung mit einem auf mich zukommenden Anspruch und die Annahme jener Wahrheit, die im Bekenntnis der Kirche formuliert ist.

3.2 Säkularisierung

Die zweite Entwicklungsrichtung ist die Säkularisierung. In Bezug auf die Aufgaben, die von der Kirche auf den Staat übergegangen sind, kann sie vielfach als abgeschlossen gelten. Auch ist es eine Selbstverständlichkeit geworden, dass der Staat die religiöse Bindung der Bürgerinnen und Bürger ebenso achtet wie das Fehlen einer solchen. Die Kirchen wiederum akzeptieren die gegenwärtige Gestaltung des Verhältnisses von Kirche und Staat nicht nur, sondern bejahen sie ausdrücklich, weil sie in ihr eine angemessene Gestaltungsform des Verhältnisses von Staat und Kirche erkennen. Dies schließt den weltanschaulich neutralen Charakter des Staates ein.

Drängend ist aber die Frage nach dem zukünftigen Zusammenhalt in unserem Land. In der Vergangenheit hat das Christentum einen wesentlichen, wenn nicht den zentralen Beitrag dazu geleistet, und bis heute sind seine Einflüsse wirkmächtig. In der Gegenwart ist aber unverkennbar, dass prägende Traditionsbestände verbraucht wurden und werden. Zugleich fällt es schwer, neue Integrationsmuster zu begründen; und das Diktum des ehemaligen Verfassungsrichters Böckenförde von den Grundlagen des Staates, auf die er angewiesen ist, ohne sie selbst herstellen oder auch nur garantieren zu können, gehört in diesem Zusammenhang zu Recht zu den meistzitierten Bemerkungen. Längere Zeit wurde ja in staatstheoretischen Diskussionen die Auffassung vertreten, es reiche aus, wenn die Bürger das Recht respektieren, die Gesetze befolgen – und der Staat deren Beachtung mit den ihm zur Verfügung stehenden Machtmitteln durchsetzt. Inzwischen ist aber klar geworden, nicht zuletzt wegen der stetig zunehmenden Regelungsdichte, dass diese formale Begründung nicht ausreicht. Es müssen die das Recht tragenden geistigen Prinzipien in einem unablässigen Prozess der Aneignung stetig erneuert werden; und das bejahende Einverständnis der Bürgerinnen und Bürger zu ihrer Geltung ist unverzichtbar.

Ich bin davon überzeugt, dass sich die Frage nach den Grundlagen des Zusammenlebens auch an dem Verhältnis der Menschen zu religiösen Fragen entscheidet. Nach wie vor ist es ein wesentliches Kennzeichen des säkularen Staates, dass in den religiösen Traditionen Gemeinsamkeiten begründet sind, auf die er aufbauen kann. Die Substanz, die von der Prägekraft des Christentums ausgeht, kann kaum überschätzt werden. In diesem Zusammenhang ist z. B. an die Begründung der Würde des menschlichen Lebens zu denken, die in jüngster Zeit verschiedenen Entscheidungen des Bundesverfassungsgerichts zugrunde gelegt wurde. Insofern wird man sagen müssen, dass der Versuch, das Zusammenleben in einer freien Gesellschaft ohne den Rückgriff auf religiöse Bindungen zu gestalten, den Charakter eines Gesellschaftsexperiments mit ungewissem Ausgang trägt.

3.3 Rationalisierung

Die dritte Entwicklungsrichtung, der ich nachgehen möchte, ist die Rationalisierung. Sie begegnet in zwei gegenläufigen Entwicklungen. Moderne Menschen haben das Bedürfnis, ihr Leben vernunftorientiert gestalten, erklären und kontrollieren zu können – aber zugleich erschrecken sie, wenn darüber eine eisige Kälte über sie hereinbricht.

Eine spezielle Form der Rationalisierung erleben wir tagtäglich, wir gehen mit ihr um und empfinden sie oft doch als Stachel im Fleisch: Die Ökonomisierung, also die Ausdehnung der Logik des Wirtschaftens auf Lebensbereiche, die in der Vergangenheit nach anderen, eigenen Gesetzen funktionierten. Rationalisierung des Lebens heißt ja, die Dinge zunächst erklär- und dann kontrollierbar zu machen. Wenn dies auf der Grundlage des Marktes geschieht, kann von Ökonomisierung gesprochen werden. Dabei handelt es sich um nichts Dämonisches, sondern zunächst einmal um die Tatsache, dass wir in unserer Gesellschaft eben marktwirtschaftlich denken und handeln; in unseren Kaufentscheidungen die Angebote auswählen, die uns besonders günstig erscheinen. Zugleich erschrecken wir aber, wenn diese Rationalität sich in äußerst unerwünschten Folgen äußert – wie z. B. in der endemisch um sich greifenden Unsicherheit der Arbeitsplätze, die in der Verschärfung der Konkurrenzsituation der Unternehmen begründet ist. Inzwischen wird man wohl auch sagen müssen, dass der Markt mehr und mehr die Wertvorstellungen unserer Lebensbezüge bestimmt, so dass z. B. freundschaftliche und familiäre Bindungen nicht aus Liebe und im Geist der Mitmenschlichkeit, sondern zunehmend nach den Gesetzen des Marktes geregelt werden. Dann spätestens wurde ein Prinzip überstrapaziert und es entstehen Gefahren für die Akzeptanz und den Fortbestand der das Zusammenleben begründenden Werte.

Dies wird am Beispiel des Sonntagsschutzes deutlich: Ein für wirtschaftliche Betätigung grundsätzlich offener Sonntag, der seinem Wesen nach keine Differenz zu den anderen Wochentagen aufweist, kann wesentliche Funktionen für den Zusammenhalt unserer Gesellschaft nicht mehr erfüllen. Der Familienverbund, die Pflege des Lebens in den elementaren Gemeinschaften und die kollektive Unterbrechung der Zwänge des Alltags basieren auf Wertvorstellungen, die voraussetzen, dass die Rationalität des Wirtschaftens an diesem Punkt eine Grenze gesetzt bekommt. Wird sie übertreten, entsteht ein Vakuum – oder es müssen neue und andere Werte generiert werden. Doch woher sollen diese kommen? Wie könnten sie aussehen? Wer will sie bestimmen? Die Kirche tritt an dieser

Stelle in ihre Wächterfunktion ein. Sie kann und will für die Gesellschaft nicht eine gewissermaßen polizeiliche Instanz in Bezug auf Wertvorstellungen sein, sie ist nicht die »Bundeswertekammer«. Aber die Kirche kann ein Korrektiv darstellen; und dies ist mit Sicherheit immer dann notwendig, wenn die Logiken der Ökonomie in andere Teilbereiche der Gesellschaft vordringen oder sie gar dominieren.

Meine Damen und Herren, Individualisierung, Säkularisierung und Rationalisierung sind prägende Entwicklungslinien unserer Zeit. Sie werfen die Frage auf, wie die freiheitliche Gesellschaft bestehen kann angesichts der darin für sie liegenden Risiken. Ich sehe sie im Wesentlichen in der Ungewissheit, ob es den Menschen gelingt, in Freiheit und also selbstbestimmt, ohne Zwang, jene Bindungen einzugehen, die für den Zusammenhalt und die Wertorientierung der Gesellschaft notwendig sind. Eine gute Entwicklung der Gesellschaft hängt von ihren geistigen Grundlagen ab; und es steht für mich außer Frage, dass der Beitrag der Religion dazu notwendig ist.

In unserem Glauben ist es so, dass die von Gott geschenkte und im Glauben ergriffene Freiheit zur Bindung an den Nächsten führt, die sich im Alltag der Welt bewährt. Luther sagt: »Ein Christenmensch lebt nicht in sich selbst, sondern in Christus und seinem Nächsten, in Christus durch den Glauben, im Nächsten durch die Liebe.«[2] In dieser Zuordnung von Freiheit und Bindung liegt eine wunderbare Bestimmung dessen, was ein

---

[2] Martin Luther, Von der Freiheit eines Christenmenschen.

Mensch ist: Wir sind zur Freiheit berufen – und darum in die Verantwortung an unseren Nächsten gestellt.

Die von Gott geschenkte Freiheit ist also kein Selbstzweck, sondern die Grundlage für ein gutes Leben in Gemeinschaft. Der Glaube, den die Kirche verkündigt, zielt auf Freiheit in Bindung – und diese Bestimmung ist in unseren modernen Zeiten entscheidend für den Zusammenhalt einer sich wandelnden Gesellschaft. Insofern ist die Frage nach dem Nutzen der Religion beantwortet – auch wenn der Theologe sie nicht stellt.

Die Kirche, wie wir sie heute in Deutschland haben, ist eine gesellschaftliche Institution, die einen Beitrag für ein Zusammenleben in Freiheit und Gerechtigkeit leistet. Ihr kommt eine herausragende Bedeutung zu, denn auch nach den Abbrüchen der Vergangenheit ist sie nach wie vor die größte organisierte Gruppe innerhalb der Bevölkerung.

4 Der Weg unserer Kirche

Konkret möchte ich abschließend den weiteren Weg unserer Landeskirche umreißen, und dabei gehe ich von ihrem Selbstverständnis aus.

Zuerst liegt mir daran, zu betonen, dass wir nicht vergangenen Zeiten nachtrauern. Jede Zeit hat ihre eigenen Lasten, die sie zu tragen aufgibt; aber jede Zeit birgt auch Chancen in sich, die es zu ergreifen gilt. Unsere Kirche ist kleiner geworden, viele Selbstverständlichkeiten gingen verloren – wie zu allen Zeiten aber ist die Kirche Jesu

Christi auch heute an ihren unveränderten Auftrag gebunden, die Frohe Botschaft von der Liebe Gottes zu den Menschen zu tragen – und dieser Auftrag verträgt nicht das Klagen über vermeintlich Verlorenes oder die Orientierung an dem, was war, sondern ist ausgerichtet an der Hoffnung, mit der Gott die Kirche segnet. Der Apostel Paulus schreibt: Zur Freiheit sind wir berufen; und damit erinnert er uns an das Geschenk der Liebe Gottes, die immer da zu ihrem Ziel kommt, wo Menschen sich in freier Entscheidung dem Glauben zuwenden und auf Jesus Christus als ihren Herrn vertrauen. Das Wort von der Freiheit erinnert an eine Grundstruktur des Evangeliums: Wer sich von Gott gehalten weiß, ist befreit zum Leben.

So hat sich in allem Wandel im Grund des Kircheseins doch nichts geändert. Wie auch immer die Zeiten sind, wie auch immer die Rahmenbedingungen, in denen sich das kirchliche Leben vollzieht, die Kirche wird gebraucht – denn sie verkündet die Wahrheit, die Gott in Jesus Christus schenkt. Es geht ihr darum, den Menschen einen Weg zu Gott zu eröffnen, so dass sie Anteil haben an der Freiheit, die Gott im Glauben eröffnet. Es geht um das Wachstum des Reiches Gottes; und dahinter treten alle Umstände der Zeit und der Grenzen, die sie setzt, zurück.

Die Umstände haben aber selbstverständlich ihre eigene Bedeutung; und das macht schon ein kurzer Blick auf die hinter uns liegenden Jahre deutlich. Nach 1990 waren von unserer Kirche, von ihren Mitgliedern, Mitarbeiterinnen und Mitarbeitern große Anpassungsleistungen zu erbringen, nicht anders als für alle Bürgerinnen und Bürger im Freistaat. Dabei handelte es sich um schwierige Fragen der Finanzausstattung und des Personaleinsatzes, es mussten ja die strukturellen Konsequenzen aus dem Abschied so vieler Menschen von der Kirche in den 40 Jahren zuvor gezogen werden. Um eine Zahl zu nennen: Heute haben wir etwa ein Drittel weniger Pfarrer im Dienst als zu DDR-Zeiten, und in allen anderen Berufsgruppen sieht es ähnlich aus. Diese Anpassungsprozesse können, ich bin sehr dankbar, dies sagen zu können, im Wesentlichen als abgeschlossen gelten. Sie haben viel Kraft gekostet, nicht zuletzt, weil es gleichzeitig und parallel dazu darum ging, die sich nach der politischen Zeitenwende bietenden Chancen wahrzunehmen. Dies ist, so meine ich, zu guten Teilen gelungen, wenn sich auch nicht alle Hoffnungen erfüllt haben. Einige Hinweise mögen dies verdeutlichen.

Ein enormes, in dieser Dichte nie gekanntes Bauprogramm wurde realisiert, so dass heute der allergrößte Teil der 1300 sächsischen Kirchen in gutem Zustand ist und wir uns über Schließung oder gar Aufgabe von Gebäuden keine Sorgen machen müssen. Viele Glieder unserer Kirche haben sich in der Politik und teilweise an herausragender Stelle engagiert, der Anteil der Christinnen und Christen in den ostdeutschen Landesparlamenten liegt weit über dem Anteil an der Gesamtbevölkerung. Die Seelsorge in den Krankenhäusern, an Soldaten und den Polizeibeamten wurde aus- bzw. aufgebaut; das Diakonische Werk ist mit 16.000 Mitarbeiterinnen und Mitarbeitern in allen Gebieten des Sozialstaats aktiv, die Dresdener Frauenkirche wurde im Geist der Versöhnung wieder aufgebaut und darf angesichts des ungebrochenen Zustroms ein Leuchtfeuer des Glaubens genannt werden. Ausbildungsstätten für die kirchlichen und diakonischen Berufe wurden neu errichtet oder neu profiliert und erfreuen sich in diesen Tagen großer Nachfrage, und für alle Arbeitsfelder der Kirche kann gesagt werden, dass es genügend Nachwuchs und in beeindruckender Qualität gibt. Besonders bedeutsam sind aus meiner Sicht die jährlich 1.600 Erwachsenentaufen, denen ja in aller Regel eine lange Phase der Suche, der Orientierung und auch der Begleitung durch einen Pfarrer vorausgeht. Gleichermaßen Erfreuliches kann über den Aufbau des Religionsunterrichts an den sächsischen Schulen gesagt werden. Auch hier eine Zahl: Inzwischen liegt der Anteil der Schülerinnen und Schüler an den Gymnasien, die den Religionsunterricht besuchen, bei 31%, also deutlich über dem Anteil der getauften Christen in dieser Altersgruppe. Besonders wertvoll für die Weitergabe des Glaubens an die nächste Generation sind die 213 kirchlichen bzw. diakonischen Kindergärten und die 44 Evangelischen Schulen.

Wer mit nüchternem Blick und zugleich eingedenk des Wortes von der Berufung zur Freiheit die Situation betrachtet, wird also unschwer die Chancen erkennen, die sich für unsere Kirche in den nächsten Jahren bieten. Es kommt darauf an, eine offensive Strategie zu verfolgen, die Ausstrahlung in die Gesellschaft hinein zu verstärken, sich zu öffnen für die Suchenden und das Gespräch mit ihnen zu führen, die Attraktivität des Lebens im Glauben zu betonen und vorzuleben. Wir wollen wieder mehr werden.

Das aber können weder die Kirchenleitung noch der Landesbischof anordnen; vielmehr kommt es auf die Mitglieder der Kirche zuallererst an. Sie dienen ihrer Kirche am besten, und werden ihrer Taufe gerecht, wenn sie ihr

Christsein nicht als eine gewissermaßen privat-vertrauliche Angelegenheit behandeln, sondern fröhlich und unbefangen ihren Mitmenschen im Alltag des Lebens davon Auskunft geben, was sie in ihrem Innersten hält und trägt; was der Glaube ihnen bedeutet. Selbstverständlich gehört zu einer solch offensiven Haltung auch, dass der Dienst der Pfarrerinnen und Pfarrer und aller kirchlichen Mitarbeiter so ausgerichtet wird, dass die Außenwirkung im Mittelpunkt steht und es nicht zu einer Haltung der Selbstbezüglichkeit kommt.

In dieser Strategie kommt den Kirchgemeinden eine besondere Bedeutung zu, denn sie bieten den Menschen einen Zugang im unmittelbaren Zusammenhang mit dem Wohnort, der konkret und authentisch gestaltet werden kann und will. Darum können auch die kleinen und sehr kleinen Kirchgemeinden in den ländlichen Regionen sich darauf verlassen, dass die Landeskirche sie nach dem Maß der ihr zu Verfügung stehenden Möglichkeiten unterstützen wird.

Damit will ich zum Schluss die Aufgabe formulieren, vor der unsere Kirche im Angesicht der neu aufbrechenden Religiosität in unserem Land steht. Wir sehen es so, dass die Veränderung der Lebensverhältnisse unseren kraftvollen Beitrag zu einem guten Zusammenleben in der Zukunft fordert. Die Kirche wird ihren Auftrag in einer pluralisierten Gesellschaft am besten erfüllen können, wenn sie sich auf den Weg zu den Menschen macht und ihnen das Wort sagt, das nur sie sagen kann – von der Wahrheit in Jesus Christus. Indem sie für möglichst viele Menschen zu einem Ort der Beheimatung wird, an dem sie ihren christlichen Glauben leben, wird die Kirche profiliert dem Zusammenleben der Menschen in diesem Land dienen. Profiliert heißt dabei: einig im Bekenntnis zu Jesus Christus, vereint in den Gottesdiensten, durchaus unterschiedlich in den Ausdrucksformen. Ich verkenne nicht, dass in dieser dreifachen Bestimmung eine Herausforderung für den Zusammenhalt der Kirche liegt. Die Kirche darf nicht ein Ort für individuelle Religionskompositionen werden. Aber in der freiheitlichen, säkularen Gesellschaft liegen durchaus Chancen; und Individualisierung wie Pluralisierung können wesentliche Elemente sein, durch die sich ein gesundes Gemeindeleben auszeichnet. Und gesunde Gemeinden, die zu Orten der Beheimatung werden, sind ein wichtiger Beitrag der Kirche für den Zusammenhalt unserer Gesellschaft.

Meine Damen und Herren, die Zukunft ist offen. Wir Christen glauben, dass sie in Gottes Hand steht und begegnen ihr darum in Hoffnung. Also trachten wir zuerst danach, dass sein Reich unter uns wächst; und dann werden wir uns um den weiteren Weg unserer Kirche bemühen – aber nicht sorgen.

Zeitenwende

20 Jahre Friedliche Revolution

Synodenbericht, Herbst 2009

> Trachtet zuerst nach dem Reich Gottes und nach sei-
> ner Gerechtigkeit, so wird euch das alles zufallen.
> (Mt 6,33)

Hohe Synode, Herr Präsident,

am 4. April 1989 äußerte sich zum ersten Mal seit Jahrzehnten ein kirchenleitendes Gremium in der DDR zu der
Bedeutung von Wahlen und den Anforderungen, die in einem demokratischen Verständnis an ihre Durchführung
zu richten sind. Das war die 22. sächsische Landessynode,
die im Vorfeld der Kommunalwahlen erklärte:»Für uns als
Christen wird es darauf ankommen, wahrhaftig zu sein
und verantwortlich zu entscheiden. Das kann darin bestehen, an der Wahl teilzunehmen und die Kabine aufzusu-
chen oder von der Wahl fernzubleiben.«

Diese Erklärung besaß Signalcharakter, und man wird
ihre Bedeutung für den weiteren Gang der Ereignisse
kaum überschätzen können. Denn es war ein Wort, auf
das viele gewartet hatten und wurde nun als Ermutigung
verstanden, sich nicht länger abzufinden, sondern sich
einzumischen, den Verlauf der Wahl und insbesondere die
Auszählung der Stimmen genau zu beobachten und demokratische Defizite zu benennen.

20 Jahre nach jenem denkwürdigen Herbst gibt die Erinnerung an das Wort der Synode mir Anlass zu einem Rückblick auf diesen »Höhepunkt in der Geschichte unseres Volkes«. So hat es die Kirchenleitung vor einigen Monaten in ihrem Wort zu *20 Jahre Friedliche Revolution und Ökumenische Versammlung* formuliert, in dem es dann weiter heißt: »Als Christen in Sachsen waren wir an diesem Umbruch besonders stark beteiligt, und wir tun gut daran, uns zu erinnern, um daraus für die Gegenwart und die Zukunft zu lernen.«[1] Ja, das ist der angemessene Umgang mit der Geschichte, und mit den folgenden Überlegungen möchte ich einen Beitrag zum gemeinschaftlichen Lernen in unserer Landeskirche leisten.

Zweifellos stellte das denkwürdige Jahr 1989 einen tiefen Einschnitt dar, und die Bilder vom Grenzübergang Bornholmer Straße und den freudetrunkenen Tänzen auf der Mauer vor dem Brandenburger Tor haben wir alle wieder und wieder gesehen. Auch trägt wohl jeder von uns in seinem Kopf Bilder jener Tage, die nicht vergehen und geradezu fotografischen Charakter angenommen haben – ohne dass es eines Fotoapparates bedurft hätte. In der Regel erinnern wir uns in dieser Weise an Geschehnisse des privaten Lebens, die nur uns angehen – die erste Begegnung in Liebe, die Geburt der Kinder, besondere Glücksmomente. Auch im Zusammenhang mit der deutschen Einheit gab es solche Eindrücke, von denen wir im Augenblick des Erlebens wussten, dass sie uns nicht vergehen

---

[1] Amtsblatt der Ev.-Luth. Landeskirche Sachsens Nr. 8 (2009), B 28.

werden; und das schon macht deutlich, welche Bedeutung jene Tage hatten.

Der englische Historiker Timothy Garton Ash, der aus beruflichem Interesse Mittel- und Osteuropa in den Jahrzehnten des »Eisernen Vorhangs« wieder und wieder bereiste, hat seinem Bericht über das Jahr '89 die Überschrift gegeben: »Ein Jahrhundert wird abgewählt«[2]; und die prägnante Formulierung macht ein Doppeltes deutlich.

Zuerst bringt der Titel des Buches die Tatsache auf den Punkt, dass die Völker selbst die Demokratie wählten, sie sich erkämpften gegen die Mächte des diktatorischen Staatssozialismus; und es klingt in ihm auch ein Staunen an, dass es friedlich[3] zuging. Das war nicht zu erwarten nach den Gewaltexzessen der beiden Weltkriege und angesichts der Hochrüstung der beiden Machtblöcke.

Zugleich macht der Buchtitel auch deutlich, wie tief der Einschnitt der Friedlichen Revolution war – es handelte sich um eine Zeitenwende. Es ging bei genauerem Hinsehen um mehr und um anderes als »nur« um die 40 Jahre Nachkriegsgeschichte; es ging um den längeren Zeitabschnitt, der mit dem Ersten Weltkrieg begann, in dessen Folge die alte Ordnung Europas zusammenbrach und mit ihr die Einheit von Thron und Altar, die das Leben der reformatorischen Kirchen so stark bestimmt hatte.

---

[2] Timothy Garton Ash, Ein Jahrhundert wird abgewählt, München/Wien 1990.

[3] Sieht man einmal ab von den Umständen des Sturzes Ceaucescus in Rumänien.

So sehe ich es auch – 1989 ging das 20. Jahrhundert zu Ende. Es war ein kurzes Jahrhundert, so wird man sagen müssen, wenn man die beiden Ereignisse in den Blick nimmt, die seinen Verlauf und sein Ende bestimmten. Kurz war es, weil es in einem geschichtlichen Sinn erst 1914 begonnen hatte, mit dem Ausbruch des Ersten Weltkrieges, den man zu Recht als die »Urkatastrophe« des 20. Jahrhunderts bezeichnet hat. Ohne ihn sind weder die Wirren der Zwischenkriegsjahre noch der große Krieg der Nazis zu verstehen; und auch nicht die 40 Jahre des »Kalten Kriegs«. 1989/90 brachte eine Zeitenwende, es ging eine Epoche zu Ende, und so kann man von einem kurzen Jahrhundert sprechen, das doch ereignis- und schreckensreich verlief wie kein anderes.

Das Leben in unserer Landeskirche ist in diesen 75 Jahren stärker verändert worden als je seit der Reformation. Das wird man sagen können mit Blick auf ihre äußere Gestalt; und auch von den Formen, in denen sie den Glauben an den auferstandenen Herrn der Kirche lebt und bezeugt. Einigen Aspekten des Wandels möchte ich heute nachgehen; und in einem zweiten Abschnitt auch von den Herausforderungen sprechen, vor die uns das 21. Jahrhundert stellt, in dem wir entsprechend dieser Betrachtungsweise nun nicht erst seit neun, sondern schon seit 20 Jahren leben.

Die Verfassung der sächsischen Landeskirche wurde durch die Synode im Jahr 1922 beschlossen. Sie steht im unmittelbaren Zusammenhang mit dem Zusammenbruch der alten staatlichen Ordnung Deutschlands. Am Ende des Krieges hatten die Fürsten abgedankt, und damit war auch das landesherrliche Kirchenregiment in den Kirchen der Reformation an sein Ende gekommen. Als der letzte sächsische König Friedrich August III. sich zurückzog, stand die Landeskirche erstmals vor der Aufgabe, ihre Angelegenheiten »alleine« zu regeln und sich eine Struktur des Leitens und der Führung zu geben. Selbstverständlich handelte es sich dabei nicht um einen völligen Neuanfang, so führte das Landeskirchenamt die jahrhundertelange Tradition des Konsistoriums fort, und die erste sächsische Synode war bereits 1871 zusammengetreten. Auch das Amtskreuz der sächsischen Landesbischöfe war im Jahr 1905 noch vom König gestiftet und dem damaligen Oberhofprediger Ackermann übergeben worden. Der letzte in der langen Reihe der Oberhofprediger seit 1539, Franz Dibelius, hat es getragen und nach ihm dann der erste Landesbischof Ludwig Ihmels.

Es war für den Weg der Landeskirche eine kaum zu überschätzende Konsequenz aus dem Zerbrechen des Bündnisses von Thron und Altar, dass die lange Übereinstimmung von Kirchenzugehörigkeit und Staatsbürgerschaft nicht länger würde bestehen können. Bis zu dem Ende des Weltkrieges war der Gedanke an Trennung von der Kirche für die übergroße Mehrheit der Menschen nicht einmal eine theoretische Möglichkeit gewesen, kaum ein ferner Gedanke. Zugehörigkeit zum Staatsvolk und zur Landeskirche war nahezu in eins gesetzt. Nach dem Ende des Krieges 1918 aber wurde immer deutlicher, dass die Kirchenmitgliedschaft einer in Freiheit zu treffenden Entscheidung bedarf. Der Akt des Glaubens, ein geistliches und personales Geschehen, war immer schon von der Freiheit eines Christenmenschen bestimmt – jetzt galt dies auch für die Kirchenmitgliedschaft, zumindest in der Tendenz.[4]

Das hatte weit reichende Folgen, und zu einer ersten Welle von Austritten kam es schon bald, nämlich unmittelbar nach dem Ende des Krieges. Im Jahr 1921 gab es etwa 100.000 Austritte aus der sächsischen Landeskirche, das ist eine sehr hohe Zahl. Die Ursachen dafür sind vielschichtiger, als ich es hier aufzeigen könnte. Jedenfalls ist aus vielen, auch literarischen Zeugnissen bekannt, dass angesichts der Schrecken des Krieges Gott und der Glaube der christlichen Kirche vielen Menschen zweifelhaft wurde, und sie keine Antwort auf ihre Fragen fanden, welcher Sinn in den namenlosen Schrecken des jahrelangen Tötens hätte liegen können. Dass die Kirchen den Beginn des Krieges begrüßt

---

[4] Kirchenaustritte waren in Sachsen seit 1875 möglich, wurden aber vor 1914 nur von einer verschwindend kleinen Zahl in Anspruch genommen. Austritte und Eintritte hielten sich in etwa die Waage. Vgl. Statistischer Bericht über die Zustände in der Ev.-Luth. Landeskirche Sachsens in den Jahren 1900 bis 1948. Zusammengestellt für die 16. Landessynode vom Ev.-Luth. Landeskirchenamt, Dresden, Oktober 1949.

und bis zu seinem Ende seine Fortsetzung gerechtfertigt hatten, und dass sie ohne hinreichende Distanz in einer staatlichen Ordnung mitgewirkt hatten, die in dieser Katastrophe zusammengebrochen war, muss unbedingt erwähnt werden, wenn es um die Gründe für die erste massenhafte Abkehr von der Kirche geht. 1933 gehörten nurmehr 87 % der sächsischen Bevölkerung der Landeskirche an.

Eine zweite Austrittswelle setzte 1936 ein, also im Zusammenhang mit dem Erstarken der Nationalsozialisten. Sie waren eine Weltanschauungspartei, und die Lehre der Kirche stand zu ihrer wirren Ideologie im Widerspruch. Es handelte sich um eine Form neuen Heidentums, das man übrigens auch bei ihren Nachgängern in unserer Gegenwart findet. Viele getaufte Christenmenschen erkannten das damals nicht, andere, die »Deutschen Christen« maßten sich an, Unvereinbares – nämlich Rassenwahn und den Glauben an Christus – miteinander vereinbaren zu wollen. Auf das Ganze gesehen war es so, dass die Bindung vieler Menschen an die Kirche und den christlichen Glauben sich als zu schwach erwies gegenüber der Versuchung durch die gottfeindliche Ideologie und angesichts der erregten politischen und gesellschaftlichen Situation. Die Jahre nach der Machtübernahme im unseligen Jahr 1933 waren in der Landeskirche durch die Auseinandersetzungen zwischen den »Deutschen Christen« einerseits und der Bekennenden Kirche auf der anderen Seite bestimmt; sie wurden in Sachsen von Seiten der Nazis mit besonderer Aggressivität ausgetragen. Die Ereignisse des Kirchenkampfes, der für unsere Landeskirche leider nur sehr unzureichend erforscht ist, fanden, und das wird häufig übersehen, vor dem Hintergrund erheblicher Veränderungen in Bezug auf die Kirchenmitgliedschaft statt. Viele Parteimitglieder wurden schon in den Jahren der Weimarer Republik zum Austritt genötigt und gaben dem Druck nach, zuallermeist ohne großen Widerstand geleistet zu haben. Als der Zweite Weltkrieg zu Ende gegangen war, war die Landeskirche bereits in der Situation, dass nicht geringe Teile der Bevölkerung sie verlassen hatten.

Die 16. Synode hielt im Oktober 1949, es gehörten etwa 81 % der Bevölkerung der Landeskirche an,[5] fest, dass die Statistik erkennen lasse, »wie willig breite Massen den politischen Parolen auch in ihrer Einstellung zur Kirche folgen«. Das war eine treffende Analyse und sollte sich zugleich auch als eine hellsichtige Vorhersage mit Blick auf die Nachkriegsgeschichte erweisen.

Auch für die Theologie wird man sagen müssen, dass der Krieg der Einschnitt war, mit dem das 20. Jahrhundert begann, so formulierte es Paul Tillich,[6] und Karl Barth hat einmal von der fundamentalen Bedeutung des Tages im Herbst 1914 gesprochen, »an welchem 93 deutsche Intellektuelle mit einem Bekenntnis zur Kriegspolitik [...] an

---

[5] Viele der aus den Ostgebieten des Deutschen Reiches nach Sachsen gekommenen Flüchtlinge waren zu diesem Zeitpunkt übrigens schon weiter in die BRD gezogen, so dass diese Zahl in etwa Aufschluss gibt über die Verluste an Kirchenmitgliedern in der ersten Hälfte des 20. Jahrhunderts.

[6] Paul Tillich, Das christliche Menschenbild im 20. Jahrhundert, GW III, 182.

die Öffentlichkeit traten, unter denen ich zu meinem Entsetzen auch die Namen so ziemlich aller meiner bis dahin gläubig verehrten Theologischer Lehrer wahrnehmen musste.« Er zog daraus den Schluss, dass »die Theologie des 19. Jahrhunderts jedenfalls für mich keine Zukunft mehr hatte«[7].

Die Theologie reagierte auf das allgemeine Krisenbewusstsein nach dem Zusammenbruch der bisherigen Staats- und Lebensordnung, von dem das Wert- und Normengefüge einer weithin auf Fortschrittsgläubigkeit gegründeten bürgerlich-liberalen Welt nicht unberührt bleiben konnte.

Inhaltlicher Kern insbesondere der sogenannten dialektischen Theologie ist die Neuentdeckung der Souveränität Gottes und die Einsicht, dass er sich als der »ganz Andere« offenbart, der mit den menschlichen Möglichkeiten nicht verstanden und schon gar nicht ergriffen werden kann. Vor ihm kann der Mensch sich keinesfalls auf Leistungen oder Werke berufen, auch die Religion hilft da nicht. Gott wird in Jesus Christus gefunden und nur in ihm. Man kritisierte die enge Verflechtung von Theologie und einem nun als zu optimistisch angesehenen Menschenbild, wie man es z. B. bei Schleiermacher fand.[8] Auch lutherische Theologen wandten sich gegen den Kulturprotestantismus des 19. Jahrhunderts, in dem sie eine Verfallserscheinung sahen, im Sinne eines Verlustes

---

[7] Karl Barth, Ev. Theologie im 19. Jahrhundert, 1957, 6.

[8] Interessant ist, dass aktuell eine Schleiermacher-»Renaissance« zu beobachten ist.

der reformatorischen Substanz. Den unterschiedlichen Neuansätzen ging es auch darum, das Evangelium vor dem Sog einer vergehenden Kultur zu bewahren.[9]

Von dem Neubeginn wurden mehrere Pfarrergenerationen bestimmt, unter ihnen auch die Persönlichkeiten der Bekennenden Kirche und leitende Geistliche in den Jahrzehnten der deutschen Teilung. Seinen deutlichsten Ausdruck fand er in der Bekenntnissynode von Barmen vor 75 Jahren. Dort vertrat Hugo Hahn, der damalige Dresdner Superintendent und spätere Landesbischof, unsere Landeskirche und hielt als Leiter des Pfarrernotbundes die Eröffnungspredigt. Im Hören auf das Wort bezeugte die Synode den kräftigen Anspruch Gottes an unser Menschenleben und beugte sich zugleich unter ihn. An den Einsichten von Barmen orientierten sich die Gemeinden der Bekennenden Kirche in den Jahren des Kirchenkampfes; und die Kirche ist heute und auch in der Zukunft an sie gebunden. Ich meine auch, dass wir dies gerade in den lutherischen Kirchen noch deutlicher herausstellen sollten, um der bleibenden Bedeutung willen, die die Theologische Erklärung als Formulierung des im Evangelium begründeten Widerstands gegen die totalitären Ideologien und Staatsformen des 20. Jahrhunderts hat. Darin liegt eine Lernerfahrung unserer reformatorischen Kirchen, die in ihrer Bedeutung kaum überschätzt werden kann; und

---

[9] So z. B. Werner Elert, Der Kampf um das Christentum, Geschichte der Beziehungen zwischen dem evangelischen Christentum in Deutschland und dem allgemeinen Denken seit Schleiermacher und Hegel, München, 1921, 489.

insofern meine ich, dass Weiterarbeit nötig ist und das Votum des Theologischen Ausschusses der VELKD aus diesem Jahr zu der Frage des Bekenntnischarakters von Barmen nicht das letzte Wort bleiben sollte.[10]

Der Kampf der Ideologen gegen die Kirche setzte sich nach dem Krieg fort, in veränderter Weise und unter anderen ideologischen Vorzeichen, aber mit unveränderter Feindseligkeit. Man wird auch sagen müssen, dass der sozialistische Staat die ihm gegen die Kirche zur Verfügung stehenden Machtmittel mit größerer Entschlossenheit einsetzte als die Nazis dies zuvor getan hatten. Das spricht nicht etwa für letztere, sondern sagt allenfalls etwas aus über ihre Taktik. Den Nazis war die Vorbereitung und das Führen ihres Krieges wichtiger; und darum trieben sie den Kampf gegen die Kirche nicht auf die Spitze, aber nur darum.

In der DDR war die Situation eine andere; im Jahr 1953 begannen die Kommunisten den Kampf um die Jugendweihe bzw. die Konfirmation.

Ich kann in diesem Zusammenhang nicht über die Formen der Auseinandersetzung zwischen Kirche und Staat sprechen, nicht über die aus heutiger Sicht überaus beeindruckenden Bemühungen der Kirchenleitung um Klarheit des Bekennens und den Widerstand vieler Schwestern und Brüder und auch nicht über die Gräben, die bis in die Familien hinein aufbrachen. Vielen in unserer Landes-

---

[10] Vgl. hierzu: Friedrich Weber, Qualität als Bekenntnisschrift diskutieren, VELKD-Informationen 127 (2009), Texte aus der VELKD 6–12.

kirche steht all dies bis heute aus eigenem Erleben deutlich vor Augen.

Regional gab es große Unterschiede, sowohl was die Kampfformen der Kommunisten als auch die Treue der Kirchenglieder zu Konfirmation und Taufe betraf – auf das Ganze gesehen aber führten der Einsatz der staatlichen Machtmittel und die vielen Pressionen im alltäglichen Leben zu gravierenden Veränderungen. Spätestens nach dem Jahr 1968 kam es zu massiven Austrittsbewegungen, oft unter demagogischen Bedingungen wie z. B. bei Betriebsversammlungen.

Am Ende der DDR-Zeit konnte nur mehr etwa ein Drittel der Bevölkerung der Kirche zugerechnet werden. Wie zuverlässig diese Zahlen waren, ist angesichts der Unzulänglichkeiten der kirchlichen Statistik unter den obwaltenden Bedingungen eine gesonderte Fragestellung. Wichtiger als die Genauigkeit der Daten ist die Tatsache, dass der Abschied von der Kirche jeweils im Jugendalter begann, nämlich mit der Verweigerung der Konfirmation und dem Nichtbegehren der Taufe. Darum hatte die Kirche am Ende der 40 Jahre einen deutlich ungünstigeren Altersaufbau als die Gesellschaft insgesamt.

In den vier DDR-Jahrzehnten gab es unter den Christen zwei Grundlinien der Einstellung zu den gesellschaftlichen Verhältnissen. Die eine, eher zu Beginn anzutreffen, bestand in der Zurückweisung dieses als illegitim betrachteten totalitären Staates. Die andere Grundhaltung bestand in dem Versuch, die Situation vom Glauben her positiv aufzugreifen, den Sozialismus beim Wort zu nehmen und auf seine Verbesserung hinzuwirken. In den

letzten Jahren der DDR näherten sich beide Grund-
einstellungen einander an; sie waren der SED übrigens
gleich zuwider.[11]

Auf das Ganze der 40 Jahre »Kirche im Sozialismus«
wird man in Dankbarkeit sagen können, dass die Landeskirche unter den herausfordernden Bedingungen jener
Zeit ihrem Herrn treu geblieben ist. Zu diesem Urteil wird
man zuerst mit Blick auf das geistliche Leben kommen,
das sich in Gemeinden, Diensten, Werken und Einrichtungen vollzog, in Gottesdienst, Gebet, Gemeinschaft und
Diakonie. Die Kirche bezeugte die Frohe Botschaft in Wort
und Tat, sie lud ein zum Glauben, sie hielt fest an der Hoffnung.

Darum gelang etwas sehr Besonderes: Die Kirchen waren die einzigen Institutionen in der Gesellschaft der DDR,
die sich dem Druck des sozialistischen Staates zu widersetzen wussten und die bis zu dessen Ende trotz aller
Pressionen ihr Eigenleben nach ihrem Selbstverständnis
gestaltet haben. Weil es ihr gelungen war sich zu behaupten, wurde unsere Landeskirche am Ende gebraucht – in
einer Situation, in der das gesellschaftliche Leben erstarrt
und der Machtwille der Partei erschöpft war und niemand
sonst dem Protest hätte Raum und Stimme geben können.
Als die sozialistische Ideologie zusammenbrach, hat die
Kirche eine stellvertretende Rolle für die Gesellschaft
übernommen und ausgefüllt. So heißt es in dem Wort der

---

[11] Vgl. hierzu: Kirche in der Mitte der Gesellschaft 1989–1999,
Bericht der Kirchenleitung zur Herbsttagung 1999 der Ev.-
Luth. Landessynode Sachsens.

Kirchenleitung zu *20 Jahre Friedliche Revolution und Ökumenische Versammlung* aus diesem Frühjahr, dass »wir stolz und vor allem dankbar zurückblicken« auf die Friedliche Revolution.[12] Glieder der sächsischen Landeskirche und auch die Kirche als Institution hatten einen großen Anteil daran.

Das gilt auch für die Jahre, die dem Herbst vorangingen. Denn die Friedliche Revolution wurde »unter dem Dach der Kirche« vorbereitet. Die Texte der Ökumenischen Versammlungen zu Frieden, Gerechtigkeit und Bewahrung der Schöpfung, um nur ein Beispiel zu nennen, gewannen eine Tiefenwirkung; sie formulierten den Protest im Alltag des Lebens des sozialistischen Staats und halfen vielen Christenmenschen, in den Konflikten mit den staatlichen Organen zu bestehen. Die Kirchen der Reformation bauen sich von der Basis, aus den Gemeinden heraus auf; und insofern handelte es sich dabei um eine typisch protestantische Entwicklung, genährt und angestoßen durch die geistliche Dimension des Kirche-Seins.

So dürfen wir in aller Demut sagen, dass das Jahr '89 nicht eine »ideale«, aber doch eine Kirche sah, die ihrem Herrn treu geblieben war.

Damit wird man auch die Tatsache würdigen können, dass es innerhalb der Kirche Konflikte gegeben hatte, die sich insbesondere an der Frage entzündeten, wie der Umgang mit den sogenannten »Gruppen« zu gestalten sei, in denen ja bei Weitem nicht nur Christenmenschen mitarbeiteten. Ihr Anspruch richtete sich nicht – oder nicht zu-

---

[12] Amtsblatt siehe a. a. O., Anm. 1.

erst – auf das Zeugnis der Kirche in bewegter Zeit, sondern auf Politik, auf die Umgestaltung der gesellschaftlichen Verhältnisse. Umstritten waren z. B. die Rezeption der Beschlüsse der Ökumenischen Versammlung in Dresden vom April oder die Gestaltung des Leipziger Kirchentags im Juli 1989. Landesbischof Dr. Johannes Hempel sagte in diesem Zusammenhang einmal »Nikolai ist Schicksalsstelle, aber nicht die ganze Kirche«, und damit war zum einen die Tatsache angesprochen, dass an den Friedensgebeten in der Nikolaikirche sehr viele Nichtchristen teilnahmen, so dass sie den Charakter von Bürgerversammlungen hatten – aber auf der anderen Seite wurde auch gewürdigt, dass und in welchem Maße sich die Dinge im Raum der Kirche und in den Gotteshäusern entschieden. Die Kirche musste darauf bestehen, dass ein Friedensgebet in einem Gotteshaus etwas anderes ist als eine politische Veranstaltung und dies auch in der Gestaltung zum Ausdruck zu kommen hat – und auf der anderen Seite sich der Tatsache bewusst sein, dass es nach Lage der Dinge keine anderen Orte zur Artikulation des Protestes geben konnte als eben die evangelischen Kirchen.

Im Rückblick auf damalige Konflikte, die vor wenigen Wochen noch einmal in einem Artikel des »SPIEGEL« dargestellt wurden, wird man zuallererst sagen dürfen, dass der glückhafte Ausgang des Herbstes 1989 ein deutliches Indiz dafür ist, dass die getroffenen Entscheidungen, auch und gerade die der kirchenleitenden Personen, so falsch nicht gewesen sein können. Außerdem liegt mir sehr daran, zu betonen, dass es eine konfliktfreie Kirche nicht geben kann, sie ist uns vom Herrn der Kirche auch nicht verheißen. Insofern unterscheidet sich die damalige Situation nicht von der heutigen. In der Kirche beieinander zu bleiben heißt immer auch, unterschiedliche Auffassungen zu diskutieren und wenn irgend möglich, fruchtbar zu machen. Allerdings waren damals die Konflikte anders beschaffen, sie waren quälender, wegen der großen Gefährdung, die der Situation innewohnte und des angsteinflößenden Gegners, den der Staat darstellte mit seinen Machtmitteln. Die Konflikte waren auch unübersichtlicher angesichts der Vielschichtigkeit der Konstellationen, und es *musste* doch entschieden werden – wer kann heute, im Nachhinein und in komfortabler Situation, wissen, wie es ausgegangen wäre? Wer hätte entscheiden können, welche der Positionen das bessere Recht in sich trug?

Mir jedenfalls liegt ein solcher Blick fern; und er kommt mir auch nicht zu. Ich erinnere daran, dass es die Kirche kennzeichnet, dass ihre Glieder gerade dann beieinander bleiben, wenn sie in konkreten Fragen der Gestaltung und Bewährung des Zeugnisses nicht übereinstimmen. Damit haben wir es allerdings niemals leicht, auch in weniger dramatischen Zeiten nicht.

Im Übrigen braucht manches Geschehen Zeit, um Tiefenwirkung entfalten zu können; und das war so – um ein besonders treffendes Beispiel zu geben – mit Blick auf die Beschlüsse der Ökumenischen Versammlung zu der Rüstungsproblematik. Damals erschienen sie utopisch, heute aber wird ihr in bestem Sinn prophetischer Charakter deutlich angesichts der inzwischen eingetretenen Abrüstungseffekte. Zum Vergleich:

1990 standen in Deutschland etwa 1,5 Millionen Soldaten unter Waffen, die Angehörigen der jeweiligen Verbün-
deten und die Grenztruppen der DDR eingerechnet; und
die Zahl der Atomsprengköpfe belief sich auf mehr als
5.000. Manchmal scheint es mir so, als hätten viele bereits
vergessen, dass unser Leben zu einem nicht kleinen Teil
von der Existenz hochgerüsteter Blöcke bestimmt wurde,
die sich feindselig gegenüberstanden. Wir lebten auf einem atomaren Pulverfass. Gott sei Dank, dürfen wir sagen,
hat seitdem eine Abrüstung in großem Maßstab stattgefunden; denn heute gibt es nur mehr die etwa 250.000 Soldaten der Bundeswehr in unserem Land; und ich benutze
die Gelegenheit, um den Abzug der in Rheinland-Pfalz verbliebenen zwölf amerikanischen Atomwaffen zu fordern.
Einen wie auch immer zu beschreibenden Grund für ihre
fortgesetzte Stationierung sehe ich nicht, und hier könnte
ein erster Schritt zu der Realisierung der Vision einer
atomwaffenfreien Welt, wie Präsident Obama sie formuliert hat, getan werden.

Die EKD hat inzwischen eine »Lehre vom gerechten
Frieden« entwickelt; und wer die Friedensdenkschrift von
2007 aufmerksam liest, wird unschwer entdecken, welche
Tradition sie beeinflusst hat – sie atmet den Geist der
ökumenischen Versammlungen und des konziliaren Prozesses.

Eine »Wende« waren die Ereignisse des Herbstes nicht.
Dieser Begriff bezeichnet ursprünglich ja den verzweifel-
ten Versuch der SED-Mächtigen, die Deutungshoheit über
und den Einfluss auf das Geschehen nicht zu verlieren, sie
wollten die Politik der Staatspartei unter dem großen

Druck der Demonstrationen anpassen, ohne die Macht aus den Händen zu geben. Tatsächlich handelte es sich um eine »Friedliche Revolution« – und in diesem Begriff liegt etwas Staunenswertes. Denn nicht zu Unrecht werden ja mit dem Begriff Revolution nicht nur der Umsturz der gesellschaftlichen Verhältnisse, sondern auch Gewalttat und Blutvergießen assoziiert – diese blieben aber aus. Das Friedliche kam von dem Ruf »Keine Gewalt«, der kürzesten Zusammenfassung der Bergpredigt, und in ihm schwang etwas mit von dem Glauben, der Berge versetzen kann; aber auch etwas Beschwörendes lag darin angesichts höchst realer und begründeter Ängste. Denn es war ja noch in den ersten Oktobertagen vielfach zu Übergriffen und massiven Gewaltanwendungen der »Bewaffneten Organe« gekommen; und vor diesem Hintergrund erinnere ich uns an ein Bild vom 7. Oktober, das den Plauener Superintendenten Thomas Küttler allein vor einer martialischen Polizeilinie zeigt. Das brauchte Mut und drückte Gottvertrauen aus.

Uwe Tellkamp hat in seinem großen Roman »Der Turm« ein Friedensgebet in der Kreuzkirche beschrieben. Er zeichnet in der Figur des Superintendenten Rosenträger, in dem unschwer Christoph Ziemer zu erkennen ist, das Bild eines Menschen, der »wahr spricht« – und das in vollem Bewusstsein der Folgen, die dies zeitigen kann.

In Leipzig gab es, wie man heute weiß, zwei Impulse, die den Verlauf des 9. Oktobers bestimmten. Da war zum einen die friedliche Haltung der Demonstranten, und da war zum anderen die schiere Größe der Menschenmenge. Beides brachte den verantwortlichen Polizeioffizier dazu, auf den Einsatz von Gewalt zu verzichten – die Menge der 70.000 trug Kerzen, keine Pflastersteine. Die 30.000 Flugblätter,[13] deren Text Pfarrer Christoph Wonneberger verfasst hatte, hatten ihre Wirkung nicht verfehlt.

Es kam zu dem friedlichen Verlauf, der viele an ein Wunder gemahnte und seinen tieferen Grund in der »evangelischen Freiheit« (so R. Eppelmann) hatte. Es leuchtete in dem damaligen Beitrag der Kirche und dem mutigen Verhalten vieler ihrer Glieder ein Licht, das wir nicht unter den Scheffel stellen werden. Insofern war es angemessen, dass in dem Staatsakt am 9. Oktober dieses Jahres im Leipziger Gewandhaus Werner Schulz als Festredner von der »protestantischen Revolution« gesprochen hat.[14]

Man wird, gerade als ein evangelischer Christ, den Verlauf eines zeitgeschichtlichen Ereignisses nicht mythologisieren; und darum muss auch gesagt werden, dass ein Konflikt nur dann gewaltfrei bleiben kann, wenn alle Beteiligten auf Gewalt verzichten. Dankbarkeit ist darum auch denen geschuldet, die Schusswaffen trugen und entschieden, sie nicht einzusetzen.

Es blieb friedlich. Dass die Ereignisse revolutionär waren, konnte erst im Nachhinein deutlich werden. Denn das Merkmal einer Revolution ist ja, dass sich die gesellschaftlichen Verhältnisse tief gehend ändern. Wie sehr und wie tief sie sich änderten, haben die Menschen im Osten Deutschlands seit 1989 erfahren: Die freiheitlich-

---

[13] Per Handabzug!

[14] Text der Ansprache von Werner Schulz bei: http://www.lvz-online.de vom 10. Oktober 2009.

demokratische Rechtsordnung wurde etabliert, die Länder aufgebaut und die soziale Marktwirtschaft mit all ihren Begleiterscheinungen eingeführt. Die politische Führung übernahmen Persönlichkeiten, die eine demokratische Legitimation aus allgemeinen, gleichen und geheimen Wahlen besaßen. »Friedliche Revolution« ist historisch korrekt und trifft den Kern. Das gilt auch für »protestantische Revolution«, denn sie wurde zu einem guten Teil von Protestanten gemacht, und der Aufbruch des Jahres 1990 sah sehr, sehr viele Protestanten in politischer Verantwortung. Mindestens was Sachsen betrifft, war es ja so, dass eine atheistische Führungsschicht von einer christlich geprägten ersetzt wurde; auf allen Ebenen des Staates, von den Dörfern, Städten, Landkreisen bis hin zu Landtag und Regierung.

Liebe Schwestern und Brüder,
das 20. Jahrhundert ging mit der Zeitenwende von 1989 zu Ende und damit verging auch das Zeitalter der Ideologien; in dem Sinne, dass sie die Kraft verloren, die gesellschaftlichen Verhältnisse und die Lebensumstände der Menschen so zu prägen, wie sie es in dem kurzen 20. Jahrhundert vermocht hatten. In dem kurzen Jahrhundert veränderten sie die Gestalt der Kirche und ihren Ort in der Gesellschaft tief greifend; einschneidender als je zuvor seit der Reformation.

Darüber ist es so geworden, dass aktuell etwa 21% der Bürgerinnen und Bürger des Freistaates der Landeskirche angehören; und damit sind wir nach wie vor die größte organisierte Bevölkerungsgruppe. Dieser Hinweis kann aber nicht den Schmerz heilen, in der relativ kurzen Zeit von nur etwa drei Generationen vier Fünftel der Gemeindeglieder verloren zu haben. Diese Verluste dürfen uns in einem geistlichen Sinn nicht ruhen lassen. Sie sollten uns Anlass sein, immer wieder aufs Neue nach dem Grund unseres Kirche-Seins zu fragen und uns auf den zu stellen, der schon gelegt ist, Jesus Christus. Das wird uns vor (zu) schnellen Antworten bewahren, wenn wir unter den gegenwärtigen Bedingungen das Leben in der Nachfolge gestalten und uns um ein glaubwürdiges Zeugnis unserer Kirche bemühen. Zuerst wollen wir nach dem Reich Gottes trachten, wie der Herr es uns lehrt – und darauf hoffen, dass wir so die Wege finden, die wir gehen sollten und können.

Deutlich ist aber auch, dass die Ursachen des Abschieds so vieler Menschen von der Kirche nicht zu verstehen sind ohne die Gewaltexzesse, die mit der »Urkatastrophe« des Ersten Weltkriegs begannen und nicht ohne die ideologisch begründeten Kämpfe gegen den christlichen Glauben.

Insofern ist der Neuanfang der Zeitenwende für mich mit einer doppelten Hoffnung verbunden. Da ist zunächst die begründete Aussicht, dass der Frieden uns erhalten bleiben wird. In einem geschichtlichen Verständnis ist es ja eine einzigartige Situation, dass die Völker Europas gemeinsam ihre Zukunft gestalten – das hat es noch nie gegeben.

Die andere Hoffnung richtet sich darauf, dass der Zeugendienst der Kirche Jesu Christi im 21. Jahrhundert unter günstigeren Umständen ausgerichtet werden kann – und auch dafür spricht manches.

Zeit der Freiheit

Mit dem Jahr 1990 begann eine Zeit der Freiheit.[15] Sie brachte für die Menschen in den »neuen« Bundesländern das Erleben von umfassenden Veränderungen in den persönlichen Verhältnissen. Es blieb ja kaum ein Lebensbereich davon ausgenommen, so viel Anfang war nie. Endlich gab es die lang ersehnte Reisefreiheit – aber gewissermaßen im gleichen Moment auch Arbeitsplatzverlust und die Notwendigkeit beruflicher Neuorientierung. Die Freude über die erkämpfte Demokratie und den Aufbau des Rechtsstaats wurde für viele überlagert durch schon rasch verstellte Perspektiven und die Erkenntnis, keine wirkliche Chance auf dem Arbeitsmarkt zu haben, sich von einer ABM zur nächsten hangeln zu müssen. Da war die schnelle Verbesserung der ökologischen Situation, aber eben auch höchst reale Armutsgefährdung, Angst vor sozialem Abstieg und neue Sorgen um die Zukunft der Kinder.

Es ist oft und zu Recht gewürdigt worden, welche Lebensleistung darin liegt, die ungezählten Herausforderungen in den Umbrüchen der 1990er Jahre gemeistert zu haben. Insbesondere im Ausland ist noch und noch bestaunt worden, wie schnell und doch zielorientiert der Umbruch bewältigt wurde. Das hat zuletzt erneut der Besuch der Bundeskanzlerin in den USA gezeigt.

Auch für die Landeskirche war relativ schnell klar, dass es großen Veränderungsbedarf gab. Wann je hatten die

---

[15] Timothy Garton Ash, Zeit der Freiheit, München/Wien 1999.

Synoden, von der 23. bis zur 25., so viele Gesetze zu beraten und beschließen? Heute wird man sagen können,
dass es wohl kaum zuvor in der sächsischen Kirchenge-
schichte einen Zeitraum gegeben hat, in dem so konzentriert so viele Aufgaben gleichzeitig angepackt wurden –
man denke nur an das immense Bauprogramm, dass hinter uns liegt. Das gilt aber auch für die weniger deutlich ins
Auge fallenden Aufgaben. Viele Entscheidungen hatten
große Bedeutung für den weiteren Weg der Kirche. Sym-
bolträchtig waren die Einführung des westdeutschen Kir-
chensteuersystems, die Frage der Pfarrerbesoldung, der
Aufbau des Religionsunterrichts, die Seelsorge an den
Soldaten der Bundeswehr, die starke Expansion des Diakonischen Werks und nicht zuletzt der Wiederaufbau der
Dresdner Frauenkirche. In diesen und vielen weiteren
Alltagsfragen wurde heftig und mit großem Ernst gestritten, wie mit den Lernerfahrungen aus der DDR-Zeit
umzugehen sei; wie die gewonnenen Einsichten für das
Leben im Kapitalismus fruchtbar gemacht werden konnten.

All das konnte nicht in akademischer Gelassenheit erörtert werden, sondern stand unter erheblichem Entschei-
dungsdruck. Man ist versucht zu sagen, dass nie ein Anfang so wenig Zeit hatte. Druck ging schon von der
Finanzsituation aus. Zunächst war der landeskirchliche
Haushalt zu 75 % auf den EKD-Finanzausgleich angewiesen.[16] Heute hat sich das Verhältnis umgekehrt, und wir

---

[16] Wenig bekannt ist, dass am Ende der DDR-Zeit die Kirchen
des »Bundes« mit jährlich 100 Mio. DM unterstützt wurden,

sollten nicht aus dem Auge verlieren, dass die Kirche immer bestrebt sein sollte, aus eigener Kraft leben zu können. Der Finanzsituation waren Strukturreformen geschuldet, die tief in das Leben der Kirchgemeinden und der Kirchenbezirke eingriffen.

In dem oft unübersichtlichen Geschehen der Jahre nach 1990 boten sich Chancen für ein gutes und ihrem Auftrag entsprechendes Zeugnis der Kirche, die zu ergreifen waren, die man aber auch hätte versäumen können. Nicht selten gab es nur ein schmales Zeitfenster, in dem Entscheidungen zu treffen – oder zu verpassen – waren. Der »Ruf aus Dresden« wurde im Herbst und Winter 1989/90 weltweit gehört. Wie es mit der Frauenkirche geworden wäre, hätte man sich Zeit gelassen, ist Gott sei Dank nur eine akademische Frage. Oder, um ein weiteres Beispiel zu nennen, der entschlossene Aufbau des Religionsunterrichts, um den man uns in anderen ostdeutschen Landeskirchen beneidet.

Auf das Ganze gesehen, so meine ich, wird man in alldem unschwer das Wirken des Heiligen Geistes erkennen können. Wir durften und konnten so unendlich viel anfangen und dann sehen, wie es gut wurde. Wir sind reich beschenkt!

Der evangelische Umgang mit dem Gedenken, ich habe zu Beginn die Erklärung der Kirchenleitung zitiert, besteht in dem Versuch, die Vergangenheit zu verstehen in dem Bemühen, sie für die Gegenwart heranzuziehen und Orien-

---

während sich ihr eigenes Finanzaufkommen auf etwa 100 Mio. Mark der DDR belief.

tierung zu gewinnen angesichts der Aufgaben, die im Hier und Jetzt zu lösen sind.

Da geht es zunächst um die Tatsache, dass im 21. Jahrhundert wir Christenmenschen eine Minderheit in unserem Land sind, was wir nach menschlichem Ermessen auch für die absehbare Zeit bleiben werden. Eine schlechte Position, über die man sich grämen müsste, ist das nach evangelischem Verständnis nicht. Martin Luther hat uns gelehrt, zwischen der sichtbaren Kirche, deren Gestalt klar umrissen vor Augen steht, zu unterscheiden und der unsichtbaren Kirche, deren Grenzen allein Gott kennt. Das ist die treffende Beschreibung für das Wesen der Kirche. Der Herr der Kirche ist die entscheidende Instanz, wenn es um die Zugehörigkeit zu den Seinen geht, nicht die Dateien der ZMV.[17] Darum kann der Kirche Jesu Christi eine komfortable Mehrheitssituation in der Gesellschaft, wie auch immer sie geprägt sein mag, nicht verheißen sein, war es auch niemals; und in einer neutestamentlichen Perspektive ist die kleine Schar, die »zwei oder drei, die in seinem Namen versammelt sind«, die angemessene Beschreibung für diejenigen, die ihrem Herrn nachfolgen. »Minderheit mit Zukunft« war in diesem Sinn die treffende Überschrift eines Versuches aus dem Jahr 1995, die Perspektiven der Landeskirchen im Osten zu beschreiben. Es wird uns helfen, dass sich unter den Christenmenschen Ostdeutschlands ein »profiliertes evangelisches Selbstbewusstsein« herausgebildet hat, wie die Ergebnisse soziologischer Forschung

---

[17] Zeitschrift für die Praxis der Mitarbeitervertretung in den Einrichtungen der katholischen und evangelischen Kirche.

zeigen. Bibellese, Teilhabe am Gemeindeleben und Gottesdienstbesuch gehören deutlicher als im Westen zu den Lebensäußerungen in Gemeinde und Kirche.[18] Es ist mir sehr wichtig zu betonen: Wenn auch die Kirche in ihrer äußeren Gestalt schwächer geworden ist, so hat sie doch an geistlicher Stärke gewonnen und darauf werden wir heute und zukünftig aufbauen können.

Aus meiner Sicht ist die zentrale Herausforderung für das gegenwärtige Leben und für die Zukunft unserer Landeskirche durch die Charakterisierung unserer Situation als einer missionarischen bezeichnet. Daraus ergeben sich auch das Ziel und die Perspektive unseres Handelns.

Wir wollen mehr werden als wir sind, denn der Glaube drängt ja danach, allen Menschen gesagt zu werden: Gott will, dass allen Menschen geholfen wird. Das Bekenntnis von Barmen vor 75 Jahren hat es noch einmal betont: Die Kirche hat den Auftrag, »die Botschaft von Gottes freier Gnade auszurichten an alles Volk« – darum sehen wir in unserer Situation eine zentrale Aufgabe. Wir möchten für den Glauben an den auferstandenen Christus werben, wir wollen den Suchenden Hilfestellung geben, wir laden zur Taufe ein; wir wollen missionarische Kirche sein und uns als Gemeinschaft präsentieren, die dem Leben und den Menschen dient, weil sie auf Gottes Wort hört. Wir wollen Lust machen, dazuzugehören, denn es ist ja etwas Wunderbares um die königliche Freiheit der Kinder Gottes. Würden wir

---

[18] Vgl. hierzu Monika Wohlrab-Sahr/Friederike Benthaus-Apel, Weltsichten, in: Huber u. a., Kirche in der Vielfalt der Lebensbezüge, Gütersloh 2006, 281–329, hier 292.

sagen »wir wollen *wieder* mehr werden«, so wäre das zu sehr bestimmt von einem auf die Vergangenheit gerichteten Blick. Der Missionsauftrag ist der Kirche von Anfang an gegeben ohne Bezugnahme auf irgendeine Vergangenheit.

Wir wollen mehr werden als wir sind, das ist ein geistlich begründetes Ziel und entspricht dem Auftrag der Kirche. Ich bin dankbar, sagen zu können, dass wir darüber eine weitreichende Übereinstimmung in unserer Landeskirche haben und einig sind, es gemeinsam anstreben zu wollen.

Wie wollen wir es erreichen?

Im Jahr 1999 hat die Synode mit dem Beschluss »Kirche in der Mitte der Gesellschaft« das Konzept formuliert, das ich nach wie vor als eine tragfähige Grundlage ansehe. Es hat für mich unverändert die Funktion eines Leitbildes, an dem ich auch mein Handeln im kirchenleitenden Amt orientiere. Ich fasse es – in vielleicht gerade noch erlaubter Kürze – in drei Sätzen zusammen:

Wir wollen nicht im Abseits stehen, sondern in der Nähe zu den Menschen – und zwar allen, gleich, ob sie zur Kirche gehören oder nicht – Christus bezeugen und die Frohe Botschaft zum Leuchten bringen.

Wir wollen mit unserem Dienst und unseren Angeboten an den Brennpunkten der Gesellschaft präsent sein, damit wir nicht an den Problemen der Zeit vorbei reden und nicht predigen ohne den Bezug auf die Nöte und Sorgen der Menschen.

*Wir wollen eine Instanz sein, die Orientierung und Weg-
weisung stiftet, und die geistliche Dimension in die öffentliche Auseinandersetzung einbringen.*

Dem Beschluss der Synode waren lange Debatten voraus-
gegangen, und schon im Bericht der Kirchenleitung 1998
hatte es geheißen:

> »Unsere Kirche ist Kirche für das Volk, Kirche in der Öffent-
> lichkeit der Lebensprozesse und Auseinandersetzungen, Kir-
> che in der Mitte der Gesellschaft [...]. Ohne das Zeugnis der
> Kirche, ohne die Arbeit der Diakonie in ihrer Mitte und ohne
> das politische und wirtschaftliche Engagement von Christen
> in ihrem Beruf, wäre unser Land und unsere gesamte Gesell-
> schaft ärmer.«

In diesem Konzept sehe ich eine angemessene Entfaltung
der lutherischen Zwei-Reiche-Lehre für die Bedingungen
des Kirche-Seins im 21. Jahrhundert. Sie ist viel kritisiert
worden und nicht nur zu Unrecht; aber sie formuliert doch
eine unhintergehbare Einsicht, dass nämlich Gott die Welt
in doppelter Weise regiert: Einerseits durch die Frohe Botschaft, mit dem Ziel der Erlösung, andererseits durch das
Gesetz und die staatliche Ordnung mit dem Ziel, die Welt
zu erhalten. Darum unterscheiden wir grundsätzlich zwischen dem, was Gott fordert und dem, was er schenkt. Gottes Forderung, Gottes Gesetz, dient der Erhaltung der
Schöpfung, der Sicherung des friedlichen Miteinanders, der
Gerechtigkeit in der Gesellschaft; und es zeigt denen, die
sich selbst und die Welt mit nüchternem Blick ansehen,
dass und wie die Menschen an diesen Forderungen immer

wieder scheitern, dass sie Vergebung und die Liebe Gottes notwendig brauchen.

Dagegen zielt das Evangelium von der Gnade Gottes auf die vertrauensvolle Gewissheit, von ihm geliebt zu sein. Es befreit uns zu dem Glauben, der allein uns gerecht vor ihm sein lässt.

Gesetz und Evangelium müssen auseinandergehalten werden, um in lebensbejahender Weise aufeinander bezogen werden zu können. Und das bedeutet, dass wir die Frohe Botschaft verkündigen – aber ohne von dem Gesetz zu schweigen. Wir arbeiten in der freiheitlich-demokratischen Gesellschaft mit und selbstverständlich unter den Bedingungen, die in ihr für alle gelten – und wir wollen Salz der Erde und Licht der Welt sein. Denn das Wort, das die Menschen freimacht, kann nur die Kirche sagen. Darum wollen wir in allem, was wir tun, sagen und fordern, unser Kirche-Sein erkennbar werden lassen.

Die besondere Herausforderung dieser Zeit liegt für mich in der Aufgabe, angesichts der Ökonomisierung vieler Lebensbereiche und des quasi-religiösen Gebrauchs des Begriffes Wachstum den Anspruch und den Zuspruch Gottes bezeugen können. Der Tanz um das Goldene Kalb ist nach dem ersten Schrecken über die weltweite Wirtschafts- und Finanzkrise schon wieder in vollem Gange. Die Vergötzung des freien Güter- und Kapitalverkehrs wird uns aber nicht ruhen lassen, und wir werden nicht zu den Auswüchsen des Kapitalismus schweigen. Die Kirche steht auf der Seite der Opfer. Gier ist ein Laster, aus dem nichts Gutes erwächst. Eine Zukunft in Frieden hängt entscheidend davon ab, ob es gelingt, die ideologischen Verblendungen aufzulösen, die eine Alternativlosigkeit des gegenwärtigen Wirtschaftens vorgaukeln.

Nicht zuletzt zeigt sich das in den unentwegten Forderungen nach Aufhebung des Sonntagsschutzes. Sie haben ihren Grund in einer verengten Vorstellung vom Leben, die nicht zukunftsfähig ist. Wir werden das uns Mögliche tun, um den Menschen ein gutes Leben zu ermöglichen, das frei ist von dem Zugriff des Nutzendenkens, und ich bin dankbar, dass uns dabei Gerichte unterstützen.

Die Orientierung an dem Leitbild von der Kirche in der Mitte der Gesellschaft bietet uns vielfältige Chancen, die uns ja nahezu täglich immer wieder vor Augen geführt werden. In diesen Tagen hat die Vorbereitung auf den Dresdner Kirchentag längst begonnen; wir sehen einem großen Fest des Glaubens entgegen, und ich bin sehr zuversichtlich, dass es gelingen wird, einen kräftigen sächsischen Akzent zu setzen – zunächst durch gute Gastgeberschaft, aber auch und bestimmt in der Programmgestaltung. Sehr viele Menschen unseres Landes, die von Kirche und Jesus Christus nichts wissen, werden auf eine hoffentlich ausstrahlungsstarke, einladende Gemeinschaft sehen, und vielleicht wird in ihnen der Wunsch aufscheinen, dazugehören zu dürfen. Der Glaube beginnt mit dem Erleben der verändernden Kraft, der von ihm ausgeht; und ohne diesen ersten Eindruck wird es wohl kaum eine Annäherung an die Kirche geben – das gilt wohl auch für die persönliche Hinwendung zu Christus. Darum ist es gut, dass in unseren Chören inzwischen gar nicht wenige Nichtchristen mitsingen; dass am Religionsunterricht sehr viele ungetaufte Kinder und Jugendliche teilnehmen. Die Kindergärten in Trägerschaft von Kirche und

Diakonie, die Arbeit der freien evangelischen Schulen, der Beitrag der Religionslehrer für Bildung und Erziehung, der Dienst der 16.000 Mitarbeiter der Diakonie an der Seite der Schwachen, die Medien- und Öffentlichkeitsarbeit, die Sonderseelsorge und bestimmt nicht zuletzt die Teilhabe am politischen Geschehen im Lande bieten uns die Möglichkeit, Menschen zu begegnen, mit ihnen ins Gespräch zu kommen und den Herrn Christus zu bezeugen. Wir haben die Möglichkeiten, uns gegen die neuen Nazis zu engagieren und für einen menschlichen Umgang mit den Flüchtlingen und den Einwanderern in unserem Land zu streiten. Wir können den Soldaten der Bundeswehr Pfarrer an die Seite stellen, die ihnen helfen, ihrem Auftrag mit einem am Evangelium geschärften Gewissen nachzukommen.

All das gibt der Ortsbestimmung in der Mitte der Gesellschaft feste Konkretionen und hilft uns, dem Auftrag der Kirche Christi zu entsprechen: Menschen zu gewinnen für ein Leben in der Nachfolge Christi. Viele sind in diesen Tagen auf der Suche nach einer Wahrheit, die ihr Leben trägt, nach Orientierung in einer verwirrenden Wirklichkeit, getrieben von einer Sehnsucht nach Erfüllung – es ist ja offenkundig: Das Land braucht eine starke Kirche. Dabei ist es selbstverständlich, dass wir das Wort Christi von der Stadt auf dem Berge vor Augen haben, die nicht verborgen bleibt – und nicht etwa von Macht träumen.

Vor zehn Jahren hat die Synode es so formuliert: »Unser Land braucht die Kirche, als Herausforderung an uns und unsere Mitmenschen, Grenzen zu kennen und anzuerkennen und dennoch nicht selbstgenügsam oder gar resignativ zu sein, sondern sich an die andere Dimension und den größeren Horizont erinnern zu lassen, wozu wir Menschen berufen sind, und die in dem liegen, was Kirche zu vertreten hat.«[19] Es braucht die Kirche in der Mitte der Gesellschaft.

An Gelegenheiten, mit Menschen ins Gespräch zu kommen, mangelt es in der Mitte der Gesellschaft nicht. Eine ganz andere Frage ist es aber, ob die missionarischen Möglichkeiten auch genutzt werden. Es fällt vielen von uns nicht eben leicht, sich Nichtchristen gegenüber zu bekennen; und noch schwerer kommt uns die Aufgabe an, Auskunft über den eigenen Glauben zu geben. Manche weichen aus Unsicherheit oder gar Hilflosigkeit den Situationen aus, in denen ein offenes Wort erwartet wird oder sogar gefragt ist. Denn, um nur andeutungsweise von der Größe der Aufgabe zu reden – wie erkläre ich, was mit mir geschieht, wenn ich zu Gott bete – oder müsste ich noch weiter vorn anfangen und zuerst davon sprechen, was ich meine, wenn ich das Wort Gott gebrauche? Was bedeutet das Kreuz? Der Begriff Schöpfung? Erlösung? Segen?

Die Sprachfähigkeit des Glaubens zu schulen und so zu stärken ist aus meiner Sicht eine Aufgabe von allerhöchster Bedeutung. Die erlangt sie, weil es angesichts des Traditionsabbruchs keine Selbstverständlichkeiten mehr gibt – im 21. Jahrhundert kann von einer Übereinstimmung der Mehrheit der Bevölkerung in grundlegenden Existenzfragen keine Rede mehr sein. Wir müssen in unserem Bemühen, den Menschen das Wort Gottes zu sagen, ganz von

---

[19] Kirche in der Mitte der Gesellschaft, 1999, a. a. O., s. Anm. 11.

vorn anfangen. Nicht zu Unrecht spricht man ja in diesem Zusammenhang auch von einer Re-Christianisierung. Den Anfang müssen wir also bei uns selbst machen, bei unserem Zeugnis, bei unserer Rede. Denn das Wort Gottes, aus dem der Glaube erwächst, »allem Volk« zu sagen, ist unser Auftrag, dem wir, so gut es geht, gerecht werden wollen.

Auch hier ist eine Unterscheidung Martin Luthers hilfreich: die zwischen dem äußeren und dem inneren Wort. Wir sagen das Wort Gottes so, wie wir es verstehen, und in einer Weise, die dem Verständnis der Hörer angemessen ist, wir bemühen uns um das Kommunikationsgeschehen und möchten es so gestalten, dass es Frucht bringt und nicht an Hürden scheitert, die wir selbst aufgerichtet haben. Darum ist die Predigt für jede Pfarrerin und jeden Pfarrer eine anspruchsvolle Aufgabe; eine Kernaufgabe unseres Berufes ist es, das äußere Wort zu sagen. Das wollen wir so gut tun, wie wir es können und verstehen. Ob es Glauben weckt, ist aber nicht von vornherein gesagt – ein und dieselbe Predigt kann dem Einen zu einem inneren Wort werden, in dem Sinne, dass Gottes Frohe Botschaft zu ihrem Ziel kommt; einen Anderen kann sie unbewegt lassen und unverändert. Das innere Wort ist Gottes Sache, es ist Geschenk und Gnade.

Die Sprachfähigkeit des Glaubens zu schulen bedeutet also, den Dienst am äußeren Wort zu stärken – und der ist jedem getauften Christenmenschen aufgetragen. Prädikanten- und Lektorenausbildung, Gesprächskreise und die Schulung von Haupt- und Ehrenamtlichen in den vielen Arbeitsgebieten, von der Diakonie über die Kirchvorsteher und die Jungen Gemeinden bis zum Kindergottesdienst – all das ist von großer Bedeutung. Es ist auch gar nicht so wenig, was wir da tun, unsere Mitarbeiterinnen und Mitarbeiter im Verkündigungsdienst erhalten die bestmöglichen Ausbildungen, die Ehrenamtsakademie bietet qualifizierte Fortbildungsangebote; und gleiches gilt für das Pastoralkolleg und das Theologisch-Pädagogische Institut. Doch sicherlich kann keine Rede davon sein, dass es schon ausreichend und genügend wäre. Vielmehr muss uns allen klar sein, dass es sich hier um eine Schlüsselkompetenz handelt, an der sich vieles entscheidet, was den weiteren Weg unserer Landeskirche betrifft. Wir wollen mehr werden; und das bedeutet: Wir wollen Menschen taufen. Die Entscheidung für die Taufe aber ist Teil eines personalen Geschehens, sie kommt aus der Predigt.

Liebe Schwestern und Brüder, 20 Jahre nach der friedlichen, der protestantischen Revolution erinnern wir uns und sehen zurück auf das 20. Jahrhundert. Wir schaudern nach wie vor angesichts der Schrecken, die es über unzählige Menschen brachte; wie sehr es auch die Landeskirche verändert hat.

Und doch entdecken wir im Rückblick unschwer die Güte unseres gnädigen Gottes, der uns erhält, »wie es ihm selber gefällt« – das durfte unsere Kirche erfahren. Sie ist auf festem Grund gebaut.

Darum sehen wir nach vorn, sorgen nicht, sondern hoffen, denn uns ist gesagt:

Trachtet zuerst nach dem Reich Gottes und nach seiner Gerechtigkeit, so wird euch das alles zufallen (Mt 6,33).

»Dies ist der Tag, den Gott gemacht«

Der Sonntag und die Ladenöffnungszeiten

Pastoralbrief* Advent 2009

> Du unser Heil und höchstes Gut, vereinest dich mit
> Fleisch und Blut, wirst unser Freund und Bruder hier,
> und Gottes Kinder werden wir. (EG 42, 6)
>
> *Christian Fürchtegott Gellert, 1757*

Liebe Schwestern und Brüder,

die Gellert-Lieder unseres Gesangbuchs singe ich mit besonderer Aufmerksamkeit, seit ich weiß, dass es in Haini-
chen, seinem Geburtsort, bereits einige Überlegungen

---

* »Pastor Pastorum«, Seelsorger und Vertrauter der Pfarrerinnen
und Pfarrer zu sein ist eine zentrale Bestimmung der bischöf-
lichen Aufgaben. Damit ist zugleich gesagt, dass eine gute
Kommunikation zwischen Bischof und Pfarrerschaft sinnvoll
und geradezu notwendig ist. Daran war mir sehr gelegen und
dementsprechend habe ich verschiedene Möglichkeiten der
Begegnung gesucht. Zusätzlich zu den Pastoralkollegs der
Ephorien und Pfarrertagen habe ich mich alle drei Monate
mit einem »Pastor@lbrief« an die Pfarrerinnen und Pfarrer
gewandt, in denen ich über das jeweilige Jahr hinweg ein breites
Spektrum von Themen, Debatten und Entwicklungen aufgegriffen habe. Die Briefe wurden elektronisch versandt und
sind, wie ich finde, ein gutes Beispiel, wie digitale Kommunikationsformen das kirchliche Leben bereichern können.
Die Auswahl der Themen für die Pastoralbriefe folgte ver-

108

gibt, wie dem 300. Geburtstag des Dichters im Jahr 2015 im Zusammenhang der Reformationsdekade angemessene Aufmerksamkeit verschafft werden kann.

Das Jahr 1757, in dem das wunderbare Adventslied zu Psalm 118 entstand, war im Kurfürstentum Sachsen, das von Preußen im Vorjahr überfallen und besetzt worden war, ein Kriegsjahr. Zittau wurde zu großen Teilen durch die österreichische Armee zerstört, und in der Schlacht bei Roßbach starben mehr als 10.000 Soldaten. Das alles wird Gellert vor Augen gestanden haben, als er seine »Geistlichen Oden und Lieder« schrieb, er war ja ein aufmerksamer Zeitgenosse. Das Lied »Dies ist der Tag, den Gott gemacht« gibt von diesem Wissen allerdings nichts zu erkennen, und die Hoffnung »… Gottes Kinder werden wir« ist angesichts der blutigen Ereignisse des Siebenjährigen Kriegs nur als Satz des Glaubens zu verstehen. Er wurde gesprochen in einem Moment, da die Heere der europäischen Völker übereinander herfielen. Der Glaube wird in einer heillosen, zerrissenen Welt gelebt, und es ist das Geschenk Gottes, dass die Gläubigen sich nicht in ihren Finsternissen verlieren, sondern auf seinen Advent hoffen.

---

schiedenen Überlegungen. Gelegentlich habe ich mich mit Fragen beschäftigt, die im »alltäglichen Betrieb« zu kurz kommen und doch erhebliche Bedeutung besitzen; häufig allerdings gab es aktuelle Entwicklungen, deren Gewicht oder Brisanz sie von vornherein zum Thema eines Bischofswortes werden ließ. Dabei habe ich versucht, ein ausgewogenes Verhältnis von politischen, theologischen und geistlichen Impulsen herzustellen.

Damit ist allerdings nicht gesagt, dass wir Christenmenschen unser Leben gewissermaßen ungerührt verbringen könnten, als ginge es uns nichts an, was Menschen einander antun und wie gelitten wird unter Gewalttat und Ungerechtigkeit. Der Glaube an den Gottessohn wird nicht in einem gesonderten Raum gelebt, sondern angesichts der Nöte der Welt. Gott ist in Bethlehem wahrer Mensch geworden, und denen, die auf ihn vertrauen und ihm nachfolgen, ist er ein »Freund und Bruder«. Beide Verhältnisbestimmungen können in einem Menschenleben oft sehr nah beieinander sein. Einen Freund oder eine Freundin zu haben, ist ein Geschenk, das dem des Zusammenlebens in einer Familie gleichkommt. Beides gehört zu den Freuden, die das Leben einem Menschen schenken kann – und mag sogar eine Voraussetzung sein, ohne die man nicht verstehen kann, was seine Fülle ausmacht. Geschwister sind eine Vergewisserung angesichts der Fragen, woher wir kommen und wohin wir gehören, Freundinnen und Freunde tragen uns in den Krisen des Lebens. Ein Freund und Bruder ist uns Christus geworden – damit ist gesagt, dass er uns so nah gekommen ist, wie Menschen einander nur sein können. Die elementare Nähe des Gottessohns lässt uns zu Kindern Gottes werden.

Stellt man die Worte Gellerts in den Zusammenhang seiner Zeit, so wird deutlich, welche Stärkung darin liegt, dass wir »unser Heil und höchstes Gut« durch die Menschwerdung Gottes empfangen. Auch die Katastrophen der Welt werden uns nicht von Gott trennen, denn gerade wegen des heillosen Zustands der Welt wurde er uns Freund und Bruder. Als er den Tod erlitt, ging er den Weg des Menschseins bis an das Ende, in die letzte und äußerste Tiefe hinein. Er blieb bei seinen Freunden, seinen Schwestern und Brüdern. Auch das Kreuz bedeutete nicht die Trennung, sondern – im Gegenteil – versöhnte das Getrennte. So empfangen wir das Heil, das nur Gott schenken kann. Gellert wird »das höchste Gut« angesichts der Schrecken des Krieges zum Trost der geängstigten Seelen.

Das zu Ende gehende Jahr hat nicht solch schwerwiegende Ereignisse gebracht, wie es die Schlesischen Kriege waren – Gott sei Dank. Wir leben im Frieden, und es ist auch nicht zu erkennen, dass er gefährdet wäre. Gerade erst ist der Vertrag von Lissabon in Kraft getreten und sicherlich wird er die Zusammenarbeit der europäischen Staaten weiter vertiefen und so den Frieden festigen. Das ist eine wirklich gute Nachricht, nachdem es mehrere Jahre so ausgesehen hatte, als sei der Prozess des Zusammenwachsens Europas ins Stocken geraten. Leider ist die Bedeutung des Vertrages in den zehn Jahren, die über ihn gesprochen und gestritten wurde, durch viele unschöne und teilweise unwürdige Begleitumstände verdunkelt worden. Die europäische Idee ist aber nach wie vor wirkmächtig, denn sie wird getragen von der Hoffnung auf Frieden und der Bereitschaft zur Versöhnung. Der Rückblick auf die Zeitenwende von 1989/90 macht ja deutlich, wie sehr in den 20 Jahren der Kontinent zusammengewachsen ist, der so lange zerrissen und dann tief gespalten war. Damals lebten wir mit der atomaren Bedrohung, und umso staunenswerter ist es, dass jetzt die Völker Europas gemeinsam ihre Zukunft gestalten. Bei dem Dresdner Kirchentag 2011 wird ein »Forum Mittel- und Osteuropa« die geistlichen Aspekte dieser Entwicklung verdeutlichen, an dem viele Gäste aus unseren Nachbarstaaten teilnehmen werden. Erfreulich ist übrigens aus kirchlicher Sicht, dass die besondere Gestaltung des Verhältnisses zwischen Staat und Kirche in Deutschland ausdrücklich anerkannt wird und der Regelung durch die Europäische Union entzogen bleibt.

Ohne Sorgen sind aber auch diese Tage nicht. Von vielen Christenmenschen weiß ich, dass ihr Vertrauen in die politische Ordnung unseres Landes wegen der scheinbar unaufhaltsam voranschreitenden Ökonomisierung des Lebens erschüttert ist; sie hoffen und erwarten, dass die Kirche sich dem widersetzt. Darum ging es ja bei dem langjährigen Kampf um den Schutz des Sonntags, in dem nun das Bundesverfassungsgericht Recht gesprochen hat. Wir haben unsere Position immer wieder erläutert und beharrlich in der Öffentlichkeit vertreten; und es war gut zu sehen, dass die Meinungsumfragen eine deutliche Verschiebung in die von uns vertretene Richtung zeigten. Aber manche in der Wirtschaft gerieren sich, als könne der Wohlstand nur dann gesichert werden, wenn der Sonntag zu einem Tag wie alle anderen gemacht werde; und der Advent zur hohen Zeit des Einkaufens. Für sie muss es ein Mehr geben und dann ein Noch-Mehr, und unbedingt ein Immer-Mehr – die Gier kennt keine Zufriedenheit mit dem erreichten Wohlstand. Ihr geht es immer um alles, das ist im Börsensaal nicht anders als in den Einkaufszentren. Es ist gut, dass wir uns durch die Gerichte in Bautzen und Karlsruhe gestärkt sehen können, und nun werden wir darauf achten, dass den ergangenen Urteilen gefolgt wird. Mir liegt aber sehr viel an der Einsicht, dass letzten Endes jeder Einzelne und sein persönliches Verhalten gefragt ist; es wird ja niemand zum Einkauf am Sonntag gezwungen. Christenmenschen heiligen den Sonntag und das bedeutet auch, dass sie ihre Einkäufe in der Woche erledigen.

Bei vielen Gelegenheiten haben wir auf den denkwürdigen Herbst vor 20 Jahren zurückgesehen. Bereits im Frühjahr hatte die Kirchenleitung in einer Erklärung zur Friedlichen Revolution und zur Ökumenischen Versammlung gesagt: »Als Christen in Sachsen waren wir an diesem Umbruch besonders stark beteiligt, und wir tun gut daran, uns zu erinnern, um daraus für die Gegenwart und die Zukunft zu lernen.« Am Jahresende meine ich sagen zu dürfen, dass wir auf das Ganze gesehen diesem Anspruch wohl gerecht geworden sind. Die vielerorts durchgeführten Diskussionen, Vorträge, Andachten und Gebete waren von Dankbarkeit bestimmt – zuallererst für das Handeln Gottes, dann auch für das Zeugnis der vielen Schwestern und Brüder, die den Auftrag der Kirche in kritischen Situationen bewährten. Nach meinem Eindruck waren die Veranstaltungen durchweg auf die aktuellen Herausforderungen und die Zukunft bezogen. »Heldengedenktage« sind es nicht gewesen, vielmehr geprägt von dem Bemühen um Vergewisserung und durchzogen von einem kritischen Unterton, der angesichts der gegenwärtigen Herausforderungen im Umgang mit der Freiheit angemessen ist.

Bei meinen Besuchen in den Kirchgemeinden stehe ich immer wieder unter dem Eindruck der unaufhaltsam voranschreitenden Prozesse der Entleerung der ländlichen Räume. Sie machen unseren Mitarbeiterinnen und Mitarbeitern ihren Dienst oft sehr schwer; und ich bewundere die Hingabe, Kreativität und Tatkraft, mit der die Schwestern und Brüder ihren Dienst tun.

Ein Beispiel dafür hat bei dem Zukunftskongress der EKD in Kassel sehr viel Beachtung gefunden: In einigen Regionen der Evangelischen Kirche in Mitteldeutschland (EKM) ist das geistliche Leben in den vielen schönen und meist unter Denkmalschutz stehenden Dorfkirchen nicht leicht aufrechtzuerhalten. Zu einem Kirchenkreistag in Egeln (bei Staßfurt) gab es nun vor vier Jahren die Verabredung, in allen 127 Kirchen zur selben Zeit, um 10 Uhr, Gottesdienst zu feiern bzw. Andacht zu halten. Pfarrerinnen und Pfarrer gibt es aber nur 34, und so haben an mehr als 80 Orten Ehrenamtliche die Verantwortung für die Durchführung übernommen. Es war bewegend zu hören, welche Tiefenwirkungen daraus erwachsen sind. Kirchenvorstände und Gemeindeglieder haben ihre geistliche Verantwortung entdeckt; Gestaltungsformen wurden entwickelt, die auch kleinsten Gemeinden zum Segen gereichen können. Jedes Jahr am Tag des Offenen Denkmals wird die Initiative wiederholt, und der Gottesdienstbesuch hat sich in der Region sehr positiv entwickelt.

Ich bin davon überzeugt, dass die geistlichen Kräfte in unseren reformatorischen Kirchen stark und lebendig sind, so dass es auch unter schwierigsten Umständen Antworten auf die Fragen nach der Gestalt unseres Verkündigungsauftrags gibt. Dazu wird der Beitrag der Kirchenvorstände und der Ehrenamtlichen immer bedeutsamer werden. Die Erfahrungen aus Egeln werden am 29. Januar 2010 in Meißen bei der Tagung »Was wirklich geht« vorgestellt; und ich würde mich freuen, wenn der Impuls aus der EKM in unserer Landeskirche aufgenommen würde.

Der Kirchenvorstandstag hat erstmalig am 23. August 2009 in Dresden stattgefunden. Er hat in beeindruckender Weise gezeigt, wie viele Ehrenamtliche sich in der Leitung unserer Kirche engagieren – und wie nachdenklich und zugleich fröhlich, kenntnisreich und verantwortungsbewusst sie das ihnen übertragene Leitungsamt wahrnehmen. In den Gesprächen der Foren und Arbeitsgruppen wurde mit großem Ernst nach neuen Wegen gesucht, die in den nicht immer einfachen Situationen beschritten werden können. Ich habe dabei den Grundton einer heiteren Gelassenheit wahrgenommen und immer wieder gedacht, dass die gemeinsame Verantwortung der »Laien« und der Ordinierten in unserer Kirche ein geistlicher Schatz ist, für den wir nicht genug danken können.

Ein ganz ähnliches Erlebnis hatte ich einige Wochen später bei dem Kurrendetag, der in der Dresdner Eissporthalle stattfand. Auf der Eisfläche wurde mir warm ums Herz angesichts der fröhlichen Kinder, ihrer Eltern und der vielen Mitarbeiterinnen und Mitarbeiter. Der Tag hat in der Öffentlichkeit viel Beachtung gefunden; und ein Journalist sagte staunend zu mir: »So viele Kinder bringt nur die Kirche zusammen ...« So sehe ich es auch.

Seit Jahren ist es schon so, dass sich die Kirchenmusik wachsender Beteiligung erfreut; und es deutet alles darauf hin, dass dies auch in der Zukunft so sein wird. Gerade zu Weihnachten kommen Menschen um ihrer Kinder willen zu den Vespern, ohne dass sie selbst eine Beziehung zum Glauben hätten. Für viele von ihnen wird die Kirchenmusik, werden die Lieder eine Anrede sein und wir dürfen hoffen, dass sie darin Gottes Wort begegnen.

»Du unser Heil und höchstes Gut, vereinest dich mit Fleisch und Blut, wirst unser Freund und Bruder hier, und Gottes Kinder werden wir« – singen wir mit Gellert.

Jedem Menschen ist es ein Lebensglück, Geschwister und Freunde an der Seite zu wissen. Beide aber stehen unter den Begrenzungen des Menschenlebens. Es kann Trennungen geben, die niemand gewollt hat. Man kann auch denen Schmerzen zufügen, die man doch an seiner Seite wissen möchte; und es gibt Abschiede, die unwiderruflich sind.

In Jesus Christus kommt Gott uns so nahe, wie sich Geschwister und Freunde sind, und wir dürfen ihn als den barmherzigen Vater ansehen und anbeten. Von seiner Liebe kann uns nichts trennen. Wir werden und bleiben Gottes Kinder, und darin liegt eine treffende Beschreibung der Zukunft, der wir entgegengehen. Wir feiern die Geburt und hoffen auf die Ankunft Christi.

Ich danke Ihnen für Ihren Dienst und wünsche, dass Sie trotz aller Mühe, die mit Ihren Aufgaben in den Advents- und Weihnachtstagen verbunden ist, zu dem Frieden finden, der schon den Hirten auf dem Feld verheißen wurde. Ihnen und Ihren Lieben wünsche ich gesegnete Weihnachten und ein gutes Jahr 2010 und erneuere zugleich meine Bitte, in der Fürbitte der im Jemen entführten Familie Hentschel zu gedenken.

Ihr
Jochen Bohl

Zur Banken- und Finanzkrise

Pastoralbrief, Mai 2010

Liebe Schwestern und Brüder,

seit fast drei Jahren stehen wir nun unter dem Eindruck der internationalen Finanz- und Wirtschaftskrise. Im September 2008 ging die Lehman-Bank in die Insolvenz, und in der Folge stellten die Staaten enorme, nie gekannte Summen zur Verfügung, um den Zusammenbruch des Finanzsystems zu vermeiden – Geld, das sie nicht hatten, sondern sich leihen mussten. In diesen Tagen nun hat sich das Geschehen in einer Weise zugespitzt, die ich als dramatisch empfinde. Die Bundesrepublik ist dabei, Verpflichtungen einzugehen, die sich als untragbar erweisen könnten.

Lange schon ist die Verschuldung des Staates ein Problem, das die politischen Debatten begleitet; ich erinnere daran, dass die Große Koalition im Jahr 2005 mit der Notwendigkeit begründet wurde, endlich den seit Jahrzehnten andauernden Trend umzukehren und wirksame Maßnahmen zur Sanierung der Haushalte zu ergreifen. Am Ende der Legislaturperiode hatte die Finanzkrise alle Bemühungen in ihr Gegenteil verkehrt und die Situation stellte sich zum Zeitpunkt der Bundestagswahl 2009 erheblich schlechter dar als vier Jahre zuvor. Heute liegt die Schuldenlast des Bundes bei 1,7 Billionen Euro, also etwa 71% des BSP, die Neuverschuldung hat das Rekordniveau von 80 Milliarden Euro erreicht, die Mehrzahl der Bundesländer hat jede finanzpolitische Handlungsfähigkeit verloren[1] und die Kommunalfinanzen sind in einem beklagenswerten Zustand. In dieser Situation wurde es erforderlich, zunächst für Griechenland (22 Milliarden), dann für die Euro-Zone (147 Milliarden) Garantien abzugeben, die jedes Maß übersteigen.

Krisenhafte Erscheinungen gibt es aber nicht nur in Europa, sondern auch in den USA und seit Langem schon in Japan. Zugleich leiden viele Länder der südlichen Hemisphäre in furchtbarer und elementarer Weise unter den Auswirkungen der Krise, die sie nicht zu verantworten haben. Hunger und nackte Armut sind erneut bittere Realitäten geworden. Es scheint, als wäre der Kapitalismus im Begriff, sich selbst zu delegitimieren.

In all dem stellt sich die Frage nach der Zukunft des Wirtschaftens unter den Bedingungen der Globalisierung, und zweifellos gehört es zu den Aufgaben der Kirchen, sich an dieser Diskussion zu beteiligen. Drei Ursachen für die krisenhafte Zuspitzung dieser Tage möchte ich benennen.

Da ist zunächst die Entwicklung der Finanzmärkte zu nennen, an denen hochspekulative Wettgeschäfte betrieben werden, die mit dem realen Wirtschaftsgeschehen – und das heißt ja: mit den Lebenswirklichkeiten der Menschen – nichts zu tun haben. Inzwischen ist auch klar, wie

---

[1] Immerhin: Unter den deutschen Bundesländern weist der Freistaat Sachsen, was die Pro-Kopf-Verschuldung angeht, den niedrigsten Wert auf.

riskant sie sind – allerdings nicht für die Akteure, sondern für die Staaten und ihre Bürgerinnen und Bürger, die als letzte Garantieinstanz wie selbstverständlich in Anspruch genommen werden. Das seit Langem bekannte böse Wort von der Privatisierung der Gewinne bei gleichzeitiger Sozialisierung der Verluste hat eine Zuspitzung erfahren, die ich noch vor Kurzem für unvorstellbar gehalten hätte. Leider ist seit Ausbruch der Finanzkrise nichts geschehen, was geeignet wäre, diesem unsinnigen und verantwortungslosen Treiben Einhalt zu gebieten. Wohl gibt es Absichtserklärungen – aber die Begründung, solche Maßnahmen seien nur abgestimmt unter den Staaten der G 20 zu ergreifen, kann angesichts der bisherigen Ergebnislosigkeit und der inzwischen verstrichenen Zeit nicht länger überzeugen. Ohne in die Fachdiskussionen eingreifen zu wollen, wird aus ethischer Sicht doch zu sagen sein, dass der exzessive Handel mit den Kreditausfallversicherungen und die ungedeckten Leerverkäufe umgehend verboten gehören. Das Risiko jedes Geldgeschäftes muss den Verursachern zugeordnet werden. Hier sehe ich den Bundestag in der Pflicht, umgehend gesetzgeberisch tätig zu werden.

Zum Zweiten: Es wäre allerdings verfehlt zu meinen, mit entsprechenden Regulierungen der Märkte sei es getan. Eine gedeihliche Entwicklung wird es nicht geben können ohne wirksame Maßnahmen gegen die Verschuldung der Staaten. Denn am Anfang der gegenwärtigen Krise stand die Sorge der Gläubiger um die Bonität der Kreditnehmer, d. h. um die Fähigkeit der Staaten, den von ihnen eingegangenen Verpflichtungen nachzukommen. Es ist eine allzu bequeme und ethisch unzulässige Form des Wirtschaftens, der jeweils nachfolgenden Generation die Begleichung der Rechnung für den eigenen Konsum zu überlassen. In dieser Mentalität haben sich leider fast alle industrialisierten Länder eingerichtet; sie steht in beunruhigender Weise in einem offenkundigen Zusammenhang mit den ständig wachsenden Ansprüchen, die sich auf die Politik richten. Denn die gesellschaftliche Entwicklung ist seit Langem gekennzeichnet durch eine Individualisierung der Lebenschancen bei gleichzeitiger Kollektivierung der Lebensrisiken, die nicht zukunftsfähig ist.[2] Die Staaten werden unbedingt zu einer soliden Haushaltsführung zurückkehren müssen, die Schuldenlast muss reduziert werden – ansonsten ist es nur eine Frage der Zeit, bis es zu der nächsten Krise kommt. Eine weitere Instanz hinter den Staaten, von der sie aufgefangen werden könnten, gibt es aber nicht und kann es nicht geben. Aus diesem Grund ist die Lage so bedrohlich ernst – einige Staaten Europas, auch so wird man die Ereignisse der letzten Tage interpretieren können, sind schon jetzt nicht mehr in der Lage, das ihren Bürgerinnen und Bürgern gegebene Wohlstandsversprechen einzuhalten.

Drittens würde man den herausfordernden Charakter der Situation verkennen, wenn nicht die Frage der sozialen Gerechtigkeit angesprochen würde. Die Spreizung der Gesellschaft, die Vertiefung der trennenden Unterschiede be-

---

[2] Insofern sind die Finanzmärkte kein Bereich sui generis; in einem gewissen Sinn folgen sie durchaus einem gesellschaftlichen Trend, der auch die kleinen Lebenszusammenhänge bestimmt.

klagen wir schon lange. Weihnachten 2007 habe ich vor der Dresdner Frauenkirche gefragt, ob es

> »gelingen wird, die Unterschiede zwischen den Menschen auszugleichen, so dass die Starken und die Schwachen, die Mächtigen und die Abhängigen in Frieden miteinander leben können. Viele Menschen in unserem Land sehen verbittert, wie die Unterschiede zwischen Arm und Reich sich Jahr für Jahr weiter und immer schneller vertiefen. Das Gebot der Gerechtigkeit bleibt aber für jedes Zusammenleben von Menschen unverzichtbar. Und ich frage, wie es bewahrt werden kann, wenn die einen Jahr für Jahr zweistellige Millionenbeträge verdienen und die anderen fünf Euro in der Stunde? In unserem Land scheint einem Teil der Oberschicht das Bewusstsein abhanden gekommen zu sein von ihrer Verantwortung für diejenigen, die von ihren Entscheidungen abhängig sind. Es ist unanständig, unmoralisch, sich in nie gekannter Weise zu bereichern, und zur gleichen Zeit Schwächeren Verzicht und Unsicherheit zuzumuten. Wie soll eine Gesellschaft zusammenhalten, der es nicht um Gerechtigkeit geht, sondern zuallererst um Bereicherung? So werden die Grundlagen des Zusammenlebens in Trümmer gelegt.«

Die EKD hat im Juni des vergangenen Jahres in Erinnerung gerufen:

> »Der Erfolg des Konzepts der sozialen Marktwirtschaft hängt wesentlich von der moralischen Prägung und dem ethischen Verhalten der Verantwortungsträger ab. Politische Rahmensetzungen und die Verantwortlichkeit der Einzelnen gehören zusammen. In einer globalen Wirtschaft, in der die Missbrauchsgefahren deutlich gewachsen sind, ist es wichtiger denn je, moralische Verpflichtungen und soziale Werte be-

wusst zu machen und die Gewissen zu schärfen. Nötig sind ethische Diskurse auf allen Ebenen der Gesellschaft wie der Unternehmen.«[3]

Diese Krise sollte uns lehren, dass es nicht mehr weitergehen kann wie bisher. Es geht um die Frage, wie eine sozialverträgliche Entwicklung des Kapitalismus gelingen kann. Wird sie nicht beantwortet, drohen der Demokratie große Gefahren.

Das Jahr 2011 wird im Rahmen der Lutherdekade als Jahr der Taufe begangen werden. In unserer Landeskirche wollen wir das zum Anlass nehmen, auf die Bedeutung des Taufgedächtnisses hinzuweisen. Schon seit geraumer Zeit ist es in den Kirchgemeinden zunehmend üblich geworden, Kinder zwischen Taufe und Konfirmation regelmäßig zur Feier des Taufgedächtnisses einzuladen. Ob in Form von Familiengottesdiensten oder als regelmäßiger Bestandteil des sonntäglichen Gottesdienstes: Das Taufgedächtnis der Kinder ist als Zeichen der Taufvergewisserung für die Kinder, deren Eltern, Paten und nicht zuletzt für die Gottesdienstbesucher zu einem wichtigen Teil ihres Glaubenslebens geworden. Weniger häufig als die Kinder werden bislang Erwachsene zum Taufgedächtnis eingeladen. Ich meine aber, dass die Taufvergewisserung für Erwachsene von großer seelsorgerlicher Bedeutung sein kann. Gerade in Situationen der Verunsicherung stellt sich manchen Menschen die Frage, ob die Taufe, die sie einmal empfangen haben, auch dann gültig ist, wenn sie sich

---

[3] Wie ein Riss in einer hohen Mauer, EKD Texte 100, 21.

nicht erinnern und auch keine direkte Erfahrung mit ihr verbinden. Ist das Zeugnis der Eltern und Paten dann nicht oder nicht mehr verfügbar, können Ratlosigkeit und Verunsicherung im Glauben die Folge sein. Das Taufgedächtnis ist eine sichtbare Form des Glaubenszeugnisses in der Gemeinde, das für Kinder wie Erwachsene anschaulich, erfahrbar und begreifbar ist. Denn es ermöglicht in einem guten Sinn eine Vergewisserung der einmal empfangenen eigenen Taufe. Dies kann in unterschiedlicher Weise geschehen: Im Gottesdienst der Gemeinde an der Taufkerze oder am Taufstein gefeiert, verbunden mit einer Segensgeste, bieten sich vielfältige Gestaltungsmöglichkeiten.

In diesem Zusammenhang sei nochmals auf die von unserer Landeskirche[4] und der VELKD[5] herausgegebenen Arbeitshilfen hingewiesen, die hierfür Anregungen und gottesdienstliche Bausteine zur Verfügung stellen.

Vor einigen Tagen haben sich die Kirchentagsbeauftragten der Kirchgemeinden erstmals in der Geschäftsstelle in der Dresdner Ostra-Allee getroffen. Aus meiner Sicht ist damit der Dresdner Kirchentag für unsere Landeskirche in die »heiße Phase« der Vorbereitung eingetreten. Wir sind bisher auf einem guten Weg, und ich bin über die Resonanz aus den Kirchgemeinden, den Werken und Einrichtungen hoch erfreut und sehe zuversichtlich auf den Juni des nächsten Jahres.

---

[4] Abl. 2005, B 30 – B 36.

[5] Liturgische Handreichung. Die Feier des Taufgedächtnisses, Hannover ²2007; http://velkd.de/downloads/Taufgedaecht-nis_2007(2).pdf.

Beim 2. Ökumenischen Kirchentag in München habe ich die Kirchentagsgemeinde eingeladen und gesagt: »Kommen Sie nach Sachsen! Wir wollen ein Fest des Glaubens feiern, wir freuen uns auf viele erwartungsfrohe Gäste!« Nach dem Sommer wird es einen Brief des Kirchentags an die Kirchenvorstände und Kirchgemeinden des Quartierbereiches der Dresdner und umliegender Kirchenbezirke geben. Es wäre ein wunderbares Zeichen von Gastfreundschaft, wenn möglichst viele Quartiere zur Verfügung gestellt werden könnten; und wenn die Pfarrer und Pfarrerinnen mit Sympathie die Quartierwerbung des DEKT begleiten würden, wäre dies eine große Hilfe.

Im letzten Pastor@lbrief hatte ich auf die anstehende Neufassung der Christlichen Patientenverfügung hingewiesen. Nach meiner Erfahrung ist die Unsicherheit in den Gemeinden und auch generell in der Bevölkerung nach wie vor groß und insofern sind wir als Seelsorgerinnen und Seelsorger herausgefordert. Der Rat der EKD wird sich in seiner nächsten Sitzung mit einem – aus meiner Sicht zustimmungsfähigen – Entwurf beschäftigen. Insofern bitte ich schon jetzt um Aufmerksamkeit für die bald erscheinende Publikation, die doch bedeutsame Akzentuierungen vornimmt. Insbesondere wird sehr zu Recht die Möglichkeit der Vorsorge breiter als bisher entfaltet. Dementsprechend wurde der Titel verändert und lautet nunmehr »Christliche *Patientenvorsorge*«.

In diesen Tagen gehen wir auf das Pfingstfest zu. Hier in Dresden werden sich mehr als 200 Jugendliche aus Sachsen, Deutschland und aus dem Ausland zu EVA 2010, der *Peace Academy* in der Frauenkirche, versammeln. Möge der gute

Geist unseres Herrn in allen Kirchen unserer Landeskirche die Herzen der Menschen anrühren. In diesem Sinne wünsche ich Ihnen allen frohe und gesegnete Pfingsttage.

Ich verbleibe mit herzlichen Grüßen und – angesichts des Termins der Schulferien relativ früh – guten Wünschen für die hoffentlich erholsame Urlaubszeit, auf die viele von uns sich angesichts herausfordernder Alltagsbelastungen sehr freuen.

Gott segne Sie und Ihren Dienst,

Ihr
Jochen Bohl

Zum Verhältnis zwischen Kirche und Rechtsextremismus

Rede anlässlich der Gründungsversammlung der
»Bundesarbeitsgemeinschaft Rechtsextremismus«
am 12. Februar 2010 in Dresden

Meine Damen und Herren, liebe Schwestern und Brüder,

der Anlass für diese Gründungsversammlung ist kein erfreulicher.[*] Seit langen Jahren nun schon sehen wir uns
neuen Nazis in unserem Land gegenüber. Bereits in den
90er Jahren hatte sich eine Unzufriedenheit mit den Verhältnissen aufgebaut, so dass der Einzug der NPD in den
sächsischen Landtag im Jahr 2004 nicht unbedingt eine
Überraschung war. Es hatte aber niemand die Höhe des
Stimmenanteils von damals fast 10 % vorhergesehen. Auch

---

[*] 2004 und 2009 wurde die NPD in den sächsischen Landtag gewählt. Schon früher hatten die Rechtsextremen die Erinnerung an die Zerstörung Dresdens am 13. Februar 1945 als
Plattform für ihre abwegige Sichtweise auf die deutsche Geschichte missbraucht. Immer wieder habe ich deutlich gemacht, dass es zunächst um die geistige Auseinandersetzung
geht und erst in zweiter Linie darum, sich mit den Mitteln des
Rechtsstaates gegen die NPD zu wehren. Denn viele Menschen wählen die NPD, weil sie sich um ihre Zukunft Sorgen
machen und Angst vor einem Ausschluss aus dem Leben einer nach wie vor reichen Gesellschaft haben. Mit den Betroffenen wie mit den Besorgten muss man daher das Gespräch
suchen.

schon vorher hatten in anderen Teilen Deutschlands immer wieder einmal Rechtsextreme Wahlerfolge erzielt, teilweise unter anderen Bezeichnungen: ich erinnere an die Republikaner und die DVU.

Im vergangenen Jahr gelang der NPD in Sachsen erstmals der Wiedereinzug in einen Landtag. Das war für sie wichtig aufgrund der damit verbundenen Finanzierung ihrer Aktivitäten und – nicht zu unterschätzen – ihres Lebensunterhalts durch den Staat.

Für uns ist es ein Impuls, unseren Widerstand zu verstärken und kreative Aktivitäten zu entwickeln. Soeben haben wir das »Aktionsjahr Nächstenliebe braucht Klarheit« abgeschlossen. Es war erfolgreich, denn die vielen durchgeführten Aktionen haben Menschen zu einem je eigenen Beitrag motiviert. Ich meine auch annehmen zu dürfen, dass die Anstrengungen einer demokratischen Zivilgesellschaft einen Beitrag dazu geleistet haben, dass sich die Stimmenzahl der NPD nahezu halbiert hat. Ich bin dankbar, dass sich in unserer Landeskirche ein breiter Konsens in der Auffassung durchgesetzt hat, dass es dringend notwendig ist, klar und eindeutig Position zu beziehen. Für eine klare Haltung der *Kirche* gegen die neuen Nazis gibt es gute Gründe; und ich will sie in aller Kürze noch einmal darstellen.

Da ist zunächst ihr unbußfertiger Umgang mit der Vergangenheit. Sie feiern die Untaten der Nazi-Verbrecher, und es sind nicht nur dumme, unwissende junge Menschen, die so reden und handeln, sondern auch Anführer, die in den Parlamenten sitzen und weder dumm noch unwissend sind, wohl aber gewissenlos. Wir Christen stellen uns gegen sie, denn mit dem Glauben an den gekreuzigten und auferstandenen Herrn der Kirche ist ihr Trachten und Tun nicht vereinbar. Es ist ein Gebot des christlichen Glaubens, sich der eigenen Schuld zu stellen, sie vor Gott zu bringen in der Hoffnung auf Vergebung und die Ermöglichung eines Neuanfangs. Das haben viele Christenmenschen in unserem Land nach dem Krieg versucht, in aller Unvollkommenheit; erst zögernd, zaghaft, aber doch unüberhörbar hat es ein Bekenntnis der Schuld gegeben, die Deutschland und die Deutschen auf sich geladen hatten. Die Kirchen haben zur Buße gerufen, zur Umkehr gemahnt; sie wagten es, um Versöhnung zu bitten, denn sie wussten, dass es nur auf diesem Weg Hoffnung auf Heilung der im Krieg fundamental gestörten Verhältnisse geben konnte. Dankbar durften wir sehen, dass unsere Nachbarn, weil sie sahen, dass es in Deutschland Einsicht, Reue und die Bereitschaft zur Sühne gab, die Hand zur Versöhnung ausgestreckt haben. Heute dürfen wir sagen, dass daraus Segen erwachsen ist; ein Segen, der bis heute unser Leben und die Gegenwart bestimmt. Denn in diesen Tagen sind die Völker Europas dabei, ihre gemeinsame Zukunft in Freiheit zu gestalten.

Wir werden den neuen Nazis nicht gestatten, durch ihre hasserfüllte Sicht auf die Geschichte den Frieden zu gefährden. Darum ist es bedeutsam, dass wir morgen, da sie mit ihren revanchistischen Parolen durch Dresden ziehen wollen, ein deutliches Zeichen setzen.

Ich füge an, und dazu gibt es leider Anlass, dass wir auch die abwegige Sicht ablehnen, der Stadt Dresden sei am 13. Februar 1945 Recht geschehen und die Opfer hätten ihr Schicksal verdient. Auch darin kommt eine unerträgliche Brutalisierung des Weltverständnisses zum Ausdruck, die mit unserem Glauben an den Friedensfürsten unvereinbar ist.

Die rassistischen Parolen der neuen Nazis lehnen wir zum Zweiten ab, weil der christliche Glaube von seinem Grund her universalistisch angelegt ist. Die Frohe Botschaft gilt allen Menschen, die den Erdkreis bewohnen. Wir glauben, dass alle Menschen von ihrem Schöpfer gleichermaßen geschaffen und mit den gleichen unverlierbaren Rechten begabt und ausgestattet sind. Wir sprechen von den Kindern Gottes, wenn wir das menschliche Geschaffensein in den Blick nehmen, und schließen niemanden aus dieser Perspektive aus. Im Galaterbrief (3,28) schreibt der Apostel Paulus: »Hier ist nicht Grieche (der Begriff Grieche steht für die bewohnte, bekannte Welt außerhalb des Judentums) noch Jude, hier ist nicht Sklave noch freier Bürger, nicht Mann noch Frau, denn ihr seid allesamt einer in Christus Jesus«. Der christliche Glaube zielt seinem Wesen nach auf die Gemeinschaft aller Menschen; und darum kann es nicht die Unterordnung der einen unter die anderen aufgrund der äußeren Merkmale geben. Dieses Denken allerdings kennzeichnet den Rassismus – es bezeichnet zugleich aber die Trennung von Christus.

In den Worten des Apostels wird – drittens – auch deutlich, dass der Antisemitismus, den die neuen Nazis in widerlicher Weise propagieren, sich nicht mit unserem Glauben vereinbaren lässt. Der Bund Gottes mit seinem Volk Israel besteht fort; und der Platz eines jeden Christenmenschen ist an der Seite der Juden.

Antisemitismus gibt es leider auch auf dem anderen Extrem des politischen Spektrums. Es war ein Tiefpunkt der deutschen Parlamentsgeschichte, als am Gedenktag der Befreiung des Vernichtungslagers Auschwitz im Bundestag drei Abgeordnete der Linkspartei dem israelischen Staatspräsidenten Simon Peres die Ehre verweigerten, indem sie sich nicht von ihren Plätzen erhoben.

Bestimmt nicht zuletzt ist die Ablehnung der neuen Nazis darin begründet, dass viel zu viele Menschen in unserem Land in den letzten Jahren rechtsextremistisch motivierte Gewalt erleiden mussten. Gerade in der letzten Woche wurde neuerlich ein kirchlicher Jugendclub in Mittweida überfallen. Wir stehen an der Seite derer, die Opfer der nazistischen Aggressionen geworden sind.

Meine Damen und Herren, liebe Schwestern und Brüder, das alles führt zu einer klaren Position. Wer sich im Geiste Jesu dem Gebot der Nächstenliebe verpflichtet weiß, wird sich gegen die neuen Nazis stellen. Wir wissen auch, dass es kein Zufall ist, was sich unbußfertig, rassistisch, antisemitisch und gewalttätig bemerkbar macht. Es ist eine Ideologie dahinter, die wir leider nur zu gut aus der Geschichte kennen. Es ist ein neues Heidentum, das in dem Schlagwort »Odin statt Jesus« zum Ausdruck gebracht wird und dem christlichen Glauben feindselig gegenüber steht.

So wünsche und hoffe ich, dass die BAG Rechtsextremismus gute und hilfreiche Beiträge in dem Kampf gegen die neuen Nazis leisten wird.

Seid wachsam und nüchtern!

25 Jahre Maueröffnung

Predigt im Eröffnungsgottesdienst der EKD-Synode
Kreuzkirche Dresden, November 2014*

> Ihr aber, liebe Brüder, seid nicht in der Finsternis, dass
> der Tag wie ein Dieb über euch komme. Denn ihr alle seid
> Kinder des Lichtes und Kinder des Tages. Wir sind nicht
> von der Nacht noch von der Finsternis. So lasst uns nun
> nicht schlafen wie die andern, sondern lasst uns wachen
> und nüchtern sein. (1 Thess 5,4–6)

Liebe Gemeinde,

der 9. November war einer der großen Tage in jenem
Herbst der »Friedlichen Revolution«. In diesem Begriff
liegt etwas Staunenswertes. Denn aus Erfahrung verbinden sich mit der Bezeichnung Revolution nicht nur der
Umsturz der gesellschaftlichen Verhältnisse, sondern
auch Gewalttat und Blutvergießen – diese blieben aber
aus. Das Friedliche kam von dem Ruf »Keine Gewalt«, der
kürzestmöglichen Zusammenfassung der Bergpredigt
Jesu, und es schwang darin etwas mit von dem Glauben,

---

* Im November 2014, auf den Tag 25 Jahre nach der Maueröff-
nung tagte die EKD-Synode in Dresden. Im Eröffnungsgottesdienst in der Kreuzkirche habe ich über die nach der Ordnung
vorgesehene Perikope gesprochen; wegen der TV-Übertragung des ZDF ist die Predigt eher kompakt ausgefallen.

der Berge versetzen kann; aber auch ein beschwörender Unterton angesichts höchst realer und begründeter Ängste. Denn es war ja noch in den ersten Oktobertagen vielfach zu Übergriffen und massiven Gewaltanwendungen der »Bewaffneten Organe« gekommen.

In den Jahren, die dem Herbst '89 vorangingen, wurden die umstürzenden Ereignisse unter dem Dach der Kirche vorbereitet. Die Kirchen waren die einzigen Institutionen in der Gesellschaft der DDR, die sich dem Druck des diktatorischen Staates zu widersetzen und trotz aller Pressionen ihr Eigenleben nach ihrem Selbstverständnis zu gestalten wussten. Die Texte der Ökumenischen Versammlungen in Dresden und Magdeburg zu Frieden, Gerechtigkeit und Bewahrung der Schöpfung gewannen eine Tiefenwirkung; sie halfen vielen Christinnen und Christen, in zehrenden Konflikten mit staatlichem Unrecht zu bestehen. In den Monaten dann, die dem Fall der Mauer vorausgingen, in einer Situation, in der das gesellschaftliche Leben erstarrt war, der Machtwille der Partei erschöpft und niemand sonst dem Protest hätte Raum und Stimme geben können, standen die Türen der Kirchen offen, und auch die kleinsten Friedensgebete in den vielen Dorfkirchen entfalteten ihre Wirkung.

Liebe Gemeinde, »...ihr alle seid Kinder des Lichtes und Kinder des Tages«. »Kinder des Lichts«, was für eine Zuschreibung ... große Worte, wie erhebend, sich so angeredet wissen zu dürfen. Nicht etwa Lichtgestalten, die dem Irdisch-Verworrenen enthoben wären, denen das Schwere von vornherein leicht ist, das nicht. Das Christenleben wird gelebt in dieser Welt, in der Hell und Dunkel ineinander übergehen. Aber doch »Kinder des Tages«, »wir sind nicht von der Nacht noch von der Finsternis«. Das ist gut zu hören – wenn es nicht Schwärmerei ist, sondern es Gründe gibt, so von Menschen zu reden. Von der Hoffnung der Christenheit spricht Paulus zu der Gemeinde in Thessaloniki und davon, was sie im Leben bewirkt. Es war die Frühzeit des Glaubens an den Auferstandenen, die Gläubigen hofften auf das Kommen des Gottesreiches und die Frage, wann der Herr wiederkommt, spielte eine große Rolle. Einen Termin gibt es nicht, schreibt ihnen der Apostel – unerwartet, plötzlich wird es sein, man kennt nicht den Tag und nicht die Stunde. Aber darum braucht Ihr Euch nicht zu sorgen, denn Ihr »seid nicht in der Finsternis, dass der Tag wie ein Dieb über euch komme«. Es ist doch hell um euch, die Sicht ist klar; vertraut dem Herrn, hofft auf Christus!

Für die Zeit, bis er kommt, sagt der Apostel, seid wachsam und nüchtern. Das ist die Haltung der »Kinder des Tages«, in der sie den kommenden Tag seiner Herrlichkeit erwarten; sie leben schon hier in seiner Sphäre, die Zeit und Ewigkeit umfasst – sie leben, wozu sie berufen sind!

Ja, »Kinder des Lichts« werden wir genannt und dafür gibt es nur einen Grund: Die Hoffnung, zu der wir berufen sind. Nicht etwa besondere Fähigkeiten, die andere nicht hätten, nicht das Privileg auf ein gutes oder gelingendes Leben, das anderen versagt bliebe. Auch nicht politische Einsichten, die anderen verschlossen wären. Sondern die Hoffnung auf den Auferstandenen macht uns zu »Kindern des Tages«, und zu Freigesprochenen.

Vor 25 Jahren taten zahlreiche unerschrockene Christenmenschen mutig und mit Gottvertrauen das Gerechte. Sie waren wachsam und nüchtern geblieben, die Hoffnung hatte sie stark gemacht und unter Bedrückung getragen. Es war eine friedliche und auch eine protestantische Revolution, denn zu einem guten Teil wurde sie von evangelischen Christinnen und Christen gemacht. In aller Demut dürfen wir sagen, dass das Jahr '89 eine angefochtene Kirche sah, die doch ihrem Herrn treu geblieben war.

Liebe Gemeinde, »wachsam und nüchtern sein«, das ist der ganzen Kirche gesagt und gilt, bis der Herr kommt. Auch in dieser Zeit der Freiheit, die vor 25 Jahren begann. Das Ende der Geschichte, wie damals manche meinten, war es nicht, auch nicht der Beginn des »Ewigen Friedens«, so sind die Menschen nicht. Da sind die furchtbaren Verbrechen des »Islamischen Staates« in Syrien und Irak, der nicht endende Konflikt im Heiligen Land, der nahe Krieg in der Ostukraine, die politische Krise der EU; da ist die Frage, wie wir den Flüchtlingen, die zu uns kommen, helfen und mitmenschlich handeln können. Unter den Bedingungen der Globalisierung ist es nicht länger möglich, sich zurückzulehnen und distanziert zuzuschauen, was anderswo geschieht. Schon gar nicht für die Deutschen, die überall präsent sind und Einfluss nehmen noch auf das ferne Leben, wirtschaftlich, kulturell, technologisch. Es gibt keine Nische, in die Deutschland sich zurückziehen könnte, auf dessen Möglichkeiten viele erwartungsvoll sehen. Längst ist unser Wohl und Ergehen untrennbar verknüpft mit dem der anderen in der Einen Welt. Und das ist keine Zumutung, sondern die Perspektive des Glaubens – die Erde ist des Herrn (Ps 24,1).

Was an uns liegt, die wir als »Kinder des Lichts« angeredet werden – wir hoffen und sehen auf Christus, der uns entgegenkommt. Wachsam und nüchtern sollen wir in der Zeit stehen; also vergessen wir an diesem Tag den November 1938 nicht und was ihm folgte, also sehen wir demütig auf unsere Geschichte, weichen ihr nicht aus. Erst die Hoffnung lässt den Blick klar werden für die Gerechtigkeit, die ein Volk erhöht (Spr 14,34) – auch das gilt, bis der Herr kommt.

Amen.

Richte unsere Füße auf den Weg des Friedens
Aufruf zu einem toleranten Miteinander

Predigt anlässlich der 22. Weihnachtlichen Vesper auf
dem Dresdner Neumarkt, 23. Dezember 2014*

Liebe Gemeinde,

kurz vor dem Bericht über die Geburt Jesu, den wir in jedem Jahr hören, ganz am Beginn der Erzählung des Evangelisten Lukas vom Leben, Sterben und Auferstehen Jesu
Christi heißt es:

> Und du, Kindlein, wirst ein Prophet des Höchsten heißen.
> Denn du wirst dem Herrn vorangehen, dass du seinen Weg
> bereitest und Erkenntnis des Heils gebest seinem Volk in der
> Vergebung ihrer Sünden, durch die herzliche Barmherzigkeit
> unseres Gottes, durch die uns besuchen wird das aufgehende
> Licht aus der Höhe, damit es erscheine denen, die sitzen in
> Finsternis und Schatten des Todes, und richte unsere Füße auf
> den Weg des Friedens. (Lk 1,76–79)

---

* Alljährlich versammelt sich am 23. Dezember auf dem Dresdner Neumarkt vor der Frauenkirche eine große, festlich ge-
stimmte Gemeinde. Etwa 20.000 Menschen kommen zur
»Weihnachtlichen Vesper«, die von der Gesellschaft zur Förderung der Frauenkirche durchgeführt wird. Es ist der größte
regelmäßig unter freiem Himmel stattfindende Gottesdienst
in Deutschland, bei dem auch der Ministerpräsident des Freistaates Sachsen redet und die Oberbürgermeisterin der Lan-
deshauptstadt ein Gebet spricht. Begonnen hat die Tradition
1993 mit dem Wiederaufbau – als die Heiligabendvesper nicht

So redet der Vater Johannes des Täufers zu seinem neugeborenen Sohn; später dann soll er dem Mann aus Nazareth vorangehen und die Menschen auf Jesus vorbereiten, auf seine Handlungen und Worte. Auf Christus soll er hinweisen, in dem das Heil der Menschheit zu finden sein wird, er ist »das aufgehende Licht aus der Höhe«. Zu den Menschen wird er kommen nur aus einem Grund – um Gottes Barmherzigkeit willen. »Barmherzigkeit« – das ist eines der schönsten Worte der Bibel, die auch deswegen das »Buch der Bücher« genannt wird, weil sie so reich ist an verheißungsvollen Wörtern.

Das Wort »Barmherzigkeit« gewinnt seinen Klang von den Handlungen, die es bezeichnet: dass Menschen einander zum Leben helfen und mitleidig sein können und sich mit einem mitfühlenden Herzen den Schwachen zuwenden, dass sie sich von der Not eines anderen anrühren lassen. Wer so handelt, den nennen wir barmherzig.

Vor gut fünf Jahren hat Präsident Obama die Frauenkirche besucht, ganz zu Beginn seiner Präsidentschaft,

---

in der Kirche gefeiert werden konnte. Dann versammelte die Gemeinde sich erwartungsvoll und in Vorfreude auf der Baustelle. Erstaunlicherweise ist der Zulauf unverändert hoch geblieben, nachdem Weihnachten 2005 zum ersten Mal die Gottesdienste zum Christfest in der Frauenkirche stattfanden; seit 2012 überträgt der MDR das Ereignis live.

2014 gingen in den Wochen vor der 22. Vesper die politischen Leidenschaften in der Stadt hoch, als sich an jedem Montagabend viele Befürworter und Gegner der PEGIDA-Bewegung zu Kundgebungen versammelten.

ein junger, unverbrauchter Mann. Wir hatten die Ehre, ihm die Frauenkirche vorzustellen und die Ehre wurde uns zu einer Freude. Denn ganz zu Beginn des Rundgangs gab es einen Moment der Nähe, der das Steif-Formelle zurücktreten ließ. Wir sahen hoch in die Kuppel und ich erklärte dem Gast die Deckengemälde: die Bilder der vier Evangelisten und die Abbildungen der Christlichen Tugenden, von denen der Apostel Paulus schreibt, Glaube, Hoffnung und Liebe. Vier Evangelisten, drei Tugenden – ein Feld bleibt dann noch frei; und als ich Herrn Obama fragte, was man denn in das achte Feld gemalt habe, lächelte er und sagte: Barmherzigkeit. Ja, so ist es, so hatte man sich am Anfang des 18. Jahrhunderts entschieden und selbstverständlich auch beim Wiederaufbau.

Barmherzigkeit ist eine Tugend, sie ist Ausdruck einer persönlichen Haltung, spricht von der Menschlichkeit eines Menschen, und gereicht jedem und jeder zur Ehre. Verlangen, fordern kann man sie von niemandem. Sondern nur darauf hoffen, dass es barmherzige Menschen gibt, die in dem Moment, in dem es darauf ankommt, aus freien Stücken sich erbarmen, das Hilfreiche tun, das dem Zusammenleben dient, die Not wendet. Wie gut, wenn es barmherzig zugeht unter uns; darin spiegelt sich die Barmherzigkeit Gottes.

Liebe Gemeinde, wir leben in einer Zeit weltweiter Wanderungsbewegungen; erschrocken sehen wir auf die furchtbaren Verbrechen der Terrorbande, die sich »Islamischer Staat« nennt und auf die Not der Flüchtlinge, die Vertreibung der Christen aus Syrien und dem Irak. Welche Regeln der Einwanderung in unserem Land gelten sollen, darüber kann man unterschiedlicher Meinung sein und streiten – niemand wird behaupten wollen, dass in den zurückliegenden 30 Jahren keine Fehler gemacht worden wären. Während man sich auf der einen Seite des politischen Spektrums lange der Aufgabe verweigert hat, die Einwanderung zu gestalten, erging man sich andererseits in illusionären Vorstellungen von Multikulturalität. Worüber aber nicht gestritten werden kann, ist die Verpflichtung des Staates zu Humanität; sie ist sein tragender Grund. Und dazu gehört die Aufnahme von Flüchtlingen. Bei uns in Sachsen kann nicht im Entferntesten die Rede davon sein, die Integrationsfähigkeit der Gesellschaft sei überfordert. Wer anderes sagt, wie bei PEGIDA zu hören, schürt Ängste, für die es keinen realen Grund gibt. Aus Angst aber wächst nichts Gutes; dafür braucht es Respekt vor anderen Religionen und Kulturen. Ohne Gespräch kann das Zusammenleben nicht gelingen und für unsere Stadt hoffe ich, dass wir im neuen Jahr einen Weg finden, miteinander zu reden. Nach der Demonstration muss der Dialog kommen.

Liebe Gemeinde, Barmherzigkeit ist noch etwas anderes als Politik, die an Recht und Gesetz gebunden ist. Sie geht mich und Dich an, und keine Instanz dazwischen. Jesus, den der Vater des Johannes hier das »Licht aus der Höhe« nennt, hat vorgelebt, was Barmherzigkeit ist; so wurde er zum Licht der Welt. Einmal hat er den Seinen gesagt: *Ihr* seid das Licht der Welt. Es ist ein gewaltiger Anspruch darin und wir werden einen gewissen Zweifel empfinden – ob er zu hoch von uns denkt? Ein Licht für die Welt sein, in der es so viel Dunkelheit gibt, kalte Gleichgültigkeit, unversöhnliche Feindschaft, Kriege, 50 Millionen Flüchtlinge – wie sollten wir Christenmenschen da ein Licht entzünden können? Unsere Möglichkeiten sind begrenzt, unser Handeln ist oft widersprüchlich, auch irren wir. Wir bleiben fehlbare Menschen, ein Teil der Welt mit ihren Grautönen und dem Dunkel darin – aber indem wir Jesus Christus vertrauen, nachfolgen, und unseren Nächsten lieben wird die weltweite Gemeinschaft der Kirche zum Licht der Welt. Gebe Gott, dass wir erkennbar werden durch die Werke der Barmherzigkeit, dass wir dem Gebot Jesu folgen und allen Menschen, mit denen wir in unserem Land das Leben teilen, im Geist der Nächstenliebe begegnen; zuerst den Schwachen und auch den Flüchtlingen. In den Gottesdiensten an den Weihnachtstagen werden die Gemeinden wiederum hören, dass die Heilige Familie vor Verfolgung flüchten musste (Mt 2,13 ff.) – die Worte der Bibel sind klar. Ich möchte allen danken, die sich in diesen Tagen um die Flüchtlinge in unserem Land bemühen. Es ist gut zu sehen, dass Freiwillig-Ehrenamtliche Deutschkurse geben oder mit den Kindern spielen oder Asylbewerbern bei Behördengängen beistehen. Jesus hat einmal gesagt und sich unmissverständlich ausgedrückt: In den Hungrigen, den Flüchtlingen, den Kranken begegnen wir ihm selbst (Mt 25,43.45). Daran sind wir Christinnen und Christen gebunden und können nicht anders, als denjenigen zu widersprechen, die anderes wollen, was nicht christlich wäre. Morgen beginnt das Christfest, an dem das Licht aus der Höhe uns aufscheint. Christus kommt, damit wir zur Barmherzigkeit finden.

Amen.

Kirchliche Impulse

Unser Land hat nichts so nötig wie Glauben, Hoffnung und Liebe

Fünf Jahre Unterzeichnung der Gemeinsamen Erklärung zur Rechtfertigungslehre

Predigt zur Ökumenischen Vesper »Kirchen auf dem Weg«, Dresden, 30. Oktober 2004*

> Einen andern Grund kann niemand legen als den, der gelegt ist, welcher ist Jesus Christus. (1 Kor 3,11)

Liebe Gemeinde,

überraschend viele Menschen, auch aus unseren beiden Kirchen, haben im vergangenen Jahr den Lutherfilm gesehen. Mich hat besonders eine Szene fasziniert, in der der

---

* Das ökumenische Miteinander der Kirchen ist in Sachsen von herzlicher Gemeinsamkeit bestimmt. In den Jahrzehnten der DDR galt der Angriff des diktatorischen, atheistischen Staates dem christlichen Glauben und insofern unterschiedslos allen Konfessionen. Darüber ist eine Nähe entstanden, die viele Christenmenschen das Gemeinsame entdecken und die Einsicht wachsen ließ, dass die Verbindung mit den Glaubensgeschwistern stärker ist als das (noch) Trennende. Diese Erfahrungen wirken fort.

Bischof Joachim Reinelt, der nach dem Krieg als Flüchtling nach Sachsen gekommen war, hat oft erzählt, wie unkompliziert und herzlich die Katholiken in den evangelischen Kirchgemeinden aufgenommen und die Kirchen geöffnet wurden, so dass die Messe gefeiert werden konnte. So hat er als junger

Reformator eine besondere Probe zu bestehen hat. Es ist die Nacht zwischen seinen beiden Auftritten vor dem Reichstag zu Worms 1521. Am 17. April war es ihm nicht gelungen, seine Sache stark und unbeirrt zu vertreten. Die Gegenwart so vieler Mächtiger dieser Erde hatte ihn schwanken lassen. Immerhin, man hatte ihm Aufschub bis zum nächsten Tag gewährt. In der Nacht kämpfte Luther, so stellt es der Film dar, und so war es auch, einen einsamen Kampf mit seiner Angst, mit dem Teufel, mit Gott. Es ist eine Qual, die ihn fast zerreißt, in einer Stunde der Entscheidung. Sein Verständnis von der Wahrheit und seine Hingabe an sie, die Erinnerung an die langen Jahre der Suche und nun die Herausforderung, bestehen zu müssen in äußerster Anfechtung. Später einmal hat er gesagt: »Gott behüte uns vor den hohen Anfechtungen ... wenn man nicht weiß, ob Gott Teufel oder der Teufel Gott ist.«

Nicht viele suchen in solch unbedingter Weise die Wahrheit und den Weg zu einem geheilten Leben, zu Gott. Die ganze Persönlichkeit, das ganze Leben und alle seine Vollzüge waren in dieses Geschehen hineingenommen.

Aber die Frage, um die es Luther ging, war auch jeden Einsatz wert. Sie ist auch für uns Heutige die Frage, an der sich unser Verhältnis zu Gott entscheidet – und ob wir ihn finden. Der Apostel Paulus, ohne den Luther wohl nicht zu seiner Erkenntnis gefunden hätte, sagt, dass es zwei Wege

---

Kaplan die lutherische Spiritualität schätzen gelernt, wie auch das Leben und die geistlichen Prägungen in den evangelischen Pfarrhäusern. In seinem Beisein habe ich in diesem Vespergottesdienst gepredigt.

gibt, um in unserem Leben das Heil zu finden, wie der Heilswille des heiligen Gottes zu seinem Ziel kommt. Da ist zunächst der Weg des Gesetzes, der moralischen Anstrengung, des immerwährenden Versuches, edel, hilfreich und gut zu sein. Es ist das ein Weg, von dem man nur in Hochachtung und Respekt sprechen kann. Aber er ist angesichts der Wirklichkeit der Welt und des in sie verwobenen Bösen für den Apostel nicht hinreichend tragfähig. Eine Illusion, die zu sehr darauf vertraut, dass wir der Versuchung widerstehen werden. Nein, sagt Paulus, alle unsere Anstrengungen werden nicht ausreichen, um das heile Leben zu gewinnen. Der Weg der Moral, des Gesetzes basiert auf Annahmen über die menschlichen Möglichkeiten, die zu optimistisch sind. Ein Leben ohne Scheitern kann es aber nicht geben, und unser Scheitern vor den moralischen Ansprüchen hat auch nicht den Charakter von Ausrutschern, die beiläufig geschehen, ohne etwas zu bedeuten. Vielmehr markieren sie die Orte, an denen wir das heile Leben verfehlen und Böses geschieht. Auf Vergebung bleiben wir immer angewiesen.

Für Paulus gibt es nur einen Weg, der uns zum Heil führen kann – dass wir nämlich das Geschenk Gottes an uns Menschen dankbar annehmen und es im Glauben ergreifen. Das Geschenk ist Christus, der Auferstandene, der nicht dem Tod und dem Bösen verhaftet blieb. Das Christusgeschehen ist das große heilende Angebot Gottes, dem wir vertrauen und auf das wir uns einlassen können im Glauben und allein im Glauben. Wer es annimmt, verlässt sich auf Gott, findet in ihm den Urgrund seines Lebens – und wird dann aus dieser Gewissheit heraus leben und handeln. In ihr kann uns dann auch das Edle, Hilfreiche und Gute gelingen. Das Leben gewinnen wir aber im Ergreifen des Glaubens, nicht anders. Den gnädigen, unserem Leben einen Sinn gebenden Gott werden wir in Christus, dem Auferstandenen, finden. Sein Tod am Kreuz ist das Zeichen, dass Gott selbst ein Mensch geworden ist wie wir es sind. Unsere Wege sind auch seine Wege, er kennt unsere Versuchungen und hat die Macht des Bösen selbst erfahren in der Erniedrigung und dem Leiden der Kreuzigung. In der Verlassenheit des Gekreuzigten erkennen wir die Notsituationen unseres eigenen Lebens – und verstehen, dass wir in ihm geheilt sind. In ihm finden wir den Zuspruch und die Gnade, die dem Bösen wehren und das Leben heilen. Den gnädigen Gott, der Rechtfertigung schenkt.

Heute, liebe Gemeinde, begehen wir in Dankbarkeit den fünften Jahrestag der feierlichen Unterzeichnung der Gemeinsamen Erklärung zur Rechtfertigungslehre durch den Lutherischen Weltbund und die Römisch-Katholische Kirche am 31. Oktober 1999 in Augsburg, dem Reformationstag. Dieser Tag wird in Erinnerung bleiben als der, an dem nach jahrzehntelangen Bemühungen um eine Verständigung festgestellt werden konnte, dass zwischen unseren Kirchen ein Konsens in Grundwahrheiten der Rechtfertigungslehre besteht. Mit Gottes Hilfe wurde ein bedeutender Meilenstein auf dem gemeinsamen Weg unserer Kirchen hin zur Einheit erreicht. Kardinal Kasper, Präsident des Päpstlichen Rates zur Förderung der Einheit der Christen, und Pfarrer Dr. Noko, der Generalsekretär des Lutherischen Weltbundes, schreiben: »Wir haben einander die Hände gereicht und wollen sie nicht wieder loslassen.« Dazu gehört auch, dass die wechselseitigen Lehrverurteilungen die römisch-katholische und die lutherische Lehre, wie sie in der Gemeinsamen Erklärung dargelegt werden, nicht treffen. Das ist angesichts der Gegensätze, die in vergangenen Jahrhunderten das christliche Zeugnis in unserem Land belastet haben, wahrhaftig ein Grund zur Freude.

Ein ebenso großer Grund zur Freude ist es aber auch, dass in den zurückliegenden Jahren und Jahrzehnten eine herzliche Gemeinschaft im ökumenischen Leben unserer Kirchgemeinden gewachsen ist. Es ist geprägt von gegenseitigem Vertrauen, das in vielen gemeinsamen Begegnungen und Aktionen gewachsen ist. Gerade auch in den Herausforderungen, vor die ein totalitärer Staat, der dem christlichen Glauben feindlich gegenüberstand, alle christlichen Kirchen gestellt hat, sind wir einander sehr nahe gekommen. Zu dieser Nähe hat auch das ökumenische Gespräch über die Lehrfragen – und die in ihm erzielten Fortschritte – ein gutes Stück beigetragen. So erinnern wir uns an diesem Tag dankbar an das gute Miteinander, das der Unterzeichnung der Gemeinsamen Erklärung vorangegangen ist. Wir werden auf diesem Weg weiter voranschreiten. Noch haben wir unterschiedliche Auffassungen über manche Lehrgegenstände, und nicht in allen Fragen, die wir miteinander bereden, ist zu erkennen, wie wir zu einer Einigung kommen sollten. Die Wahrheit und die Schönheit des christlichen Glaubens stehen uns aber immer vor Augen. Und wir wissen auch, dass die Wahrheit Gottes immer größer sein wird als unsere stammelnden Versuche, sie zum Ausdruck zu bringen. So wollen wir also uns an diesem Tag freuen über das, was möglich geworden ist, und gleichzeitig zuversichtlich auf die ökumenische Gemeinschaft unserer Kirchen in den nächsten Jahren sehen.

Denn auch dies ist ja wahr und für jedermann zu sehen: Unser Land hat nichts so nötig wie Glauben, Hoffnung und Liebe, ein kräftiges Zeugnis für Jesus Christus, den Anfänger und Vollender des Glaubens und die Grundlage allen Lebens. »Einen andern Grund kann niemand legen als den, der gelegt ist, welcher ist Jesus Christus.«
Amen.

Perspektive 2020 – wider den Geist der Verzagtheit

Oder: Vom Umgang mit einer Versuchung

Vortrag zu den Pfarrertagen*, September 2006

Liebe Schwestern und Brüder,

in den letzten Monaten war im »SONNTAG« eine interessante Artikelserie zu lesen, in der verschiedene Autoren unserer Landeskirche ihre Vision für das Jahr 2020 beschrieben haben. Der Rat der EKD hat in diesem Sommer ein Impulspapier »Die Kirche der Freiheit« veröffentlicht, das sich mit dem Ausblick für das Jahr 2030 beschäftigt. Das Interesse an den Zukunftsperspektiven unserer Kirche kommt nicht von ungefähr, denn die Wirklichkeit unseres kirchlichen Lebens zu Beginn des 21. Jahrhunderts ist gekennzeichnet durch gravierende, sich überlagernde und teilweise gegenläufige Prozesse, die tiefgehende Veränderungen bewirken. In ihnen liegen Ungleichzeitigkeiten, die auch das Leben und den Dienst der Pfarrerinnen und Pfarrer in der Landeskirche entscheidend mitbestimmen werden.

Da sind zum einen die gesellschaftlichen Entwicklungen, von denen die Kirche als Teil der Gesellschaft nicht

---

* Die Pfarrertage sind in der sächsischen Landeskirche traditionell Orte der theologischen Vergewisserung und des Gesprächs, auch der Auseinandersetzung.

anders betroffen ist als alle anderen gesellschaftlichen Gruppen und Zusammenschlüsse auch. Hierzu gehören in erster Linie die niedrige Geburtenrate sowie die Verlängerung der Lebenserwartung, die zu dem inzwischen hinreichend bekannten und viel diskutierten Phänomen der Überalterung (man sollte korrekterweise von Unterjüngung sprechen) führt. Immerhin werden in christlichen Familien mehr Kinder geboren als im gesellschaftlichen Durchschnitt; jedoch ist der Unterschied nicht so signifikant, dass er besondere Perspektiven eröffnen würde.

Zum anderen wird die sächsische Landeskirche durch die parallel stattfindenden Prozesse in den ländlichen Räumen beeinflusst. Dabei geht es um die Folgen veränderten Wirtschaftens, die dazu führen, dass sich die Arbeitsplätze aus den ländlichen Regionen des Landes verlagern und demzufolge eine starke Abwanderung junger Menschen mit sich bringen. Die positiven Entwicklungen, die für die sächsischen Großstädte Dresden und Leipzig verzeichnet werden können (mit Einschränkungen auch für Chemnitz) sind, auf das Ganze der Landeskirche gesehen, bei Weitem nicht ausreichend, um die Verluste an Bürgerinnen und Bürgern bzw. Gemeindegliedern in den ländlichen Regionen ausgleichen zu können.

Ein nüchterner Blick auf die Realität des kirchlichen Lebens in diesen Zeiten wird zur Kenntnis nehmen müssen, dass die Kirchen in ihrer institutionellen Gestalt schwach geworden sind. Es ist ein beträchtlicher Unterschied für die kirchlichen Handlungsmöglichkeiten, ob 95 % der Bevölkerung der Kirche angehören (wie das in Sachsen noch 1953 war) oder ob sie (wie es aktuell der Fall ist) nur etwa 25 %

der Bevölkerung an sich bindet. Die aktuelle Jugendstudie der sächsischen Staatsregierung zeigt, dass 19 % der Jugendgeneration der Kirche angehören. Die Ursachen für diese Prozesse sind bekannt, sie liegen in dem Kampf des atheistischen Staates gegen die Kirche in den DDR-Jahrzehnten. Aber das ist nur ein Teil der Wahrheit. Nicht zuletzt der Blick auf die Situation der westdeutschen Landeskirchen, in denen in den vergangenen Jahrzehnten ebenfalls erhebliche Schrumpfungsprozesse stattgefunden haben – und dies unter den Bedingungen der Freiheit – zeigt, dass die Schwächung der Kirche durch den Abschied so vieler Menschen aus ihrer institutionellen Gestalt letzten Endes im Bereich des geistigen Lebens begründet, eine Folge der Abwendung vom Evangelium ist. Die Aufklärung und ihre Folgen bestimmen das Leben in Mitteleuropa nunmehr seit etwa 250 Jahren und das »Verblassen« des Gottesgedankens ist über diesen Zeitraum hinweg zu beobachten.

Alle so beschriebenen Entwicklungslinien sind langfristiger Natur. Der geringer werdende Personaleinsatz in der Landwirtschaft als Folge ihrer Industrialisierung ist ein Prozess, der sich seit mehr als 100 Jahren auf die Wirtschaftsstruktur in Deutschland und Europa prägend auswirkt. Auch die demografischen Entwicklungen, die generell ihre Auswirkungen über sehr lange Zeiträume entfalten, haben bereits in den 1960er Jahren begonnen und sind in ähnlicher Weise in allen entwickelten Industriegesellschaften zu beobachten. Wenn es in der DDR durch die sogenannten sozialpolitischen Maßnahmen auch in den 80er Jahren zu einem gewissen Anstieg der

Geburtenzahlen kam, so wurden diese nach der politischen Wende der Jahre 1989/90 doch wieder rückläufig.

In diesem Zusammenhang ist es auch wichtig, sich in aller Nüchternheit zu vergegenwärtigen, dass die Landeskirche besonders überaltert (unterjüngt) ist, als die Gesellschaft insgesamt; sie ist darum noch stärker von den Schrumpfungsprozessen betroffen. Die generativen Zusammenhänge (Nichtgeborenen folgen weder Kinder noch Urenkel) gelten offensichtlich auch für das Phänomen der Taufverweigerung. Der Abschied der Großeltern von der Kirche wirkt sich bis in die Kindeskindergeneration aus, weil der Zusammenhang von Taufe und Katechese dauerhaft unterbrochen ist.

Die Kirchenleitung geht davon aus, dass die Landeskirche im Jahr 2020 etwa 650.000, im Jahr 2030 etwa 530.000 Gemeindeglieder haben wird.

In all dem liegt eine Versuchung, nämlich zur depressiven Verstimmung, oder, um es mit Paul Watzlawick zu sagen, man kann diese Prozesse auch als eine »Anleitung zum Unglücklichsein« sehen. Denn natürlich ist es leichter und angenehmer, Wachstum zu erleben und zu gestalten als Schrumpfung erleiden zu müssen. Es ist eine Grundregel allen Lebens, dass Dynamik aus sich heraus neue Dynamik freisetzt; dagegen kann es nicht anders denn als Belastung empfunden werden, in einer Situation der Schwäche und des Abnehmens der Kräfte unentwegt mit einer stärkeren, kraftvolleren Vergangenheit konfrontiert zu werden. Insofern liegt in den nun seit vielen Jahren andauernden Schrumpfungsprozessen unserer Kirche und der Aussicht, dass sie sich weiter fortsetzen werden, eine Gefährdung, sowohl für das Kirchesein als auch für das Leben der Christinnen und Christen in ihr. Ich meine sagen zu müssen, dass es eine Situation für unser kirchliches Handeln ist, in der wir in einem geistlichen Sinne »versucht« sind. Die Versuchung liegt darin, in einer schrumpfenden Kirche nicht die angemessenen Antworten auf die geistigen und vor allem auf die geistlichen Herausforderungen der Zeit finden zu können, sondern sich dem depressiven Moment hinzugeben, das den Prozessen schwindenden Rückhalts und abnehmender Möglichkeiten innewohnt. Die Herzensträgheit ist, wie wir wissen, schon in der alten Kirche als eine Gefährdung angesehen worden.

Es war mir interessant, in der Vorbereitung auf die Visitation in Freiberg in der Visitationsakte des Landesbischofs Dr. Hempel von 1975 gleich auf der ersten Seite ein Zitat aus der Pfarrerschaft zu finden: »Das Gerede von den kleiner werdenden Gemeinden muss endlich aufhören«. Wie wir alle wissen, hat es nicht aufgehört, denn es ist ja kein bloßes Gerede, sondern Ausdruck höchst schmerzhafter Wirklichkeit und beschäftigt uns – und zumal in solchen kraftaufwändigen Prozeduren, wie Strukturreformen im Verkündigungsdienst oder im Bereich der Verwaltung – auch in diesen Tagen erheblich. Stoßseufzer oder Beschwörungen, so nachvollziehbar sie auch sind, werden uns nicht weiterhelfen.

Vielmehr stehen wir vor der Aufgabe, zu einem überlegten und verantworteten Umgang mit der uns begegnenden Versuchung zu kommen. Dafür sind 1. geistliche, 2. professionelle und 3. konzeptionelle Aspekte in den Blick zu nehmen und zu bedenken.

1. Geistliches:

Wir stehen unter einer Verheißung, die mit dem Auftrag der Verkündigung des Evangeliums von Jesus Christus geschenkt ist. Es ist das Versprechen, dass der Herr uns in unserem Dienst begleitet; und wie auch immer das Leben der Kirche sich entwickelt, seine Treue zu ihr steht nicht infrage – auch nicht in Zeiten der Schrumpfung – so lange wir glaubend und in Demut die Frage, ob wir unserem Herrn treu sind, mit Ja beantworten. Wer wollte behaupten, dass es irgendeine Generation in der »Wolke der Zeugen« vor uns gegeben hätte, deren Aufgaben leichter oder mit weniger Mühsal verbunden gewesen wären als die unseren? Wann je hätte es Äcker ohne Steine und Dornen gegeben? Wir sollten uns vergegenwärtigen, dass es sich bei dem Phänomen von Wachsen und Vergehen um ein Grundgesetz des Lebens handelt, wie es die unablässige Wiederholung des Einatmens und Ausatmens ist; und selbstverständlich ist das eine wie das andere von dem Segen Gottes umfasst. Ich sehe es so, dass die Kirche Jesu Christi in diesen Tagen auf Zeichen wartet, mit denen ihr Aufbruch zu einer Phase neuen Wachstums beginnen kann; und es geht darum, liebe Schwestern und Brüder, wie wir mit unseren Möglichkeiten dazu helfen können. Das geistliche Leben hält vielfältige Segnungen bereit, die uns helfen, mit der Versuchung, gerade und auch mit der zur Depression, umzugehen und Ohnmachtserfahrungen zu ertragen.

Zuallererst wird es insbesondere für die Pfarrerinnen und Pfarrer darauf ankommen, das eigene geistliche Leben nicht als Instrument zur Aufgabenerfüllung zu missbrauchen; es sozusagen unter einem funktionalen Vorzeichen zu betrachten. Es ist nicht so, dass wir geistlich leben müssten, weil wir geistliche Aufgaben haben. Vielmehr geht es darum, für sich selbst und um der eigenen Person willen die vertrauten und klaren geistlichen Regeln zu beachten, die sich über lange Zeiträume bewährt haben, und sie stets aufs Neue einzuüben. Besonders wichtig ist mir der schlichte Grundsatz *ora et labora* geworden, also dem Auftrag zur Weltgestaltung nachzukommen in einer durch das Gebet bestimmten Haltung zur Wirklichkeit. Die benediktinische Regel will gelebt und entfaltet sein in

– dem angemessenen Verhältnis von Anspannung und Entspannung; bzw. in der ausgewogenen Be- und Entlastung von Körper und Geist;
– dem gemeinschaftlichen Leben, das im Wechsel von Geben und Empfangen gestaltet sein will;
– der seelsorgerischen Dimension: nicht nur Seelsorger zu sein, sondern Seelsorge in Anspruch zu nehmen – als eine permanente Begleitung der beruflichen Arbeit ist aus meiner Sicht eine dauerhafte Verbindung zu einem Konfessionar hilfreich;
– in der täglichen Begegnung mit dem Wort der Heiligen Schrift, unter der hoffnungsvollen Erwartung, in ihm Gott zu begegnen.

Darüber hinaus gehört es zu den Kennzeichen des geistlichen Lebens, dass es eine missionarische Orientierung besitzt und sich nicht nur auf die Pflege des Inneren beschränkt. Seine Außenorientierung ist also in gewissem

Sinne unverzichtbar. Die geistliche Dimension des Umgangs mit der Versuchung fand ich in einem Wort von Bischof Axel Noack wunderbar zusammengefasst: »Wir müssen es lernen, den Schrumpfungsprozess fröhlich und gelassen zu gestalten und gleichzeitig wieder mehr werden zu wollen«. Diese geistliche Lernaufgabe ist jedem von uns gestellt.

2. Professionell:

Aber auch für das berufliche Handeln der Pfarrerin und des Pfarrers steckt in der gegenwärtigen Situation, die von starken Belastungen geprägt ist, eine große Herausforderung. Vier Dimensionen des professionellen Umgangs erscheinen mir bedeutsam:

– Die Analyse der Gemeinde- und Arbeitssituation muss als kontinuierliche Aufgabe verstanden werden, die niemals zu einem Ende gebracht werden kann, sondern zu jeder Zeit die eigenen beruflichen Aktivitäten auf den Prüfstand stellt. Es ist also zwingend erforderlich, übrigens besonders für den mit seiner Arbeit »total« Identifizierten, in regelmäßigen Abständen das eigene Tun und Lassen gewissermaßen »von außen« zu betrachten, also mit einem nüchternen Blick.

– Dabei geht es nicht zuletzt um den angemessenen Einsatz der eigenen Kräfte: Arbeite ich an den Stellen, die für eine gute Entwicklung der Gemeinde bedeutsam sind – oder verkämpfe ich mich auf Nebenschauplätzen?

– Folge ich im alltäglichen »Betrieb« der Konzeption, die der Arbeit zugrunde liegt? Oder habe ich unmerklich die

Ziele aus dem Blick verloren? Gerade in schwierigen Situationen kommt es darauf an, in klarer Zielorientierung Leitlinien für das eigene Handeln zu entwickeln und zu verfolgen, sie kontinuierlich auszuwerten und fortzuschreiben.

– Die vertrauten und hilfreichen Elemente der Entlastung, also Visitation, kollegiale Beratung im Konvent und der Austausch in der Ephoralkonferenz sind vielfach und über lange Zeiträume bewährt. Unter unseren Bedingungen gewinnen sie weiter an Bedeutung; aber auch die neueren Instrumente, wie Fortbildung, Supervision und Jahresgespräch gehören in diesen Zusammenhang und sind geeignete Hilfsmittel. Bei alldem handelt es sich ja um Handeln in Gemeinschaft – und das ist gegenüber jeder depressiven Stimmung oder auch Versuchung ein unentbehrliches und zuverlässig wirksames Therapeutikum.

3. Konzeptionell:
Drittens gibt es auch eine konzeptionelle Dimension kirchenleitenden Handelns, die in die Betrachtung einbezogen gehört. Ich nenne acht Aspekte.

– Wenn wir auch im strengeren Sinne uns nicht länger als Volkskirche verstehen können, so ist doch das Konzept von der Kirche in der Mitte der Gesellschaft nach wie vor tragfähig. Eine Minderheitskirche, die sich als Kirche für das Volk versteht, hat große missionarische Chancen, die wir sicherlich noch nicht alle ausschöpfen. Immer wieder ist in den letzten Jahren darüber gesprochen worden, ob die Verhältnisse uns nötigen, radikale Schritte einzuleiten, die dann zu einem Bruch mit dem genannten Konzept führen würden. Ich kann dazu keine Notwendigkeit erkennen und angesichts der engen Grenzen freikirchlicher Möglichkeiten ist für mich persönlich eine Alternative nicht in Sicht. Vielmehr wird es in den nächsten Jahren darauf ankommen, dass wir uns als Missionskirche verstehen und unsere Möglichkeiten in dem gegebenen Rahmen ausschöpfen.

– Wir sollten uns darum bemühen, keine weißen Flecken entstehen zu lassen. Dabei wäre unter »weißen Flecken« zu verstehen, dass es in unserem Land Orte gäbe, an denen kein Leben der christlichen Gemeinde stattfindet. Auch in den kleinsten Dörfern gibt es ja – Gott sei Dank! – Gemeinden Jesu Christi, die den Auftrag der Kirche an ihrem Ort tragen. Auch sie haben ein Recht auf Unterstützung durch die Landeskirche – selbstverständlich nach der Maßgabe des Möglichen und den Erfordernissen des Nötigen. Insoweit halte ich es für geboten, die Verantwortung der Kirchgemeinden zu stärken und sie in ihrer Aufgabenstellung Gemeinde Jesu Christi im Dorf zu sein, nicht aus dem Blick zu verlieren, sondern mit Liebe und Dankbarkeit zu unterstützen. Die landeskirchliche Struktur dient dem im Zusammenwirken von Dienstleistung, Verwaltung und Aufsicht. Das gilt, solange es gelingt, einen Kirchenvorstand zu wählen. Erst wenn diese Bedingung nicht mehr erfüllt werden kann, müsste entschieden werden, ob die Selbstständigkeit der Gemeinde aufzugeben ist.

– In vielen Regionen ist eine verbesserte Zusammenarbeit und ein Zusammenrücken der Kirchgemeinden um der

Erfüllung der Aufgaben willen, sowohl im Verkündigungsdienst wie auch in der Verwaltung, dringend geboten. In diesem Zusammenhang steht mir zum Beispiel die Belastung vor Augen, die für einige Amtsschwestern und -brüder darin liegt, dass sie monatlich an bis zu fünf Kirchenvorstandssitzungen teilnehmen (und diese vor- und nachbereiten) müssen. Das halte ich für unzumutbar. Unsere Kirchenverfassung hat durch die Kirchspiele eine Möglichkeit eröffnet, die in vielen Situationen eine hilfreiche Option sein kann; mindestens aber ist es möglich, zu gemeinsamen Sitzungen der Kirchenvorstände im Schwesterkirchverhältnis zu kommen.

– Vor diesem Hintergrund bekommt die Leitungsaufgabe der Pfarrerinnen und Pfarrer und der Superintendenten eine besondere Bedeutung. Führen und Leiten wird wichtiger in dem Maße, in dem das Weiter-So! keine Perspektive sein kann, und die Zukunft die Gemeinden und die Mitarbeiterschaft vor neue Herausforderungen stellt, die nicht leicht zu bewältigen sind.

Dazu gehört die Bereitschaft, Verantwortung zu übernehmen und zugleich den Dienst der Leitung zu akzeptieren und zu respektieren.

– in einer pluralen Gesellschaft ist ein komplementäres Verhältnis von Parochie und den übergemeindlichen Diensten und Werken erforderlich, um der Reichweite des Evangeliums willen; denn es gibt viele Lebensvollzüge, die sich längst vom Wohnsitz abgekoppelt haben. Insofern ist es unsinnig, diese Verhältnisbestimmung unter Konkurrenzgesichtspunkten vorzunehmen, denn es liegt auch im Interesse der Parochien, wenn ihre Gemeindeglieder Angebote wahrnehmen, die auf der Ortsebene nicht gemacht werden können.

– Unverkennbar ist auch, dass der Dienst der Ehrenamtlichen für unsere Landeskirche in der Zukunft an Bedeutung gewinnen wird. Für eine Kirche, die sich dem allgemeinen Priestertum der Gläubigen verpflichtet weiß, liegt darin natürlich kein Nachteil, sondern eine hoffnungsvolle Perspektive. Der Dienst der Lektoren, Prädikanten und Kirchvorsteher verdient unsere dankbare Aufmerksamkeit. Generell wird es für alle hauptamtlichen Mitarbeiterinnen und Mitarbeiter der Kirche darauf ankommen, dass sie Ehrenamtliche gewinnen, anleiten und in ihrem Dienst begleiten. Darin sehe ich eine wichtige Akzentsetzung, und eine Priorität für die nächsten Jahre. Im Übrigen sehe ich mit Dankbarkeit, dass wir in den allermeisten Gemeinden auf dem Weg zur Beteiligungskirche doch ein gutes Stück vorangekommen sind.

– Spätestens seit der eingangs zitierten Veröffentlichung des Rates der EKD zu den Perspektiven im 21. Jahrhundert »Kirche der Freiheit« steht auch die Frage nach einer Neugliederung der Landeskirchen an. Die Selbständigkeit unserer Landeskirche ist ein hohes Gut, aber natürlich werden wir die Frage im Auge behalten müssen, ob unsere Kräfte ausreichen, um all die Aufgaben zu erfüllen, die von einer Landeskirche erledigt werden müssen. Ihr Bestand kann ja kein Selbstzweck sein. Ein wichtiger und die Selbstständigkeit stützender Umstand ist zweifellos, dass die Gebiete von Freistaat und Kirche weitestgehend deckungsgleich sind. Das ist hilfreich mit Blick auf das Wirken in der Öffentlichkeit, auf die politische Lobbyarbeit und – meines Erachtens besonders bedeutsam für die Beheimatung im Land. Insofern wird es darauf ankommen, die Entwicklungen aufmerksam zu verfolgen und sie nüchtern zu beurteilen unter dem Kriterium, was der Erfüllung des Auftrages der Kirche dient bzw. daran hindert: Christus zu bezeugen. Die Entscheidung, das Predigerseminar zukünftig gemeinschaftlich mit anderen Landeskirchen (in Wittenberg) zu tragen, ist Ausdruck dieser Herangehensweise.

– Denn das Wichtigste in all dem bleibt, dass wir das Evangelium von Jesus Christus in Liebe zu den Menschen verkündigen und dabei auf den Segen Gottes ebenso vertrauen, wie auf die Prägekraft der lutherischen Ausprägung des Glaubens. Zu den Kennzeichen unserer Konfession gehört es, dass wir uns als Kirche der Freiheit verstehen; also im Zweifelsfall auf die Freiheit zu vertrauen, zu der wir uns berufen wissen und doch einem libertären Freiheitsbegriff zu widerstehen, der die notwendigen Bindungen und Verantwortlichkeiten missachtet oder gar negiert. *Diese Botschaft ist von höchster Aktualität.* Die Ermutigung zur Weitergabe des Lebens, der Respekt vor seiner Heiligkeit und die Einladung zur Taufe scheinen mir angesichts der geistigen und der gesellschaftlichen Situation wichtige Akzentuierungen in der Verkündigung zu sein.

Wenn es auch in kirchlichen Zusammenhängen nicht unbedingt üblich ist, von Zielen zu reden, so erscheint es mir doch sinnvoll, drei Ziele für die kirchliche Arbeit in den nächsten Jahren in den Blick zu nehmen:

1. Wir sollten versuchen, den langjährigen Schrumpfungsprozess unserer Kirche zum Stehen zu bringen und zu einer Trendwende zu kommen; gegen den Trend eine Wachstumsperspektive gewinnen. Angesichts der langfristigen Wirkung wichtiger Einflussgrößen ist es unrealistisch zu erwarten, dass die absoluten Zahlen der Gemeindeglieder in den nächsten Jahren steigen können; erreichbar scheint es mir aber, unseren Anteil an der Bevölkerung zu halten. Auch dies setzt missionarische Erfolge im Sinne von Taufen und Wiederaufnahmen voraus.

2. Zielgruppe Nummer eins müssen aus den bekannten Gründen Kinder, Jugendliche und junge Familien sein. Natürlich ist in einer alternden Gesellschaft auch der Kontakt zur älteren Generation von großer Bedeutung und darf keinesfalls vernachlässigt werden. Dennoch muss die Frage nach den Prioritäten in diesem Sinn beantwortet werden. Ich hoffe auf mehr Kindergärten in kirchlicher Trägerschaft und ich freue mich an unseren evangelischen Schulen.

3. Das allgemeine Priestertum will entfaltet, die Verantwortung der Gemeindeglieder für den Auftrag der Kirche gestärkt sein, und ich darf sagen, dass es mich freut zu sehen, wie viel Hoffnungsvolles dazu unter uns zu erkennen ist. Gegenwärtig leisten unsere Ruheständler einen bedeutenden Beitrag zum geistlichen Leben. In der Zukunft werden wir mehr Prädikanten und Lektoren brauchen. Schon heute sollten wir geeignete Personen in den Blick nehmen und zur Ausbildung motivieren.

Liebe Schwestern und Brüder, zu Beginn habe ich von den absehbaren Entwicklungen gesprochen, die wir als Belastung erleben werden und von der Versuchung, die darin liegt. Es ist angesichts der Wucht und auch der Unerbittlichkeit, die in diesen Prozessen liegen, aber von entscheidender Bedeutung, nicht aus den Augen zu verlieren, dass manches in den kommenden Zeiten für die Kirchen wieder einfacher werden wird wegen des Phänomens, das mit dem Begriff von der Rückkehr der Religion beschrieben ist, also dem neu erwachenden Interesse an der spirituellen Dimension des Lebens. Die krisenhaften gesellschaftlichen Entwicklungen der Gegenwart haben ihre Ursachen ja ebenfalls im geistigen Bereich – und *darüber und deswegen* hat sich die Auffassung, dass der Gottesgedanke einer guten Entwicklung der Menschheit entgegensteht, erschöpft. Für mich ist es offenkundig, dass die Gottesfrage in das geistige Leben zurückgekehrt ist und wir im postsäkularen Zeitalter leben. Es eröffnet uns neue Chancen, in das Gespräch mit den Suchenden einzutreten. Hilfreich ist, dass viele Menschen, die nichts von Glauben, Religion und Transzendenz wissen, mit völliger Unbefangenheit an die existentiellen Fragen herangehen, die sich in jedem Menschenleben stellen. Unsere Antworten sind tragfähig für ein gutes Menschenleben, und wir wollen sie nicht für uns behalten.

Ich habe einleitend von Ungleichzeitigkeiten gesprochen, weil das Leben der Kirche von den so gezeichneten Entwicklungslinien, sowohl den erschwerenden wie den hilfreichen, in den nächsten Jahrzehnten entscheidend bestimmt werden wird. Den Dienst aller Mitarbeiterinnen und Mitarbeiter der Kirche, sei es im haupt- oder im ehrenamtlichen Bereich, werden sie beeinflussen, ebenso wie das Zeugnis der Gemeinden und ihrer Glieder, der landeskirchlichen Einrichtungen und Werke – gegenläufig, sich überlagernd und darum verwirrend. Die darin liegende Versuchung ist höchst real, aber alles kommt darauf an, in der Versuchung das Ziel und den Auftrag nicht aus dem Blick zu verlieren. Wohin sehen wir, und was trägt unsere Hoffnung?

In seinem Bericht von der Versuchung Jesu überliefert Matthäus die Antwort des Herrn auf das Angebot der sofortigen Behebung seiner Not. »Der Mensch lebt nicht vom Brot allein, sondern von einem jeden Wort, das aus dem Mund Gottes geht« (4,4). Damit lehrt uns der Herr, dass in der Versuchung das Wort Gottes hilft. Er mahnt uns zur Konzentration auf die Kraft, die uns trägt. Er gibt uns die Blickrichtung vor:

Ostern.

Ihr seid das Salz der Erde und das Licht der Welt!

Predigt anlässlich des Pfarrertages,* Kreuzkirche Dresden, 2007

Ihr seid das Salz der Erde. Wenn nun das Salz nicht mehr salzt, womit soll man salzen? Es ist zu nichts mehr nütze, als dass man es wegschüttet und lässt es von den Leuten zertreten. Ihr seid das Licht der Welt. Es kann die Stadt, die auf einem Berge liegt, nicht verborgen sein. Man zündet auch nicht ein Licht an und setzt es unter einen Scheffel, sondern auf einen Leuchter; so leuchtet es allen, die im Hause sind. So lasst euer Licht leuchten vor den Leuten, damit sie eure guten Werke sehen und euren Vater im Himmel preisen. (Mt 5,13–16)

Liebe Gemeinde,

vielleicht haben Ihnen die Worte der Bundeskanzlerin an diesem Vormittag auch gut getan? Hochgeschätzt zu sein, gebraucht zu werden, das klingt immer angenehm, und das gilt verstärkt, wenn es aus berufenem Mund kommt.

---

* Der Pfarrertag 2007 fand erstmals als zentrale Veranstaltung statt, zu der alle Pfarrerinnen und Pfarrer (und die Ruheständler) in der Dresdner Frauenkirche zusammenkamen. Den Hauptvortrag hielt Bundeskanzlerin Angela Merkel. Sie rief die Kirchen zur Beteiligung an der politischen Diskussion auf. Oftmals halte die Kirche der Politik den Spiegel vor und das sei unverzichtbar; auch sei die Mitarbeit der Kirchen bei der Verwirklichung von Freiheit und Demokratie notwendig. Am Nachmittag habe ich dann in der Kreuzkirche gepredigt.

Aber ganz ohne eine kritische Einordnung wollen wir das Gehörte nicht stehen lassen; es ist ja gut, dass wir die Heilige Schrift haben, an der wir unsere Wahrnehmung prüfen können und sollen. Wir brauchen den Maßstab der Schrift, weil es unter den Menschen nicht anders sein kann, als dass sie Irrtümern erliegen; auch wissen wir, dass niemand vor Fehleinschätzungen gefeit ist und Schmeicheleien gelegentlich Bestandteil des Umgangs sind. Sogar ein aufrichtig gemeintes Lob kann ein vergiftetes sein, weil es der Selbsteinschätzung nicht entspricht, sondern dem zuwiderläuft, was der Gelobte für sich anstrebt. Es ist die Bibel, die uns die Norm vorgibt, an der wir uns ausrichten.

Wir hören unseren Herrn sprechen, dass seine Jüngerinnen und Jünger das Salz der Welt sind, und das Licht der Welt. Jesus von Nazareth redet eine kleine Gemeinschaft mit diesen Worten an, und ob es nun die Zwölf waren, die ihm zuhörten, oder einige darüber hinaus, mehr als eine kleine Gruppe oben in den abgelegenen galiläischen Bergen war es jedenfalls nicht. Sie alle waren mit der Tora vertraut und werden gewusst haben, dass die Dankbarkeit und die Hochschätzung, die Israel dem Gesetz entgegenbringt, gelegentlich im Bild vom Salz der Welt zum Ausdruck gebracht wurde. Ebenso kannten sie die Verheißungen von der Gottesstadt, die auf dem Berg liegt, und darum den Völkern leuchtet, Jerusalem. So scheint in dem Wort Jesu die Geschichte Gottes mit seinem Volk auf und wird jetzt, auf die Jünger bezogen, einer solch kleinen Schar zugesagt ...

Sie werden nicht anders reagiert haben als wir, 2000 Jahre später, die wir ihm – wie sie – mit Ernst nachfolgen wollen. Du Herr, nennst uns: das Salz der Erde? Das Licht der Welt sind wir? Nicht meinst du, dass wir es sein *sollen*, nach dem Maß unseres Glaubens und Wollens, unserer Möglichkeiten und Kräfte? Wir *sind* es?

Der Herr überschätzt uns, werden sie gedacht haben, und haben vielleicht die anderen in der Gruppe still mit ihren Blicken gesucht, und sahen in den vertrauten Gesichtern den guten Willen, die Begeisterung für den Rabbi Jesus, für seine Taten und Worte, auch reine Herzen waren zu erkennen, Sanftmut, Hunger und Durst nach Gerechtigkeit. Aber es waren doch die Grenzen, die Verlegenheiten und das Dunkel in den Personen nicht zu übersehen, schon gar nicht die Schwäche einer solch kleinen Gemeinschaft.

Der Herr denkt zu hoch von uns, so würden auch wir reagieren. Wir werden seinem Wort ja nicht gerecht, nicht als Person, nicht in unserer Kirche. Wenn wir uns umsehen in dieser modernen Zeit, in unserem säkularen Land, mit nüchternem Blick, ohne die Realitäten weich zu zeichnen, wie könnten wir dann von uns sagen, dass wir das Salz der Erde und das Licht der Welt sind?

Kann es so etwas überhaupt geben in einer freien Gesellschaft, unter den Bedingungen der Pluralisierung, die eine Kraft, die jede Wirklichkeit durchdringt und verändert? Es sieht doch eher so aus, dass wir eine Gemeinschaft unter den vielen in der Gesellschaft sind, sicherlich eine, von der eine beträchtliche Wirkung ausgeht; aber eben doch nur eine unter anderen. Auch ist unser Handeln oft unklar, verschwommen, widersprüchlich und darum verwechselbar. Wie sehr wir mit uns selbst beschäftigt sind, unserem Auftrag im Wege stehen, hin und her schwanken, wissen wir nur allzu gut.

Manchmal neigen wir dazu, uns zu übernehmen; dann tun wir so, als hinge Heil und Erlösung, die Gestalt der Gesellschaft, die Verwirklichung des Rechts und der Gerechtigkeit, die Barmherzigkeit, die Solidarität der Starken mit den Schwachen von uns ab und *nur* von uns; als sei mit unseren Kräften die ganz andere, die erlöste Gestalt des Lebens und des Zusammenlebens zu bewerkstelligen.

Manchmal steht die Kirche in der Versuchung, sich zurückzuziehen, sich mit sich selbst zu beschäftigen, sich in geschütztem Raum zu freuen des Geschenkes, dass ihr gemacht ist in der Gnade, glauben zu dürfen. Dann verlieren wir aus dem Blick, dass uns mit der Taufe die Aufgabe der Mission, des Zeugnis-Gebens von dem barmherzigen Gott übertragen ist.

Ja, wohl jeder von uns kennt das Leiden an der Kirche nur zu gut, an ihrer Unentschlossenheit, an dem Allzumenschlichen in ihr, an der Spannung zwischen ihrem Auftrag und ihrer faktischen Gestalt, an ihrem Schwanken zwischen Weltverantwortungsgehabe und selbstsüchtiger Innerlichkeit.

Ob unser Herr zu hoch denkt von der Evangelisch-Lutherischen Landeskirche Sachsens, ob er sich nicht täuscht? Wir sind das Salz der Erde, Licht der Welt, wir, ihre Pfarrerinnen und Pfarrer? Wenn wir Jesus so fragen, ob er uns nicht überschätzt, haben wir gute Argumente. Sie sind geschliffen an dem, was auf der Hand liegt, an unserem Wissen um die Wirklichkeit unseres kirchlichen Lebens. Aber: Der Herr Jesus nimmt sein Wort nicht zurück, er ist nicht beeindruckt von unseren Argumenten. Wir sehen auf die kleine Schar in den Bergen Galiläas – sie ließ es sich sagen, trotz ihrer armseligen Schwäche und aller Ungewissheit auf dem Weg, trotz ihres Verhaftetseins in Irrtümern. Allem persönlichen Ungenügen zum Trotz wurde sie zum Licht, das der Welt leuchtet, das ebenso wenig verborgen sein kann wie die Stadt auf dem Berge. Sie waren die ersten in der Wolke der Zeugen, die die Welt veränderten, indem sie ihrem Herrn vertrauten und das Evangelium in die Welt trugen.

Liebe Gemeinde, wie die Schwestern und Brüder vor uns wollen wir dem Zuspruch unseres Herrn mehr vertrauen als unseren Sichtweisen. Denn hier hören wir ihn ja sagen, was die Kirche begründet – es ist ihr *Dienst*, Salz der Erde und Licht der Welt zu sein. Es ist ihr das Zeugnis von dem Reich Gottes anvertraut, das mit Jesus Christus in dieser Welt angebrochen ist. Er will, dass es wächst, dass Menschen zu Gott finden, der Glauben wecken und neues Leben schenken kann. Es geht ihm darum, dass der Wille Gottes für diese Welt offenbar wird.

In seiner Verheißung wurzelt, was die Kirche ausmacht, was ihre Substanz ist und sie von allen anderen Gemeinschaften unterscheidet, und auch von der Gesellschaft, die sie umgibt. Jesus sagt: ihr seid das Salz und das Licht, ihr *seid* es aus dem einen Grund: weil ihr die Frohe Botschaft verkündet.

Die Kirche Jesu Christi erwächst aus dem Evangelium, sie ist ein Geschöpf des Wortes. Das Wort Gottes zu sagen, ist ihr aufgetragen, und wenn sie es sagt, wird sie der Welt zum Licht und der Erde zum Salz. Nicht wegen unserer Fähigkeiten sind wir Kirche, nicht weil wir besonders stark wären und klüger mit den Rätseln der Welt umgehen könnten oder mehr Gutes besser tun könnten als andere; wir sind es nicht, es ist das lebendige Wort Gottes. Darum wird allezeit die Kirche Jesu Christi sein, nicht um ihrer selbst willen, nicht wegen ihrer Stärke oder der Fähigkeiten in ihr, sondern um der Verkündigung der Frohen Botschaft willen. Wir bezeugen sie in dieser Welt, denn sie ist der Ort, an dem das Reich Gottes wächst. Wir bezeugen ihr, was wir empfangen haben. Dabei bleiben wir, wie schon die kleine Gemeinschaft in den Bergen Galiläas, schwache, fehlbare Menschen, ein Teil der Welt mit ihren unendlich vielen Grautönen – und dennoch wird die Kirche ihr zum Licht, denn Gott selbst macht das Salz zum Salz der Erde und das Licht zum Licht der Welt. Das lässt uns frei werden von Erfolg und Erfolglosigkeit. Jener treibt uns nicht in die Schwärmerei und diese nicht in die Resignation. Alles hängt ja an Gottes Wort. »Im eigentlichen Sinn Kirche« sind wir, indem wir dem Evangelium dienen und aller Welt das Wort verkündigen, das nur wir sagen können, von Tod und Auferstehung Jesu Christi.

Liebe Schwestern und Brüder, die Widersprüche unserer Zeit stehen uns Tag für Tag vor Augen. Ungeahnte Dimensionen des Wissens werden erschlossen, aber es mangelt an Orientierung, wie das Böse gemieden, dem Guten gedient werden kann; abstoßende Gier nach materiellen Gütern steht neben aufrichtiger Suche nach Sinn und geistlichem Halt. Der Reichtum des Landes wächst, aber zugleich die Zahl der Kinder in Armut; die Kluft zwischen oben und unten, den Starken und den Schwachen vertieft sich, und empört stoßen sich die Menschen daran, wie die Gebote der Gerechtigkeit verletzt werden. Starke Individuen entfalten ihre Begabungen, allzu oft in einer Haltung der Selbstbezüglichkeit, doch viele Gemeinschaften sind beängstigend schwach geworden. Während wir so lange schon in Frieden leben dürfen, scheinen große Risiken für eine gute Zukunft auf, die Sorge um das Klima, die Konfrontation der Kulturen.

In allen Widersprüchen ist es Gottes Welt, von ihm geschaffen und erhalten. In seinem Wort wendet er sich ihren Nöten zu. Ja, gerade in diesen Zeiten braucht unser Land eine Lichtquelle, die Orientierung gibt, es braucht ein Salz, das die Wirklichkeit durchdringend verändert, es braucht eine Kirche, die das Wort Gottes verkündigt, in der Öffentlichkeit der Straßen und Plätze, die im Alltag des Lebens den Armen zur Seite tritt und den vielen begegnet, die auf der Suche sind. Das ist unsere Sache, das ist unsere Mission – und so wollen wir Gottesdienst feiern zur Anbetung des Vaters Jesu Christi und zur Stärkung des Glaubens. Mit unserem Leben, in Wort und Tat wollen wir die großen Taten Gottes bezeugen, wir wollen die Schwachen stützen und diakonisch, dienend leben, wir sind ja befreit zu einem Leben in versöhnter Gemeinschaft. In eben dem Maße, in dem wir im eigentlichen Sinn Kirche sind, Jesus Christus vertrauend nachfolgen und Gottes Wort verkündigen, tun wir den Dienst, den das Land braucht. So ist die Kirche ein Politikum ersten Ranges, denn so ist sie Salz der Erde und Licht der Welt.

Amen.

Wenn ihr bleiben werdet an meinem Wort, so seid ihr wahrhaftig meine Jünger

Gründung der Evangelischen Schulstiftung Sachsen*

Predigt anlässlich der Gründungsversammlung, Dresdner Dreikönigskirche, April 2008

> Wenn ihr bleiben werdet an meinem Wort, so seid ihr wahrhaftig meine Jünger und werdet die Wahrheit erkennen und die Wahrheit wird euch frei machen. (Joh 8,31f)

Liebe Gemeinde,

zu sagen, dass die Schule in der Krise steckt, heißt wohl Eulen nach Athen zu tragen. Das Wort Pisa mag man kaum noch hören, schon gar nicht, dass 9 % der Jugendlichen eines jeden Jahrgangs die Schule ohne Abschluss verlassen; dass ca. 15 % der Bewerber um einen Ausbil-

---

* Die Freien Evangelischen Schulen sind eine Basisbewegung, sie wurden ganz überwiegend ohne Zutun der Kirchenleitung aus den Kirchgemeinden heraus gegründet. Häufig ergriffen Eltern die Initiative, die um ihres christlichen Glaubens willen im sozialistischen Schulsystem diskriminiert wurden und für ihre Kinder eine andere Schule mit anderen Bildungserfahrungen wollten. Relativ spät erst, im April 2008, errichtete die Landeskirche die Evangelische Schulstiftung Sachsen, deren Aufgabe es ist, die Schulen zu unterstützen. (Übrigens sind es inzwischen 57 Schulen geworden).

dungsplatz von den Betrieben für ausbildungsunfähig gehalten werden; oder dass im internationalen Vergleich
Deutschland sich durch mangelnde Chancengerechtigkeit
auszeichnet. Das alles ist hinreichend bekannt, beschäftigt die Medien nahezu täglich und gibt Anlass genug zur
Sorge.

Wer genauer hinsieht wird erkennen, dass es auch eine
Erziehungskrise gibt. Schon die Erfahrungen aus den Kindergärten sprechen eine beredte Sprache. Immer wieder
ist von verzögertem Erwerb der Sprachfähigkeit der Klein-
kinder die Rede; und viele Lehrerinnen und Lehrer klagen,
dass die Eltern zu viel von der Schule erwarten – aber
ihren eigenen Beitrag zur Erziehung nicht oder nur sehr
mangelhaft erbringen, so dass die Schule zu ihrem eigentlichen Auftrag, der Wissensvermittlung, kaum mehr
käme.

Auf das Ganze betrachtet handelt es sich wohl um eine
Orientierungskrise, die sich in den Defiziten der nach-
wachsenden Generation widerspiegelt. Die Gesellschaft ist
sich über zentrale Fragen unsicher, die aber doch beantwortet sein wollen: Wie wollen wir unsere Kinder auf ihr
Leben vorbereiten, in welchem Geist ihre Begabungen bilden, welches Bild vom Menschen liegt der Erziehung zugrunde? Vielleicht ist es so, dass in den Schwierigkeiten,
auf diese elementaren Fragen Antworten zu finden, die
Krise ihren deutlichsten Ausdruck findet.

So ist es ein Hoffnungszeichen, dass in diesen sorgen-
vollen Zeiten der Aufbau eines evangelischen Schulwe-
sens in unserem Land stattgefunden hat. Er geht zurück
auf ein starkes Engagement vieler Gemeindeglieder. Die

44 Evangelischen Schulen in unserem Land, zu deren Unterstützung die Evangelische Schulstiftung gegründet wurde, sind entstanden, weil unzählige Eltern, kirchliche Mitarbeiter und Kirchgemeinden bereit waren, sich für den Aufbau »ihrer« Schule zu engagieren. Sie erhoffen sich für ihre Kinder eine bestimmte Form von Bildung, sie wollen ihnen eine tragfähige Grundlage für den Weg durch das Leben mitgeben. Die Evangelischen Schulen sind eine Basisbewegung, die von der ungebrochenen Kraft des Lebens in unseren Kirchgemeinden und von großem Vertrauen zu der Prägekraft des evangelischen Glaubens kündet. So bietet dieser Tag die Gelegenheit sich daran zu erinnern, dass die Reformation auch eine Befreiung zur Bildung war. Die Bibel wurde in die Volkssprache übersetzt, damit jeder Mensch sich selbst durch die Lektüre der Heiligen Schrift die Möglichkeit eröffnen konnte, von den guten und heilsamen Taten Gottes zu erfahren. Das führte zu einem Verständnis von Bildung, das niemanden ausschließt, vielmehr bewirkt es in jedem Menschen die Fähigkeit zur Schulung der eigenen Verstandesgaben und zur Entscheidungsfindung über die zentralen Lebensfragen. Weder die Kenntnis der Bibel noch der Wissenschaften galt den Reformatoren als exklusives Privileg einiger weniger. Darum hat Luther die politisch Verantwortlichen gedrängt, Volksschulen aufzubauen und zu unterhalten.

Sein Freund und Weggefährte Philipp Melanchthon, den man den Praeceptor germaniae genannt hat, – in zwei Jahren werden wir seines 500. Todestags gedenken – war der Auffassung, dass Glaube, Sprache, Ethik und Wissen in unauflöslicher Weise zusammengehören; nur in ihrem

Zusammenwirken und Aufeinander-bezogen-Sein erreicht das erzieherische Handeln im evangelischen Sinne sein Ziel. Bürgerliche Tugenden, die für das Zusammenleben unverzichtbar sind, sollten gefördert, die Gewissen geschärft und die Fähigkeit zu ethisch qualifizierter Handlungsweise geschaffen werden. Aber selbstverständlich war ihm auch eine qualifizierte Ausbildung in Geschichte, Poetik und Naturwissenschaft wichtig. Er lehnte die Prügel- und Drillschule entschieden ab; denn die Schulen sollten vom reformatorischen Geist geprägt sein. Seine Schulordnungen zeichneten sich dadurch aus, dass die Lerninhalte wie auch der Umgang zwischen Schülern und Lehrern im christlichen Verständnis gestaltet werden. Daraus folgt wie selbstverständlich, dass die Bildungsgüter nicht nur nach und nach allen Schichten, sondern auch beiden Geschlechtern zugänglich gemacht werden. Man hat gesagt, Melanchthon sei der erste Reformpädagoge der Neuzeit gewesen – sein Verständnis des Lernens als einer Möglichkeit der befreienden Persönlichkeitserfahrung lässt ihn als einen frühen Vorläufer von Pestalozzi, Maria Montessori und anderen erscheinen.

Bei dem Evangelisten Johannes sagt Jesus zu denen, die an ihn glauben: »Wenn ihr bleiben werdet an meinem Wort, so seid ihr wahrhaftig meine Jünger und werdet die Wahrheit erkennen und die Wahrheit wird euch frei machen.«

Liebe Gemeinde, die Jünger Jesu, die Glieder der christlichen Kirche sind also daran zu erkennen, dass sie dem Wort Gottes treu bleiben, dass sie Jesus Christus als ihrem Lehrer nachfolgen und zugleich auf die heilsame Wirkung seines Todes und seiner Auferstehung vertrauen. Sie haben in ihm zu der einen Wahrheit gefunden, die sich niemand selbst geben kann, sondern im Glauben empfangen wird und dann das ganze Leben hält und trägt. Die 95 Thesen Martin Luthers beginnen nicht zufällig mit den Worten »aus Liebe zur Wahrheit willen und im Bestreben, sie ans Licht zu bringen«. Wer das Wort Gottes hört und glaubend annimmt, dem wird die Wahrheit in Jesus Christus zuteil. Sie führt den Menschen in die Freiheit, sich als ein geliebtes Geschöpf Gottes sehen zu dürfen, sich frei zu wissen von den zerstörerischen Mächten dieser Welt, und befreit zur Nächstenliebe.

Dem christlichen Glauben geht es nicht um einen Nutzen, wir folgen Christus nicht nach, weil wir etwas haben wollen. Aber ein Jünger Jesu zu sein, das bringt erstaunlicher- und überraschenderweise einen Nutzen: ein Leben als ein freier Christenmensch in Verantwortung vor Gott und den Mitmenschen führen zu dürfen. In diesem Verständnis ist die Erziehung der Kinder und Jugendlichen und in Zeiten des lebenslangen Lernens auch die Bildung der Erwachsenen begründet. Die evangelische Bildungsidee wurzelt in der befreienden Wirkung des Wortes Gottes.

In den evangelischen Schulen wird darum die Sicht des Glaubens auf die Phänomene dieser Welt in allen Unterrichtsfächern eine Rolle spielen. Wie jede andere Schule auch, vermitteln sie zunächst Verfügungswissen. Wer eine evangelische Schule besucht, wird das notwendige Wissen um Ursachen und Wirkungen der Dinge erwerben und eine Summe aus Naturerforschung und Technik ziehen können, denn die Verständniskategorien der heutigen Zeit, naturwissenschaftlich-technische Bildung, Sprachen, Kunst und andere Religionen werden gelehrt. Aber die Evangelischen Schulen stellen sich ebenso der Aufgabe, die Schülerinnen und Schüler zur Orientierung in dieser vielgestaltigen, verwirrenden Welt zu befähigen. Sie sollen ja gerechtfertigte Zwecke und Ziele kennenlernen; Einsichten gewinnen, die *im* Leben orientieren und die *das* Leben orientieren. Das Verfügungswissen wird auf den christlichen Glauben bezogen und so zu Orientierungswissen. Es gilt, die religiöse Dimension der Themen, eines jeden Themas, auch in den Naturwissenschaften oder der Kunst, zu entdecken. Das war kaum je so notwendig wie in diesen modernen Zeiten. Die Lehrerinnen und Lehrer werden also bei der Stoff- und Methodenauswahl einen »geistlichen Spürsinn« entfalten; ebenso wissen sie um die personale Dimension ihres Verhältnisses zu den Schülern und gestalten es nach dem Maßstab der Nächstenliebe.

So wollen Evangelische Schulen Lernorte sein, an denen in konkreten Beziehungen und Lebensformen und in einer auf den Glauben bezogenen Praxis Kinder und Jugendliche *gebildet und erzogen* werden. Beides gehört untrennbar zusammen – in der englischen Sprache gibt es bezeichnenderweise nur ein Wort, *education*, das Bildung und Erziehung gleichermaßen meint. Evangelische Schulen geben Zeugnis von der Wahrheit, die frei macht, sie bilden und erziehen in diesem Geist, mit dem Ziel der Befähigung zu einem Leben in Verantwortung vor Gott und dem Nächsten.

Liebe Gemeinde, bei meinen Besuchen in unseren Evangelischen Schulen in den letzten Jahren war ich immer sehr beeindruckt von der Hingabe der Lehrerinnen und Lehrer, Vereinsmitglieder und Elternvertreter an dieses Ziel; und der Beharrlichkeit, mit der so viele Schwierigkeiten der Aufbauphase überwunden wurden. Jeder Besuch war mir eine Freude und hat meine Überzeugung gestärkt, dass die Lebenskräfte unserer Kirche stark sind, so dass wir heute und in der Zukunft unseren Auftrag bewahren können. Mit der Gründung der Schulstiftung bringt die Landeskirche ihre Dankbarkeit allen zum Ausdruck, die sich in den letzten Jahren engagiert haben, und ihren Willen, die Evangelischen Schulen nach Kräften zu unterstützen; und sie bekennt zuversichtlich ihren festen Glauben, dass die Wahrheit in Jesus Christus frei macht.

Amen.

Für uns

Das Ärgernis des Opfers

Vortrag zu den Pfarrertagen[1], September 2008

> Nun aber [...] ist er ein für allemal erschienen, durch sein
> eigenes Opfer die Sünde aufzuheben [...] so ist auch
> Christus einmal geopfert worden, die Sünden vieler weg-
> zunehmen. (Hebr 9,26b.28a)

Diese Passage des Hebräerbriefs war im Rahmen der Peri-
kopenordnung am Karfreitag vor zwei Jahren zu predigen:
Das Kreuz Jesu verstanden als ein Opfer, das gebracht wird
um der Sünde der Menschen willen.

So sieht es auch Paulus, wenn er schreibt: »Christus hat
sich selbst gegeben für alle zur Erlösung« (1Tim 2,6) und
»Gott aber erweist seine Liebe zu uns darin, dass Christus für uns gestorben ist ...« (Röm 5,8) oder wenn er zitiert: »dass Christus gestorben ist für unsere Sünden«
(1Kor 15,3).

Christus starb für unsere Sünden – das ist eine zentrale
Aussage der neutestamentlichen Christologie, aber mit

---

[1] 2008 habe ich mich mit der Bedeutung des Todes Christi am
Kreuz für den Glauben der Christenheit beschäftigt. Es handelt sich um eine Frage von zentraler theologischer Bedeutung, die in den letzten Jahren neuerlich in den Blickpunkt
geraten ist und zu heftigen, sehr kontrovers geführten Diskussionen geführt hat – ist die Deutung als ein Opfer einem
modernen Menschen noch zugänglich?

dieser Deutung des Geschehens auf Golgatha haben viele Menschen Schwierigkeiten. Gar nicht selten kann man hören, man könne oder wolle nicht an einen Gott glauben, der ein Opfer verlange; dem das Blut eines Unschuldigen gebracht werden müsse, um seinen Zorn zu stillen. Es sei auch logisch widersprüchlich, wenn die Sühne eines blutigen Unrechts durch erneutes Vergießen von Blut geschehen solle. Oder man denke an die von völligem Unverständnis geprägte Frage, wie der Tod eines anderen der Grund des eigenen Lebens sein könne? So reden dem Glauben fernstehende, aber auch nicht wenige kirchlich engagierte Menschen. Der eine oder andere von uns wird darum die homiletische Aufgabe nicht nur am Karfreitag als eine sehr anspruchsvolle Herausforderung empfinden; und das gilt eben in verstärktem Maße in der missionarischen Situation, in der wir uns befinden. »Wie erklärt man einem modernen Menschen noch den Sinn des Kreuzes Jesu, der für die Seinen sein Leben gelassen hat?«[2]

Seit einiger Zeit liegt der Vorschlag des emeritierten Theologieprofessors Klaus-Peter Jörns auf dem Tisch, sich von der Sühnopfertheologie zu verabschieden, es müsse die Verbindung zwischen dem Tod Jesu und der Sündenvergebung gekappt werden. Dementsprechend sei auch der Abschied von der Sühnopferliturgie längst überfällig und notwendig; stattdessen schlägt er vor, das Abendmahl als heitere Lebensfeier zu interpretieren und zu inszenieren.[3]

---

[2] Hans-Joachim Eckstein, Gott wird Mensch. Konsequenzen für das christliche Menschenbild, in: ThBeitr 34 (2003), 270–278, hier 270.

Ganz unabhängig von dem Vorstoß Jörns' wird man wohl sagen müssen, dass sich die Theologie in den letzten Jahrzehnten mit dem Opfer Christi schwergetan und stattdessen Glaubensinhalte in den Vordergrund gerückt hat, die weniger sperrig anmuten: die Schöpfungstheologie etwa, die eher mit dem Verantwortungsbewusstsein des modernen Menschen vereinbar scheint; oder eine Theologie, der es um die sozialen Implikationen des Evangeliums geht, um die Frage nach dem Frieden und der Gerechtigkeit – die aber nicht mehr das Opfer Christi, das sacrificium, verkündigt, sondern »nur« Jesu Ethik und ihn selbst als ein victima sieht, eines unter den vielen vor und nach ihm.

Wie auch immer, wir sind gut beraten, das Opfer Christi theologisch in den Blick zu nehmen; und darum beschäftige ich mich im Folgenden mit diesem Aspekt des Geschehens von Kreuz und Auferstehung – sollen wir von dem Opfer sprechen, das Er für uns gebracht hat, und was meinen wir damit?

Die Fremdheit christologischer Aussagen ist keine Erscheinung der Neuzeit. Sie spielte schon in der Antike eine Rolle, und Paulus selbst hat das Wort vom Kreuz als Ärgernis und Torheit bezeichnet (1Kor 1,18). Ihm war klar, dass den Griechen die Kreuzespredigt als unsinnig erscheinen musste, denn die Götter galten ihnen als unsterblich und darum auch nicht dem Leiden unterworfen.

---

[3] Klaus-Peter Jörns, Strafe muss nicht sein. Warum der Abschied von der Sühneopfertheologie und -liturgie notwendig ist, in: Zeitzeichen 10/2007, 54–56.

Eduard Lohse stellt fest: »... das Wort vom Kreuz kann an keine Vorstellung anknüpfen, die der antiken Welt vertraut gewesen wäre«.[4]

Kritik und Nichtverstehen ziehen sich durch die Jahrhunderte; und in der Gegenwart scheint der Graben besonders tief, der Opfergedanke den Menschen in der Moderne abständig und fremd. Dabei spielt ihr Autonomiestreben eine bedeutsame Rolle – warum sollte der sich selbst als Subjekt, als Zentrum und Lebensmitte verstehende Mensch auf das stellvertretende Handeln eines anderen, gar eines Gottes angewiesen sein?

Nach meiner Auffassung ist das zentrale Verstehenshindernis des Pro nobis die von der Aufklärung geprägte, sozusagen »immanente« Anthropologie der Moderne. Sie geht davon aus, dass der Mensch von Herzen gut ist, darum verbesserlich, dass er sich als unabhängiges Subjekt des eigenen Lebens verstehen und das je eigene Glücksstreben verwirklichen soll. Der Theologie unterstellt sie eine negative Sicht auf den Menschen, die seine Fähigkeiten zum Guten negiere, mit der Lebenswirklichkeit nichts zu tun habe und den Ausgang aus der selbstverschuldeten Unmündigkeit unmöglich mache – des Menschen »Dichten und Trachten« sei gerade nicht »von Jugend an böse«.

---

[4] Eduard Lohse, Das Ärgernis des Kreuzes, Göttingen 1969, 84.

Das Böse als anthropologische Konstante

Es deutet also vieles darauf hin, dass die Schwierigkeiten mit der Christologie von einer bestimmten Anthropologie verursacht werden. Darum wende ich mich zunächst der Frage zu, ob die Voraussetzung der Theologie des Opfers zutreffend ist, dass nämlich der Mensch wegen seines Gebrochenseins, der Sünde, wegen seiner Fähigkeit, Böses zu tun, des Opfers bedarf.

Die Bibel lehrt weder ein optimistisches, noch ein pessimistisches, sondern ein realistisches Menschenbild. Sie geht davon aus, dass der Mensch fähig ist zu Barmherzigkeit wie zur Gerechtigkeit, dass er Gutes tun, Liebe leben kann – dass es aber in und unter allem Menschlichen auch die Dimension des Bösen gibt; *darum* heißt es in Gen 8,21: »Das Dichten und Trachten des menschlichen Herzens ist böse von Jugend auf.« Mit anderen Worten: Wir Menschen können einander zum Leben helfen; es ist aber ebenso offenkundig, dass wir einander auch im Weg stehen, den Mitmenschen Schaden zufügen, Unheil wirken, nicht selten aus voller Absicht, oft genug in verhängnisvoller Verstrickung.

Dieses realistische Bild vom Menschen ist durch die Geschichte des 20. Jahrhunderts bestätigt worden. Niemand hat mit solch unerschrockener Nüchternheit über die Anthropologie nach dem Holocaust gehandelt wie der unlängst verstorbene Hitler-Biograf Joachim Fest. Wie kein anderer Historiker ist er der Frage nachgegangen, wie die Schrecken der nationalsozialistischen Gräueltaten zu verstehen und welche Lehren daraus zu ziehen sind. In seinem Essay »Das Böse als reale Macht« schreibt er, dass sich mit dem Namen Hitler ein Erschrecken verbindet über »die Wahrheit, die er über den Menschen und die jederzeit einsetzbare Neigung der meisten zu rechenschaftsloser Barbarei aufgedeckt hat«.[5] Fest beschreibt die Erschütterung des Menschenbilds der Aufklärung:

> »... bewahrt und ins allgemeine Bewusstsein eingegangen ist daraus die Vorstellung, dass der Mensch von Natur aus gut, einsichtig und vernunftgeleitet sei und, einmal über sich belehrt, das selbstbestimmte Dasein will. Dem anhaltenden, freilich schon von Zweifeln angefochtenen Optimismus dieses Menschenbildes hat Hitler ein Ende gemacht«.[6]

Es lasse sich die Frage nicht aus der Welt schaffen, ob das optimistische Menschenbild der Aufklärung je etwas anderes gewesen sei als eine gleichsam erlesene Illusion. Denn die Geschichte jener Jahre zeige, wie »schwach die Dämme aus Kultur, Moral und Rechtsnormen sind und dass sie verstärkter Befestigung bedürfen. Die Gegenwart hat dieses eigentliche Vermächtnis jener Jahre nie angenommen«[7]. Es sei verdrängt worden, weil man nicht in der Lage gewesen sei, ihm standzuhalten. Allzu leichtfertig sei es, sich einzureden, man habe gelernt aus jener Zeit, dass Solches überhaupt nicht mehr passieren könne und darum niemanden zu tangieren brauche. Richtig sei vielmehr, dass es jederzeit wieder geschehen könne.[8]

---

5   Joachim Fest, Das Böse als reale Macht, in: Der Spiegel 43/99, 196.
6   Joachim Fest, a. a. O, 197.
7   Joachim Fest, a. a. O. 197.

Fest fährt fort: »Doch gibt es in der Anthropologie keine Anachronismen. Das Stück beginnt jeden Tag neu. Nur die Kulissen und die Stichworte wechseln.«[9]

Viele der gängigen Deutungen der Schrecken der Nazi-Herrschaft laufen nach seiner Auffassung

> »auf den Versuch hinaus, das idealisierte Menschenbild der Aufklärung durch die Zeit zu retten. Aber das zurückliegende Jahrhundert hat es widerlegt und eine Ahnung davon vermittelt, dass es das Böse als reale Macht gibt, wie immer man es nennen mag. Das ist Hitlers noch immer verleugnetes Vermächtnis.«[10]

Ich finde in dieser Beschreibung der Lehre, die der Holocaust und die NS- Zeit uns zu lernen aufgegeben hat, und der ich zustimme, vor allem eines: die Bestätigung des biblischen Menschenbildes. Es gibt das Böse, es gehört zu der Realität dieser Welt; und es ist leichtfertig, im höchsten Maße gefährlich gar, die Augen vor seiner Wirklichkeit zu verschließen. Das Menschsein ist zu allen Zeiten aus sich heraus gefährdet, niemand kann sich seine Gerechtigkeit selbst verschaffen. Der Verstrickung von böser Tat und Schuld kann niemand entkommen, auch nicht der ethisch hoch stehende, sich strebend bemühende Mensch. Das Böse ist als anthropologische Konstante zu verstehen; man

---

[8] So auch jüngst die Genozid-Forscherin Birthe Kundrus: »Gewaltbereitschaft ist eine anthropologische Konstante«, in: Der Spiegel, 11/08, 54.

[9] Joachim Fest, a. a. O. 197.

[10] Joachim Fest, a. a. O. 197.

kann ihm nicht entrinnen, es sind eben nicht nur die negativen politischen Umstände, fehlgelaufene Sozialisationsprozesse oder schlechte gesellschaftliche Einflüsse, die den Menschen böse handeln lassen; es ist seine grundsätzliche Ausgeliefertheit an sich selbst. Darum ist der Mensch, so wie er ist, erlösungsbedürftig.

Die Verstrickung in das Böse

Das verdeutlicht ein Blick auf die Situation des deutschen Widerstandes gegen Hitler. Die Verschwörer litten in extremer Weise unter den ausweglosen Verstrickungen, in die sie geraten waren durch die Bosheit des Regimes, die Kriegssituation und die vielfältigen Abhängigkeiten von Mächten und Zwängen, die sie nicht beeinflussen konnten. Es gab so viele Konflikte, in denen abzuwägen war – und man sich niemals sicher sein konnte, dass die getroffenen Entscheidungen richtig und hilfreich gewesen wären. Um die Widerständler herum war ein unzugängliches Dickicht von dauernder Gefahr und Pflichtbewusstsein, von äußerem Zwang und innerer Freiheit, von namenlosem Schrecken und tiefem Glauben; und in alldem das Bewusstsein, ein Verhängnis zu erleiden, das nicht aufgehalten werden konnte, aber dennoch nach dem ganzen Einsatz der Person verlangte. In diesem Zusammenhang hat Bonhoeffer einmal davon gesprochen, dass er sich »Gott ganz in die Arme« geworfen habe. In dem Kreis der Offiziere, die das Attentat auf Hitler wagten, wurde gesagt, dass es getan werden müsse, um eben der Werte willen, die von den Nazis zerstört wurden; koste es, was es wolle – und sei es das Leben.

Sie, wie auch die Geschwister Scholl, verstanden ihr Handeln als ein Opfer. Sie waren Christenmenschen, und darum wussten sie, dass Opfer zum Leben dazugehören.

Die Notwendigkeit des Opfers

Opfer zu bringen oder das Opfer eines anderen zu empfangen, ist aber nicht nur in solch finsteren Zeiten nötig. Vielmehr ist es so, dass die unzähligen ineinander verflochtenen Störungen in den Beziehungen der Menschen, das Aneinander-Schuldigwerden und das Ausbleiben von Bekenntnis und Vergebung dazu führen, das eine Art von Gefangenschaft entstehen kann, ein undurchdringlicher Wust aus Störungen und Verzerrungen und Schuld, der wirkt wie ein Verhängnis zum Unheil. Leben wird immer auf Kosten anderen Lebens gelebt. Nur ein Opfer kann daraus befreien, dass also jemand für seinen Teil den Mut und die Kraft aufbringt, auf seinen tatsächlichen oder vermeintlichen Anspruch gegen die anderen zu verzichten, die Gefangenschaft des Schuldgeschehens zu verlassen und den Wunsch nach Vergeltung nicht mächtig werden zu lassen; also den Blick von dem eigenen Ich abzuwenden und auf den Nächsten zu richten. Jeder von uns kennt Situationen, in denen wir uns herausgefordert sehen, ein Opfer zu bringen; um des anderen willen, oder für die Gemeinschaft, in der wir leben. »Meine Tochter opfert sich für mich auf«, sagte ein pflegebedürftiger alter Mann, in tiefer Dankbarkeit. Und jeder von uns wird sich erinnern, wie dankbar wir waren, welche Erleichterung wir verspürten, als ein Nächster für uns ein Opfer brachte.

An der Frage der Anthropologie entscheidet sich also, wenn auch nicht alles, so doch sehr viel. Wer vom prinzipiellen Gutsein eines gottgleich geschaffenen Menschen ausgeht, wird nichts von seiner Erlösungsbedürftigkeit wissen wollen und dementsprechend die Notwendigkeit eines Opfers um der Sünde willen oder die Möglichkeit der Stellvertretung – des pro nobis – nicht nachvollziehen können. Wer aber die Widersprüchlichkeit des Menschen und die Ambivalenzen seines Handelns in der Welt als Teil seiner Geschöpflichkeit versteht, der wird auf Erlösung und Versöhnung hoffen.

Die realistische Sicht auf den Menschen des christlichen Glaubens zielt also auf die Soteriologie, sie bekommt gerade an diesem Ort erst ihre eigentliche Bedeutung. Denn sie lehrt ja, dass wir uns nicht selbst von dem Bösen befreien können, sondern einer Versöhnung bedürfen, die nicht aus uns selbst kommt.

Das Opfer im Alten Testament

Um das pro nobis des Kreuzes Christi zu verstehen, ist es sinnvoll, zunächst dem Verständnis des Opfers im Alten Testament[11] nachzugehen. Denn die Frage, wie der Tod einer anderen Person Erlösung für mich sein kann, wird vor diesem Hintergrund besser verstanden werden können. »Opfer« meint im alten Bund eine wiederholbare Sühne für die (wiederholte) Schuld des Volkes (Israel), für die Ver-

---

[11]   Vgl. hierzu Ernstpeter Maurer zu Hebr 9,15 ff in GPM 60/2.

strickung in und das Tun des Bösen. Der Tempelritus dient der Wiederherstellung der gestörten Gemeinschaft zwischen Gott und den Menschen. Dieser Zusammenhang wird in einer elementaren Weise entfaltet. Über der Opferung eines Tieres auf dem Altar Gottes liegt ein tödlicher Ernst, der die Dramatik der Bedrohung der menschlichen Gemeinschaft durch Schuld und Sünde aufscheinen lässt. Denn sie zerstört ja die Beziehungen der Menschen untereinander, sie schafft Feindschaft, löst den Gedanken an Rache und das Bedürfnis nach Vergeltung aus. Ohne Bekenntnis der Schuld und Bitte um Vergebung ist das Zusammenleben in Frieden bedroht, und vor allem auch die Beziehung zu Gott, der doch das Leben will. In seinem Tempel erfährt das Volk Israel, dass nicht das Blut des Sünders fließen soll; es bleibt das Leben nicht gefangen in dem Kreislauf von Rache und Vergeltung, vielmehr wird durch das Opfer die gestörte Beziehung geheilt. Gott selbst greift ein, er ist der Herr des Geschehens, er nimmt das Opfer gnädig an, weil er die Heilung des Zerrissenen will. Ein Opfer wird gebracht, und neues Leben kann beginnen, die durch den Einbruch des Bösen zerstörte Gemeinschaft wird geheilt. Im Zentrum des altestamentlichen Opfergedankens steht also die Versöhnung mit Gott, um der Heilung des Lebens willen. Damit ist das Opfer vom Alten Testament her immer auf das menschliche Tun, nicht auf eine Not Gottes bezogen: Opfer geschehen um der Menschen willen, denn sie sind des Opfers, des sacrificiums bedürftig – aber nicht dazu bestimmt, victimae zu sein!

Zweifellos spielt daneben auch der Gedanke eine Rolle, dass Gott dem Menschen zürnt; aber es ist ja bereits ein

Symptom für seinen Vergebungswillen, dass es eine Möglichkeit gibt, dem Zorn durch ein festgelegtes Tieropfer zu entgehen. Insofern ist der Zorn Gottes immer schon von seiner Vergebung umgriffen.

Pro Nobis

Im Neuen Testament verdichtet das Kreuz Jesu dieses Verständnis des Menschen und den Gedanken von der Notwendigkeit des Opfers auf das Äußerste. Im Hintergrund steht der Sühnopfergedanke des Alten Testaments; aber er ist aufgebrochen und radikalisiert.

Der Gekreuzigte leidet ein für allemal den Tod, für uns, um unseren bösen Tuns, um unserer Verstrickung in die Sünde willen – und damit ist der Opferkult erledigt. Jesus bringt das letzte Opfer. Mit seinem Tod, und nur durch ihn verliert das Opfer als Mittel zur Wiederherstellung der Gemeinschaft zwischen Gott und Mensch seine allgemeine Bedeutung.[12]

Paulus bindet die Versöhnungslehre konsequent an das Wort vom Kreuz – das Wort von der Versöhnung (2Kor 5,19) ist das Wort vom Kreuz (1Kor 1,18). Der Gekreuzigte ist »für uns« gestorben; durch sein Opfer ist der wegen der Sünde, wegen des Bösen bestehende Gegensatz der Menschen zu Gott überwunden worden. Denn seine Auferweckung erhöht ihn zum Christus, und darum wird das Geschehen für uns

---

[12] Vgl. hierzu Gerhard Ebeling, Dogmatik, Bd. 2, Tübingen 1982, 152.

und für viele zum Heil. Weil er, der das Opfer brachte, von den Toten auferweckt ist, ist das neue Leben aus Glauben möglich und die Vergebung der Sünden in ihm eröffnet.

So geschieht Versöhnung, und die Menschen sind daran nur beteiligt als Empfangende; denn aus eigener Kraft und Fähigkeit kann die Verstrickung in das Böse nicht aufgebrochen werden. Es gilt (2Kor 5,20) »Lasst euch versöhnen mit Gott.«

»Nirgendwo im NT ist gesagt, dass Gott versöhnt worden sei, sondern stets wird betont, dass Gott und kein anderer das Werk der Versöhnung wirkt, indem er sich uns in Christus zuwendet.«[13] Nicht Gott muss versöhnt werden – im Gegenteil, es geht darum, dass der Mensch versöhnt wird! Das zeigt auch die Antwort auf die Frage, um wessen willen das Opfer geschieht: wenn das Sterben Jesu nicht pro nobis geschehen wäre, dann könnte es tatsächlich nur um Gottes willen geschehen sein – und dann handelte es sich nicht um die Rechtfertigung des Sünders, sondern um »Rechtfertigung Gottes«.

Gott ist also das Subjekt des Versöhnungsgeschehens, nicht das Objekt. Gott bringt selbst das Opfer, das versöhnt; und so kann im Blick auf das Kreuz Christi streng genommen von einem Opfer paradoxerweise nur im Sinne eines Selbstopfers Gottes gesprochen werden.[14]

Gottes Zorn richtet sich auf die Sünde, nicht auf den Sünder. Ihm gilt seine vergebende Liebe. »Christus starb

---

[13] Eduard Lohse, Das Ärgernis des Kreuzes, 86.

[14] Vgl. Ulrich H. J. Körtner, Evangelische Sozialethik. Grundlagen und Themenfelder, Göttingen 1999, 114 ff.

für unsere Sünden [...] unsere Sünden, die durch unser schuldhaftes Versagen begründete Gottesferne hat er auf sich genommen, um uns von dieser Last zu befreien.«[15]

Für dieses Verständnis des Opfers Christi am Kreuz gibt es nur eine Voraussetzung, dass nämlich der Mensch der Versöhnung wirklich bedarf; und darum ist die biblische Anthropologie von so überragender Bedeutung, und darum ist es so notwendig, in Bezug auf das Menschenbild die Lehren aus der Geschichte des 20. Jahrhunderts zu ziehen.

Zusammengefasst ist zu sagen, dass wir an der Rede von dem Opfer Christi »für uns« festhalten sollten, denn sie bringt zur Sprache:

- Der Mensch ist der Versöhnung bedürftig; er kann sich selbst nicht aus der Verstrickung in das Böse befreien.
- Gott ist das Subjekt des Versöhnungsgeschehens. Er hat in dem Kreuz des auferstandenen Christus die Menschen mit sich versöhnt.
- Ihr Beitrag ist, das Geschenk der Versöhnung anzunehmen (2Kor 5,20).

»Trotz aller Anstößigkeit für heutige Ohren dient das Verständnis des Todes Jesu als Sühnopfer der theologischen Wirklichkeitskritik, und darum ist sie nach wie vor für die christliche Kirche von höchster Bedeutung. Sie hilft, sich als durch Christus mit Gott versöhnte Menschen der Welt liebend zuzuwenden, als »neue Kreaturen« in einer durch das Kreuz veränderten Welt.«[16]

---

[15] Eduard Lohse, Das Ärgernis des Kreuzes, 85.

Es wäre verfehlt und arm, die Sühnopfertheologie aufzugeben um eines vermuteten Akzeptanzproblems, eines vermeintlichen Lebensgefühls oder einer unbiblischen Anthropologie willen. Das wäre Selbstsäkularisierung, oder schlimmer noch, Selbstbanalisierung – denn es geht ja um elementare Fragen des Menschseins; und zugleich um den Grund des Glaubens.

Zweifellos gibt es Schwierigkeiten, das pro nobis in der Moderne zu vermitteln. Aber das war auch zu anderen Zeiten der Geschichte so; und es wäre ja töricht, den Reichtum des Glaubens immer dann zu verkürzen, wenn einzelne Elemente nicht mit dem Lebensgefühl der Zeit übereinstimmen. Das verbietet der Respekt vor der Heiligen Schrift, der ihr gerade dann zukommt, wenn einzelne Aussagen uns fremd anmuten. Stattdessen sollten wir uns um die Predigt vom Kreuz bemühen und uns der hermeneutischen Aufgabe mit Kreativität und Entschiedenheit zuwenden.

Konsequenzen für die Verkündigung

Die Predigt des Kreuzes setzt die Treue zur Botschaft der Heiligen Schrift ebenso voraus wie die Kenntnis der menschlichen Lebenswirklichkeiten und den Bezug auf die Bedingungen des Menschseins. Vor dem Hintergrund der

---

[16] Ev. Kirche in Hessen und Nassau, Stellungnahme des Leitenden Geistlichen Amtes zur umstrittenen Deutung des Todes Jesu als ein Gott versöhnendes Opfer, Darmstadt 2008, Zi. 18.

Verstehenshindernisse wird die erste Aufgabe der Verkündigung sein, inmitten der Zeit die Widersprüche und Ambivalenzen des Daseins aufzudecken. Es ist eine prophetische Aufgabe der Theologie, die durchaus im Sinne der alttestamentlichen Prophetie gedacht werden kann: Es geht darum, eine Zeitansage zu unternehmen, die Tiefenschichten des modernen Lebens auf ihre Konsistenz und Tragfähigkeit hin zu untersuchen und in ihren Zusammenhängen die Lehre von der Versöhnung ihrem Sinn gemäß zur Sprache zu bringen. Die Aufgabe beginnt mit einem nüchternen Blick auf die Lebenswirklichkeit der Menschen; sie will im Licht, das Christus ist, ausgelegt sein.

Nun hat Christus keine philosophischen Schriften verfasst, nicht den »Menschen an sich« angesprochen, vielmehr richtete er sich immer und ganz unmittelbar an den einzelnen Menschen in seiner Individualität. Darum ist die Lebensgeschichte des einzelnen Menschen der Ort, in den hinein wir verkündigen; die Lebenssituationen sind der Grund und der Anlass für die Verkündigung der Versöhnung. Denn sie geschieht ja nicht abstrakt, sondern – für uns, für mich.

So wird unsere Predigt die Geschichte Gottes mit uns Menschen weitererzählen; sie zeigt den Weg, den Gott bis heute mit uns geht. Wir können die Orte benennen, an denen dies geschieht – die Politik des Landes und der Gemeinden, das Leben in den Gemeinschaften, den Familien, in der Arbeitswelt; und wir können die Notwendigkeit der Versöhnung an diesen Orten aufzeigen, um der Zwietracht und der Konflikte willen, die es tagtäglich dort gibt, um der Selbstbezogenheit und der Orientierungslosigkeit willen, denen viele Menschen heute ausgeliefert sind.

Es mag eine gefühlte, immanente Anthropologie der Moderne geben und ein daraus resultierendes Lebensgefühl, das nicht von Bedürftigkeit und Unzulänglichkeit ausgeht. Aber es gibt auch eine Lebens*wirklichkeit*, die eine andere Sprache spricht und dieses Gefühl dem nagenden Zweifel aussetzt. Zunehmend richten sich Zweifel auf die Anthropologie der Leistungsgesellschaft. Tagtäglich wird die Leistungsfähigkeit eines jeden einzelnen gewogen und mitunter für zu leicht befunden – sei es in Bewerbungsgesprächen der Unternehmen, in Auswahlverfahren der Schulen und Universitäten oder auch im Vergleichen der eigenen mit der Lebenssituation anderer. Seit Jahren ist eine Tendenz zur Ökonomisierung aller Lebensbereiche zu beobachten, die jeder Gestalt des Lebens, jeder Lebensäußerung und damit auch der Person einen Marktwert zuschreibt und sie daran misst. Die Frage nach der Versöhnung stellt sich auch den »modernen Heiden«; nicht mit dem Blick auf einen Gott, der dem Menschen fordernd gegenübersteht, wohl aber angesichts der letzten Unerbittlichkeit der Hochleistungsgesellschaft: »Wer nicht mithalten kann bei der Kleidung, in der schulischen oder beruflichen Leistung, im Sport, bei der Wahl der Urlaubsziele, der ist ›weg vom Fenster‹, ›den kannst du vergessen‹, wie es entlarvend und vernichtend heißt.«[17] Es ist ein Verhängnis, wenn das Zusammenleben an Wertvorstellungen

---

[17] Wilfried Härle, Rechtfertigung heute, epd-Dokumentationen 13/2008, 12.

orientiert ist, die nicht über Nützlichkeitserwägungen hinausreichen.

Unter diesen Bedingungen braucht es ein realistisches Menschenbild, das Gott als des Menschen Gegenüber im Blick behält. Es kommt darauf an, den Menschen nicht zu überfordern, ihn nicht zu vergotten – und zugleich eine Perspektive auf unbedingte Annahme zu eröffnen. Was für eine große Chance ist es da, einen barmherzigen Gott, das Opfer, das Christus für uns gebracht hat und die Versöhnung allein aus Glauben verkünden zu können; nicht allein das Kreuz, sondern zugleich die Auferstehung des Gekreuzigten predigen zu dürfen, am Karfreitag immer schon von Ostern herzukommen.

All das ist in der klassischen Formel von Gesetz und Evangelium zusammengefasst. Das eine kann es nicht geben ohne das andere: ein Evangelium, das nicht verkündigt wird angesichts der vollständigen, ungeschönten Wirklichkeit des Menschseins, wird belanglos, oberflächlich, beliebig. Bleibt es bei dem Gesetz allein, versteinern die Herzen unter der Knute der Anforderungen dieser Welt, und der Ruf Gottes zur Versöhnung bliebe unerhört. Wir verkündigen die Frohe Botschaft, das »lebensbestimmende Vertrauen auf Gott«.[18]

---

[18] Willfried Härle, a. a. O., 10 f.

Zum Burnout-Syndrom bei kirchlich Mitarbeitenden

Pastoralbrief, August 2009

Liebe Schwestern und Brüder,

hinter mir liegt eine erholsame Urlaubszeit an der Ostsee und ich hoffe, dass auch Sie mit frischen Kräften zurückgekehrt sind in die vertraute Umgebung. Wie »gut es ist, hier zu sein« (Mt 17,4), entdeckt man ja häufig nach einer Zeit der Abwesenheit in neuer Weise. Manchmal allerdings ist die Rückkehr auch mit bänglichen Gefühlen verbunden, weil belastende Umstände sich nicht verändert haben.

Nahezu unbemerkt von der kirchlichen Öffentlichkeit ist einer kleinen Publikation der VELKD in den ersten Monaten dieses Jahres ein erstaunlicher Erfolg gelungen. »Stay wild statt burn out. Leben im Gleichgewicht«[1], eine Schrift zum Umgang mit dem sogenannten Burnout-Syndrom, ist aus dem Internet bisher 25.000-mal heruntergeladen worden, und die Druckauflage liegt inzwischen in der zweiten Auflage bei ebenfalls bemerkenswerten 5600 Exemplaren. Freuen wird man sich über diese Zahlen allerdings nicht, denn sie zeigen ja ein ernstes Problem an.

---

[1] In der Kirchenleitung hatte ich die Frage gestellt, ob dem einen Anglizismus unbedingt noch ein weiterer hinzugefügt werden muss; die Antwort war »ja«.

Viele Mitarbeiterinnen und Mitarbeiter in den Kirchen, unter ihnen auch Pfarrerinnen und Pfarrer, leiden unter dem Gefühl, einer permanenten Überbeanspruchung ihrer Kräfte ausgesetzt zu sein und suchen nach Hilfe. Insofern war ich dankbar, dass der Pfarrerverein unserer Landeskirche sich im letzten Jahr bei seiner Jahrestagung mit dem Problem beschäftigt hat. Angemerkt sei, dass es sich dabei keineswegs um ein spezifisch kirchliches Phänomen handelt, der Begriff ist ja auch zuerst im säkularen Raum (m. W. in den USA) gebraucht worden.

Im Folgenden möchte ich aus meiner Sicht etwas zu den Ursachen sagen, soweit sie überpersönlicher Natur sind; und empfehle im Übrigen die Lektüre der Schrift, die im Amt der VELKD in Hannover bestellt werden kann (www. velkd.de).

Wir leben in einer Zeit, in der sich die Lebensumstände sehr schnell und zugleich tief greifend verändern. Was gestern noch unumstößliche Gewissheit war, gilt heute kaum etwas und ist morgen schon in Vergessenheit geraten, so möchte man vielleicht karikierend sagen. Jedenfalls stehen wir vor einem Beschleunigungsphänomen, für das als historische Analogie allenfalls die Umwälzungen des beginnenden Industriezeitalters heranzuziehen wären. Wir erleben rasch verlaufende und vielfältige Prozesse der Individualisierung und der Pluralisierung der Lebensformen. Alle Institutionen, die das gesellschaftliche Leben oder auch die elementaren Gemeinschaftsbezüge prägen, geraten dadurch in besonderer Weise unter Druck – denn jede Veränderung in den individuellen Lebensentwürfen bzw. in den personalen Entscheidungen der vielen Einzelnen ist ja zumindest tendenziell geeignet, die kollektiven Strukturen zu verändern. Zugespitzt: Schwache Kollektive sind die Folge starker Individuen. Ein Seitenblick auf die Veränderungen in den ländlichen Räumen, auf die Theaterszene, das literarische Leben oder auch auf die Probleme der Schulen, Parteien, Gewerkschaften und nicht zuletzt der Vereine, Mitglieder zu gewinnen oder zu binden, mag verdeutlichen, dass die Kirchen beileibe nicht die einzigen Institutionen sind, die unter starkem Anpassungs- oder Veränderungsdruck stehen.

Aber die Kirchen (und zumal jene im Osten Deutschlands) sind zweifellos in besonderer Weise betroffen, denn der Verlust vieler Mitglieder verändert sie und ihr Leben bereits seit Langem; und die Auswirkungen dieser Prozesse sind nicht abgeschlossen.

Zugleich wirken sich aktuelle Prozesse immer unmittelbar auf uns aus, denn der kirchliche Dienst ist nah bei den Menschen – und damit auch geprägt von den Veränderungen, die ihr Leben bestimmen. Wohl jeder von uns macht die Erfahrung, dass wir unsere Arbeit nicht in gewohnter Weise, über längere Zeiträume und in Ruhe, ohne dass es die Notwendigkeit der Überprüfung gäbe, tun können. Ständig sind die Dinge im Fluss; und was gestern noch in der Konfirmandenarbeit erfolgreich war (um ein Beispiel zu nennen), kann heute schon eine Quelle der Frustration sein.

Es gibt wenig Selbstverständlichkeiten, über die wir nicht nachzudenken brauchten – denn die Menschen und ihr Leben verändern sich, und da unser Auftrag den Menschen gilt, liegt ein permanenter Veränderungsdruck auf dem kirchlichen Dienst. Ihm standzuhalten, ist mit besonderen Belastungen und großer Anspannung verbunden und beschwört die Gefahr herauf, dass die psychischen und physischen Kräfte überfordert werden. Das »Ausbrennen« ist eine höchst reale Gefahr.

Was kann man dagegen tun?

Ich halte es zunächst einmal für wichtig und bedeutsam, dass wir über die Rahmenbedingungen unseres Dienstes untereinander in einem kontinuierlichen Gespräch sind. Wenn es schon so ist, dass es nur mehr wenige Selbstverständlichkeiten gibt, sollten wir nicht so tun, als wäre es anders. Das allerdings geschieht nach meinem Eindruck noch zu oft, und so kommt es nicht oder nicht genug zum Austausch. Nicht selten gibt es eine Scheu, über Misserfolgserlebnisse offen zu reden. Das ist nicht hilfreich,[2] denn häufig steht jeder von uns vor der Aufgabe, sich in unbekannten Konstellationen zurechtzufinden, geht es bei niemandem ohne Erlebnisse des Scheiterns ab. Die frustrierende Erfahrung, dass es Grenzen gibt, die wir nicht überwinden können, bleibt uns nicht erspart. Da kann es sehr entlastend sein, von anderen zu hören, dass sie sich mit ähnlichen Problemen herumschlagen; und nach aller Erfahrung ist es auch so, dass die Kolleginnen und Kollegen Lösungen gefunden haben oder sich ihnen in einer Weise nähern, die einem selbst hilfreich sein kann – obwohl man alleine nicht auf die entsprechende Idee gekommen ist. Jedenfalls gilt: In Zeiten schneller Veränderungen ist das kollegiale Ge-

---

[2] Und entspricht auch nicht dem Zusammenleben in einer geistlichen Gemeinschaft.

spräch von herausgehobener, geradezu unersetzlicher Bedeutung. Hier sehe ich eine unersetzliche Funktion der
Pfarrkonvente.

In den letzten Jahren wurden zudem in der Landeskirche eine Reihe von unterstützenden Angeboten aufgebaut
und etabliert, die dem Ziel dienen, die Kompetenz in den
Veränderungsprozessen zu stärken: Gemeindeberatung,
Jahresgespräche, Supervision, Coaching und das Kontakt-
studium sind entlastende Arbeitsformen, und ich ermutige
ausdrücklich, sie in Anspruch zu nehmen. Gleiches gilt für
die Angebote des Pastoralkollegs, des TPI in Moritzburg,
des ISG in Leipzig und des Hauses der Stille in Grumbach.

Aber natürlich kann die Erfahrung des »Ausbrennens« neben den allgemeinen Rahmenbedingungen des kirchlichen
Lebens in unserer Zeit auch sehr persönliche Ursachen
haben, die eine pauschale Herangehensweise in einem Brief
wie diesem nicht zulassen. Aus meiner Sicht – die eigene Erfahrungen, ich könnte auch sagen: eigenes Erleiden ein-
schließt – sind aber doch zwei Problemkreise bedeutsam, die
als Gestaltungsaufgabe wahrgenommen sein wollen.

Da ist zunächst die Schwierigkeit, das richtige Maß zwischen Anspannung und Entspannung zu finden. Der
kirchliche Dienst zeichnet sich häufig durch das Fehlen
klarer Vorgaben aus und dementsprechend durch die Notwendigkeit, den Berufsalltag selbst zu strukturieren. Die
unmittelbaren Anforderungen sind in der Regel weniger
konkret ausformuliert als beispielsweise in Industrie-
unternehmen oder in staatlichen Verwaltungen; man
muss nicht jeden Morgen zur gleichen Zeit an seiner Ma-
schine stehen oder den Computer einschalten. Die kirch-

lichen Arbeitgeber erwarten ein hohes Maß an Eigeninitiative und Selbstbestimmung – was ja auch dem Verkündigungsauftrag entspricht. Dieses hohe Maß an Freiheit in der Gestaltung des beruflichen Handelns kann aber auch zu einer Last werden – man kann daran scheitern. Das richtige Maß ist nicht leicht zu finden, sowohl Unter- als auch Überforderung sind zu vermeiden. Das eine wie das andere schadet sowohl der Person als auch der Arbeit (meist in dieser Reihenfolge), und beides kann »Burnout«-Phänomene auslösen. Vielmehr kommt es darauf an, zu einem ausgewogenen Verhältnis von Arbeit und Erholung zu finden, das den persönlichen Gaben und Möglichkeiten entspricht. Nicht zuletzt geht es dabei auch um die Balance von Körper und Seele, die in einer unauflöslichen Wechselbeziehung zueinander stehen – wer im Beruf seine mentalen Kräfte einsetzt, wie wir es tun, sollte nach meiner persönlichen Lebenserfahrung darauf achten, die körperlichen Kräfte zu stärken und leistungsfähig zu erhalten. Das hilft erstaunlicherweise zuerst der Psyche, und darum möchte ich dazu ermutigen, sich Freiräume zu schaffen, die der Erholung dienen, um dann mit neuen Kräften ans Werk gehen zu können.

Jedenfalls ist es eine nicht kleine Gestaltungsaufgabe, zu einem Leben im Gleichgewicht zu finden. Sie ist jedem selbst gestellt und kann nicht delegiert werden auf andere. Es geht um Selbstleitung.

Das gilt auch und besonders in Bezug auf die geistliche Dimension. Wir werden gerecht vor Gott allein aus Glauben, nicht als Folge unseres Handelns. Darin liegt eine höchst konkrete Entlastung, die ich in Luthers Morgen-

und Abendsegen in einer elementaren Form finde, die mich ruhig werden lässt: »Denn ich befehle mich, meinen Leib und Seele und alles in deine Hände«.

Dass wir des Morgens und des Abends und zum Klang der Glocken beten, ist ein wirksames Mittel gegen Erschöpfung und besinnungslose Hetze. Zugleich liegt eine Erinnerung darin, dass jeder Christenmensch für die Gestaltung seiner Gottesbeziehung selbst verantwortlich ist. Das ist, in traditioneller Sprache, eine Frage der Frömmigkeit. Sie dient dem »Brennen unserer Herzen« (Lk 24,32) und wehrt so dem Burnout. Wie wir die Bibel lesen, in welcher Intensität, in welcher Regelmäßigkeit und in welcher Haltung wir beten, wie wir mit Schwestern und Brüdern im Gespräch über Glaubensfragen sind, ob wir die Disziplin aufbringen, um die als sinnvoll erkannten geistlichen Übungen auch einzuhalten, das alles und einiges mehr ist eine höchst persönliche Angelegenheit, von der kein Glied unserer Kirche sich entlasten kann. Allerdings dürfen wir wissen, dass wir, auch wenn es sich um Selbstleitung[3] handelt, mit ihr nicht allein gelassen werden, sondern an die Gemeinschaft verwiesen sind, der wir angehören. Von ihr dürfen wir Hilfe, Anleitung und auch Korrektur erwarten – und sollen sie auch in Anspruch nehmen, Seelsorge empfangen und Rat hören. Die Kirche Jesu Christi trägt ihre Glieder, insbesondere in Schwächephasen. Ich hoffe und wünsche, dass das in unseren Pfarrkonventen erlebbar wird.

---

[3] Selbstleitung ist im Übrigen zu einem nicht geringen Teil eine Frage der Selbstdisziplin.

Andererseits braucht die Kirche selbst Zuwendung und ist darauf angewiesen, dass die Schwestern und Brüder ihr dienen und durch sie dem Auftrag, Christus zu bezeugen. Darum ist es unschön, die Gemeinschaft für Beschwernisse in Anspruch zu nehmen, die sie weder zu verantworten hat noch aus der Welt schaffen kann. Solche Haltungen begegnen mir leider gelegentlich, nicht zuletzt im Zusammenhang mit der Klage über Burnout unter Mitarbeitern. »Ich käme schon zurecht, wenn die Kirchenleitung uns für eine gewisse Zeit mit ihren Strukturreformen verschonen würde ...«, kann man gelegentlich hören.[4]

Solche Rede übersieht, dass die Leitung der Kirche nicht anders als jeder einzelne Mitarbeiter vor der Aufgabe steht, aus den Veränderungen, die sich ohne unser Zutun ergeben, die Konsequenzen zu ziehen. Um an einem Beispiel konkret zu werden: Für die Mitarbeiter in den ländlichen Räumen ist es eine Not, dass der Radius um sie herum stetig größer geworden ist. Wo noch vor zwei Generationen drei oder gar vier Pfarrer amtierten, steht manchen Gemeinden heute nur noch einer zur Verfügung. Das ist beschwerlich und kräftezehrend und trägt die Gefahr des Ausbrennens in sich. Die Ursache dieser schmerzlichen Ver-

---

[4] Ich erinnere an die im Jahr 2006 gemachte Aussage, dass es bis zum Jahr 2013 keine weiteren Reduzierungen im Verkündigungsdienst geben wird. Welche Institution wagt es in diesen Zeiten schon, eine solche Vorhersage zu machen? Zum gegenwärtigen Zeitpunkt sieht es so aus, dass wir sie auch unter den Bedingungen der – seinerzeit nicht absehbaren – Wirtschaftskrise einhalten werden.

änderungen sind im Wesentlichen die Landflucht aufgrund nicht vorhandener Arbeitsplätze und die demographische Entwicklung; beides kann von der Kirchenleitung nicht beeinflusst werden. Für sie gilt aber, dass es keine denkbare Variante der Personalplanung gibt, in der die Zahl der Gemeindeglieder außer Betracht bleiben kann.

Abschließend möchte ich nochmals das Haus der Stille (www.haus-der-stille.net) all denen empfehlen, die eine »Auszeit« oder eine Phase der Selbstfindung und der Klärung brauchen.

Übrigens wurde in diesem Jahr beschlossen, die 22. Landeskirchliche Pfarrstelle zur Förderung geistlichen Lebens und evangelischer Spiritualität auf Dauer als 100%-Stelle weiterzuführen. Sie ist mit der Arbeit in Grumbach verbunden und Pfarrer Heiner Bludau übertragen. (Im aktuellen Pfarrerverzeichnis ist sie noch als Pfarrstelle für Retraitenarbeit beschrieben.)

Mit dem Dienst der mittlerweile rund 150 Prädikantinnen und Prädikanten machen wir seit vielen Jahren segensreiche Erfahrungen. Sie bereichern die Verkündigung, indem sie das Evangelium aus ihrem je eigenen Erfahrungshintergrund zur Sprache bringen. Zugleich sichern sie die Vielfalt und Kontinuität gottesdienstlichen Lebens in unserer Landeskirche.

Auf Grund dieser guten Erfahrungen möchten wir mehr Prädikantinnen und Prädikanten gewinnen und in ihrem Dienst begleiten. Deshalb wurde Pfarrer Michael Markert als Referent für die Prädikantenarbeit ans Pastoralkolleg in Meißen berufen und am 14. Juni in seinen Dienst eingeführt. Er übernimmt die Fortbildung der Prädikanten, begleitet Prädikantenkonvente und bereitet Religions- und Gemeindepädagogen auf den ehrenamtlichen Prädikantendienst vor. Außerdem wird er als Studienleiter und Dozent beim Kirchlichen Fernunterricht (KFU) mitarbeiten, der nach wie vor den wichtigsten Zugang zum Prädikantendienst darstellt.

Im Herbst beginnt ein neuer Ausbildungsdurchgang. Es wurde ein vierter Parallelkurs eingerichtet, so dass sich die uns zur Verfügung stehende Kapazität also verdoppelt hat. Zwei dieser Kurse finden in Sachsen statt. Der erste beginnt am Wochenende vom 16. bis 18. Oktober in Röhrsdorf bei Chemnitz, der zweite am Wochenende vom 23. bis 25. Oktober im Pastoralkolleg Meißen. Anmeldungen dazu sind noch möglich. Das Büro des Kirchlichen Fernunterrichts (Am Dom 2, 39104 Magdeburg, Tel.: (0391) 54469-39, E-Mail: kfu@ekmd.de) sendet Interessierten gern die Bewerbungsunterlagen zu.

Ich schließe mit der Bitte, in den Gottesdiensten auch weiterhin der im Jemen Entführten zu gedenken. Ich grüße Sie aus der Bischofskanzlei mit herzlichen Segenswünschen für Ihren Dienst, und mit EG 163 sowohl für das Lassen als auch für das Tun.

gez. Jochen Bohl
Landesbischof

Literaturhinweis:

Andreas von Heyl, Zwischen Burnout und spiritueller Erneuerung Studien zum Beruf des evangelischen Pfarrers und der evangelischen Pfarrerin, Frankfurt 2003.

»Hochpolitisch und tief spirituell«
Rückblick auf den Dresdner Kirchentag

Pastoralbrief, Juni 2011

Liebe Schwestern und Brüder,

unser Ostsee-Urlaub brachte jede Menge Regen – erholt haben wir uns trotzdem sehr gut. In diesem Jahr war der Sonnenschein über dem Kirchentag auch deutlich wichtiger.

Ohne dass ich es beabsichtigt hätte, hat meine Urlaubs-Lektüre eine theologische Grundierung angenommen: F. C. Delius »Bildnis der Mutter als junge Frau«; Martin Walser »Muttersohn«; Arnold Stadler »Salvatore«. Alle drei Autoren sind mit dem Büchner-Preis ausgezeichnet worden (Delius in diesem Jahr), und es ist erstaunlich, in welchem Maße sie sich in diesen Texten mit religiösen Themen beschäftigen bzw. Glaubenserfahrungen Ausdruck geben. Dabei ist mir die Arbeit des Pfarrerssohns Delius besonders nah gekommen. Er schildert die Prägung seiner Mutter durch den lutherischen Pietismus; und es ist bewegend, die schwangere junge Frau in den Straßen Roms während der Kriegsjahre zu verfolgen, wie ihre Unsicherheit und die ungewisse Zukunft – der Ehemann ist als Soldat in Nordafrika – in einem tröstenden Glauben aufgehoben sind. (Delius ist in Rom geboren, wo sein Vater Pfarrer an der Christuskirche war.) Bei Walser und Stadler ist die Intensität des religiösen Gefühls eindrücklich, bis hin zu mystischen Anmutungen; was im Fall des Erstgenannten sicherlich für den einen oder anderen überraschend kommt. Insbesondere bei Stadler, der römisch-katholische Theologie studiert hat, ist sie mit einer stark kirchenkritischen Komponente verbunden, in der die Kirchen als mehr oder weniger erstarrte Institutionen gezeichnet werden, die den Weg zu Gott eher verstellen, als dass sie ihn ermöglichen. Nun ja, das liest man als einer der so apostrophierten »Kirchenfürsten« mit einem gewissen Seufzen. Jedenfalls stehen die beiden Katholiken für eine geistige Entwicklung, der wir auch in unserer alltäglichen Arbeit häufig begegnen – dass viele Menschen durchaus eine Sehnsucht nach Glauben verspüren, ohne allerdings der Zugehörigkeit zur Kirche als der Gemeinschaft der Gläubigen Bedeutung beizulegen. Immerhin hat Martin Walser im letzten Jahr nach einem Besuch in der Dresdner Frauenkirche (er gehörte jahrelang dem Kuratorium an) in der FAZ das Erlebnis des Gottesdienstes mit geradezu überschwänglichen Worten gewürdigt. Das wiegt wohl umso schwerer, als die Hauptfigur seines Romans, der »Muttersohn«, es ganz und gar ablehnt, sich auf eine Rede vorzubereiten: Nur spontan könne man die Herzen der Menschen erreichen. Das war in der Frauenkirche aber anders, nämlich solide erarbeitet.

Der Kirchentag liegt nun schon wieder fast drei Monate zurück – für mich waren es bewegende Tage, die meine persönlichen Erwartungen weit übertroffen und meine Hoffnungen erfüllt haben. In all seiner Vielgestaltigkeit ist es dem Kirchentag gelungen, die Gemeinschaft der Christenmenschen zu stärken und in säkularer Umgebung ein kräftiges Zeugnis für Christus zu geben. Er war ein Fest des Glaubens, Zeitansage zu den Streitfragen der Gegenwart und zugleich geprägt von den geistlichen Impulsen mit beeindruckenden Höhepunkten. Einige Zitate:

»Ein kräftiger Impuls für den Glauben.«

»So schön kann Kirche sein.«

»Hochpolitisch und tief spirituell.«

»Eine echte Erfolgsgeschichte von der ersten bis zu letzten Minute.«

»Atmosphärisch hat dieses Kirchenfest Maßstäbe gesetzt.«

»Christsein von seiner besten Seite.«

»Begeisternd.«

»Auf der Höhe der Zeit.«

»Der Kirchentraum von Dresden.«

»Tankstelle für die christliche Seele.«

»Vom 33. Evangelischen Kirchentag geht eine Kraft aus wie seit Langem nicht mehr.«

»Der politischste der letzten Jahrzehnte.«

»Treffen der Gutbürger.«

»Fromme, stimmungsvolle und heitere Festtage vor grandioser barocker Kulisse.«

»Momente stiller Magie.«

»Einer der fröhlichsten und schönsten Kirchentage.«

»So lebendig wie nie.«

»Von gelebter Demokratie und einer neuen Mitmachkultur geprägt.«

»Die Kultur der Publikumsbeteiligung könnte Vorbild sein.«

»In der Kriegsfrage erlebt das Land den vermutlich gehaltvollsten Meinungsaustausch seit Langem.«

Da verblasst die selbstverständlich auch geäußerte Kritik doch sehr.

Besonders gefreut hat mich die starke Beteiligung aus der Region. Erstmals in der Geschichte der Kirchentage nach 1990 waren die Ostdeutschen nicht unterrepräsentiert, und diese Tatsache rechtfertigt die Rede vom »ersten gesamtdeutschen« Kirchentag. Insbesondere die Mobilisierung unserer sächsischen Landeskirche übertraf alle Erwartungen – 27.000 Dauerteilnehmer und jeden Tag 10.000 Tagesgäste sind relativ zu der Zahl der Kirchenmitglieder ein neuer Rekord. Auch bei der Privatquartierkampagne war das Engagement ganz außerordentlich. 12.000 Betten hat meines Wissens bisher noch keine Region zu einem Evangelischen Kirchentag beigesteuert. Schon am Abend der Begegnung war es für mich eine Freude zu sehen, wie viele Kirchgemeinden gute Gastgeber waren. Das war ein vielversprechender Start für die folgenden Tage. Die Heiterkeit und Gelassenheit, die die Kirchentagsbesucher ausstrahlten, hat viele Menschen in ihren Bann gezogen, die mit der Kirche eigentlich nichts zu tun haben wollen. Mehrfach wurde mir von Menschen erzählt, die zunächst sehr skeptisch waren, aber sich dann fasziniert zeigten von einer Kirche, die sich so ganz anders präsentierte als es ihren Vorstellungen oder Vorurteilen entsprach.

Insofern ist es gelungen, Grenzen zwischen Christen und Nichtchristen zu überwinden. Privatquartiere wurden beispielsweise auch von Nichtchristen zur Verfügung gestellt, zum Teil bewusst in der Absicht, einmal einen Christenmenschen kennenzulernen. Bei vielen Gelegenheiten, auch schon während der Vorbereitung, entstanden zahlreiche Kontakte zwischen Kirchgemeinden und Vereinen, Christen und Nichtchristen, die Spuren hinterlassen haben. So haben viele die Kirche einmal ganz anders erlebt, als sie sich das gemeinhin vorstellen: fröhlich, unbeschwert, fromm und gleichzeitig der Welt zugewandt. Auch das wird an Manchen nicht spurlos vorübergehen und den Wunsch geweckt haben, dazugehören zu wollen. Es war ein missionarischer Kirchentag.

Immer wieder habe ich anerkennende und geradezu begeisterte Worte für den sächsischen Beitrag zum Gelingen gehört, die ich gerne an Sie weitergebe. Ich bin sehr dankbar für das große Engagement vieler Mitarbeiterinnen und Mitarbeiter und hoffe, dass segensreiche Wirkungen für unsere Landeskirche dauerhaft spürbar sein werden.

Natürlich gab es auch Irritationen, so in Bezug auf die Nichtzulassung messianischer Juden auf dem Markt der Möglichkeiten und durch einen entsprechenden Stand am Abend der Begegnung gegenüber der Dresdner Synagoge. Vor diesem Hintergrund möchte ich auf die theologische Bedeutung der Kapitel 9 bis 11 im Römerbrief hinweisen. Paulus schreibt ausdrücklich, dass Gottes Gaben und Berufung ihn nicht gereuen können (Röm 11,29). Die Erwählung Israels als Volk Gottes wird von Gott nicht negiert, sondern besteht weiter fort. Das Bild von den wilden Zweigen im Ölbaum (Röm 11,17 ff.) macht es deutlich: Das Christentum hebt die Zusage Gottes an Israel nicht auf. Vielmehr wird es in die – weiterhin bestehende – Verheißung an Israel mit hineingenommen. Von daher unterscheidet sich das christliche Verhältnis zu den Juden grundlegend von dem Verhältnis zu anderen Völkern, Kulturen und Religionen. Christen sind mit den Juden als

Gottes Volk auf vielfältige Weise verbunden. Dies hat notwendigerweise Auswirkungen auf den missionarischen Umgang. Paulus spricht ausdrücklich davon, dass Gott selbst im endzeitlichen Geschehen Israel erretten wird (Röm 11,26). Dies bedeutet nicht, dass Christen gegenüber Juden verschweigen müssten, was Christus ihnen bedeutet. Wohl aber bedeutet dies, dass dieses Christuszeugnis auf diese besondere Situation des Judentums Rücksicht nehmen muss. Eine speziell auf die Bekehrung von Juden ausgerichtete Missionsarbeit, die das nicht im Blick behält, hat die biblische Botschaft nicht auf ihrer Seite und schadet dem Verhältnis von Christen und Juden. Insbesondere in Deutschland ist aufgrund der großen Schuld gegenüber den Juden eine besondere Sensibilität in dieser Frage wichtig.

In diesem Zusammenhang möchte ich den jüdischen Gemeinden in Sachsen für ihren Beitrag zum Gelingen des Kirchentags danken; und auch für die Impulse, die sie über die Jahre hin in unser Gespräch eingebracht haben.

Die Zeit hat im Mai eine Umfrage unter dem Titel »Was glauben die Sachsen« veröffentlicht, die vollständige Auswertung findet sich unter (http://www.zeit.de/2011/22/ S-Sachsen-Kirche). Auf einen Aspekt möchte ich dabei kurz hinweisen, denn besonders überraschend ist in meinen Augen der relativ hohe Anteil an Ausgetretenen, der sich dem Glauben weiterhin verbunden fühlt. Hier gibt es ein Potential von Menschen außerhalb unserer Kirche, das in bestimmten Situationen auf Glaubensinhalte ansprechbar und unter Umständen auch bereit ist, in unsere Kirche zurückzukehren. Voraussetzung dafür ist aber, dass wir den Ausgetretenen Offenheit und eine Rückkehrmög-lichkeit signalisieren. In meiner Zeit als Gemeindepfarrer ist mir das nicht leicht gefallen, weil ich mich häufig gera-dezu persönlich verletzt fühlte. Umso bemerkenswerter finde ich es, dass manche Pfarrerinnen und Pfarrer Ausge-tretene besuchen oder ihnen schreiben, um diese Offen-heit zu bekunden. Ein Fall ist mir beispielsweise bekannt geworden, in dem ein Wiederaufgenommener einen sol-chen Besuch als eine Voraussetzung seines Entschlusses viele Jahre nach dem Austrittsbesuch angegeben hat. Wie so häufig gibt es auch hier ein Gegenargument, dass man die Ausgetretenen nicht bevorzugen sollte gegenüber de-nen, die in der Kirche bleiben und vom Pfarrer oder der Pfarrerin aus Zeitgründen nicht besucht werden können. Einfach ist es eigentlich nie …

In manchen Gegenden unserer Landeskirche gibt es eine große Vakanznot. In der Lausitz, im Vogtland, im Leipziger Tiefland (abseits der Stadt Leipzig) gibt es Stel-len, die – obwohl es keine größeren Probleme und eine le-bendige Gemeinde gibt – kaum zu besetzen sind. In der Regel sind das ländliche Gemeinden abseits der größeren Zentren. Im Kirchenbezirk Löbau-Zittau hat es in den letz-ten Jahren keine einzige Bewerbung gegeben. Wir wollen und werden diese Regionen nicht im Stich lassen, und da-rum entsendet das Landeskirchenamt Pfarrer im Probe-dienst in solche Kirchgemeinden. Dabei wissen wir, dass es für die jungen Schwestern und Brüder manchmal schwierig ist, an die Ränder unserer Landeskirche zu zie-hen. Kinder finden in den ländlichen Räumen nicht im-mer die geeignete Schule in der Nähe; Ehepartner haben häufig in den großen Städten ihre Arbeitsstelle; alleinstehenden Absolventen, die während des Studiums viele Jahre lang in Städten gelebt haben, fällt es oft schwer, auf dem Dorf Freunde oder ein für sie interessantes Kulturangebot zu finden.

Aus diesem Grund wende ich mich mit einer Bitte an diejenigen unter Ihnen, die schon eine längere Zeit in ihrer jetzigen Kirchgemeinde ihren Dienst tun, die keine schulpflichtigen Kinder (mehr) haben und deren Partner örtlich flexibel sind: Überlegen Sie doch bitte, ob eine Bewerbung in einer Gemeinde, die schon lange vakant ist, eine Möglichkeit – vielleicht eine Berufung im Sinne von Hebr 11,8 – für Sie sein könnte. Zum Gespräch stehe ich zur Verfügung und OLKR Lerchner berät gern, welche Kirchgemeinde für Sie in Frage käme.

In der Arbeit des Rates der EKD ist die Vorbereitung des Jubiläums 2017 inzwischen ständig präsent; und in diesem Frühjahr ist die Losung festgelegt worden, unter der alle Aktivitäten zusammengefasst werden: *Am Anfang war das Wort*. Ich finde diesen »Claim« (so nennen die Werbeexperten ein Motto oder eben auch eine Losung) eine glückliche Wahl. Der leicht veränderte Beginn des Johannes-Evangeliums ist in vielen Sprachen vertraut, erinnert an sola scriptura und macht so das Eigene unserer Konfession prägnant deutlich.

Leider haben sich zwei Pfarrer entschlossen, unsere Kirche zu verlassen und sind zur römisch-katholischen Kirche konvertiert. Das kann ich nur bekümmert zur Kenntnis nehmen. Beim Pfarrertag in Chemnitz werde ich dazu etwas sagen.

Während des Sommers sind wir mit menschlichem Leid konfrontiert worden: der Mordtat auf der Ferieninsel Utoya und der Hungerkatastrophe in Ostafrika. Norwegen ist uns sehr nahe; und der Täter hat sich auf die christliche Tradition Europas berufen. Das Leid in den Dürregebieten wiederum ist so unvorstellbar für uns, dass es nicht nur geografisch weit entfernt ist. Uns Pfarrerinnen und Pfarrern wird in solchen Situationen oft die Frage nach der Anwesenheit Gottes gestellt. In ihr liegt etwas Quälendes, sowohl was die Dimension des menschlichen Elends angeht als auch das Maß des Bösen in der verbrecherischen Tat. Wir sind in der Fürbitte mit den Opfern verbunden und dürfen gewiss sein, dass der Gekreuzigte auf Utoya nicht abwesend war, und wir sehen ihn im Lager Dadaab. – Ich danke allen, die mit ihren Gemeinden den Afrikanern zu helfen versuchen. Jeder gespendete Euro hilft.

Nach den Sommerferien gehen viele Kirchgemeinden in die »heiße Phase« der Vorbereitungen des Taufsonntags. Uns erreichen in der Bischofskanzlei Anrufe von Eltern, die alle sehr viel Zustimmung signalisieren. Eine Mutter sagte am Telefon sinngemäß, sie sei erst durch die Einladung zum Taufsonntag auf die Idee gekommen, ihr Kind taufen zu lassen. So sehr ist die Taufe selbst bei Gliedern unserer Gemeinden aus dem Bewusstsein verschwunden; so leicht ist es aber auch wieder bei manchen, sie wieder dahin zurückzurufen. (Eine gute Begleitung der Tauffamilien wird in solchen Fällen natürlich nötig sein.) – Ich danke darum Ihnen allen und Ihren Kirchgemeinden, die Sie im Kirchentagsjahr auch das Jahr der Taufe begehen. Für jeden und jede Einzelne, der oder die das Gottesge-

schenk der Taufe dadurch erhält, hat sich die Mühe ge-
lohnt.

Ich hoffe, dass Sie sich ebenfalls gut erholen konnten und
die Rüstzeiten des Sommers einen gesegneten Verlauf genommen haben, und grüße Sie herzlich als

Ihr
Jochen Bohl

Entwicklung und Bedeutung der Allgemeinbildenden Evangelischen Schulen für die Landeskirche

Rede anlässlich der Verabschiedung von Eva Berger aus dem pädagogischen Vorstand der Schulstiftung der sächsischen Landeskirche, Leipzig, 22. September 2011

Liebe Eva Berger,
meine Damen und Herren Vertreter und Vertreterinnen der evangelischen Schulen,
liebe Schwestern und Brüder,

wenn man im Sommer 1989 auf der Straße jemanden nach einer evangelischen Schule gefragt hätte, so hätte man vermutlich nur ein verständnisloses Kopfschütteln zur Antwort bekommen. Über den Beitrag evangelischer Schulen in Kirche und Gesellschaft machte man sich keine allzu großen Gedanken. Es gab außer den innerkirchlichen Ausbildungsstätten fast keine kirchlichen Bildungseinrichtungen. Eine Ausnahme stellten lediglich die dar, die in der unmittelbaren Nachkriegszeit von der Sowjetischen Militäradministration genehmigt worden waren, so in Leipzig oder auch in Riesa. Bezeichnend war, dass Einrichtungen für angeblich »nicht Bildungsfähige« – wie z. B. geistig Behinderte – in diakonischer Trägerschaft sein durften und es auch waren.

1 Die Ausgangssituation nach der Friedlichen Revolution

1989/90 gehörte die Forderung nach Veränderungen im Schulsystem zu den elementaren Forderungen der Friedlichen Revolution. Christinnen und Christen hatten ein Schulsystem erlebt, das in seiner Grundtendenz ein Teil des repressiven Systems der SED war. Positiv zu werten sind zweifellos die Versuche, Kinder aus Arbeiterfamilien zu fördern und aus diesem Grund ein gemeinsames Lernen bis zur 8. bzw. 10. Klasse zu ermöglichen. Sachsen hat dies nach 1990 bekanntlich in Form der Mittelschulen – in Bezug auf ein gemeinsames Lernen von Haupt- und Realschülern – fortgeführt.

Allerdings benachteiligte die DDR-Schule – wie manche von Ihnen leidvoll selbst erfahren haben – bewusst Kinder aus christlichen Elternhäusern. Oft wurden die begabtesten Schülerinnen und Schüler nicht zum Besuch der Erweiterten Oberschule zugelassen, eben weil sie aus einer christlichen Familie kamen. In der Schule wurde nichts unterlassen, um ihnen das Leben schwer zu machen. Wie das gewesen ist, verdeutlicht höchst eindrücklich die Autorin Caritas Führer in »Die Montagsangst«. Bewusste Diffamierungen des Glaubens und der Kirche waren an der Tagesordnung. Fairerweise muss man allerdings darauf verweisen, dass viel an der persönlichen Einstellung der Lehrkräfte lag. Es gab insofern auch Schulen und Klassen, in denen sich die Ideologie weniger stark auswirkte.

1990 waren solche Erfahrungen noch sehr lebendig. Die Lehrerinnen und Lehrer aus DDR-Zeiten waren überwiegend in den Schuldienst der neuen Länder übernommen worden. Aus den Lehrerkollektiven waren Kollegien geworden, was aber nichts daran änderte, dass unter ihren Mitgliedern christliche Eltern selbst noch gelitten hatten. Sie wollten es ihren Kindern ersparen, selbst leidvolle Erfahrungen machen zu müssen. Das war ein wichtiges Motiv zur Gründung von evangelischen Schulen. An einen Beitrag der Schulen zu Kirche, Schullandschaft oder gar Gesellschaft wurde damals vermutlich von den Wenigsten gedacht, die an eine Schulgründung unter evangelischen Vorzeichen dachten.

Damit stellten sie sich – bewusst oder unbewusst – in eine breite Tradition der lutherischen Kirche. Die Reformation war bekanntlich wesentlich eine Bildungsbewegung, und eine wichtige Erkenntnis der Reformation war, dass Schulen konstitutiv zum Bildungsauftrag der Kirche gehören. Schulen sollten die Aufgabe haben, Kinder und Jugendliche zu mündigen Christen zu erziehen. Grundlegend dafür war es, die Heilige Schrift lesen zu können und in ihrem Verständnis unterwiesen zu werden. Natürlich war der Bildungsbegriff der Reformation nicht darauf verengt. Damals wie heute ist es unsere Überzeugung, dass schulische Bildung in *jedem* ihrer Bereiche nicht ohne die grundlegende Sinnperspektive des christlichen Glaubens auskommt.

2 Die Debatte um Sinn oder Unsinn der Gründung evangelischer Schulen

Ein Beitrag der evangelischen Schulen zu Kirche und Gesellschaft war nach 1989 – wie bereits erwähnt – ein untergeordnetes Motiv für die von christlichen Eltern oder Kirchenvorständen mit dem Ziel einer Schulgründung ins Leben gerufenen freien Vereine. (Das Schulzentrum in Leipzig oder das Kreuzgymnasium in Dresden sind in der sächsischen evangelischen Schullandschaft bekanntlich Ausnahmen.) Das Thema dieses Vortrags spielte aber auch damals bereits eine Rolle. Kritiker der Schulgründungen in unserer Kirche stellten nämlich die Frage nach dem Sinn einer Schulgründung. Würde nicht den staatlichen Schulen das Potential der christlichen Schüler und auch der Eltern entzogen? Überließe man die staatlichen Schulen damit nicht quasi sich selbst? Wäre es denn nicht Aufgabe, auch der christlichen Kinder, »Salz der Erde« in ihrer Schulklasse zu sein? Hier wurde also die Frage nach einem negativen Beitrag gestellt: ob evangelische Schulen nicht den Schulen wichtige Schüler entzögen.

Befürworter freier Schulen mit einer evangelischen Orientierung stellten dem damals schon das Argument entgegen, dass auch die Schullandschaft eine Bereicherung dringend benötigte. »Salz der Erde« kann auch eine evangelische Schule sein. Sie würde sich als Ganzes – durch ihr Vorbild, durch neue, reformpädagogische Ansätze, auch durch eine gewisse Konkurrenz zu den staatlichen Schulen – in die Schullandschaft verändernd einbringen. Zudem sei es auch für die Kirche und die Gesellschaft wichtig, dass eine Generation von Schülerinnen und Schülern heranwüchse, die es gelernt habe, Glauben und Wissen, Kirche und Schule nicht zu trennen. In einer evangelischen Schule würden Kinder und Jugendliche es lernen, den Glauben als etwas anzusehen, das in einer großen Freiheit auch in einer öffentlichen Einrichtung wie der Schule gelebt werden könne. Sie bekämen in einer christlich geprägten Schule die erstmalige Gelegenheit, selbstbewusst – weil nicht ständig in eine Außenseiterrolle hineingedrängt – das Christsein zu leben. Damit waren im Grunde bereits die Themen angesprochen, die den Beitrag evangelischer Schulen in Kirche und Gesellschaft betreffen.

3 Der Beitrag evangelischer Schulen in der Schullandschaft

Die Erfahrungen der letzten beiden Jahrzehnte haben m. E. die Kritiker freier Schulen aus dem kirchlichen Bereich widerlegt und den Befürwortern Recht gegeben. Evangelische Schulgründungen haben keine negativen Auswirkungen auf die Zusammensetzung der Schulklassen und auch nicht auf die Schullandschaft gehabt; dafür ist ihr »Marktanteil« viel zu klein. Zwar sind Kinder aus evangelischen und anders konfessionell gebundenen Familien aus staatlichen Schulen abgemeldet worden. Das hat aber nicht dazu geführt, dass diese nicht mehr von christlichen Schülern besucht werden. Mir ist kein Fall bekannt, dass beispielsweise die Gründung einer evangelischen Schule dazu geführt hätte, dass in einer staatlichen Schule kein Religionsunterricht mehr stattfinden konnte.

Man wird allerdings feststellen müssen, dass angesichts der Unterjüngung unserer Gesellschaft insbesondere im ländlichen Raum jede Schülerin und jeder Schüler zur »Mangelware« geworden ist. Da mag es in dem einen oder anderen Fall tatsächlich Effekte zu Lasten staatlicher Schulen gegeben haben.

Die positiven Auswirkungen sind dafür umso größer. Wenn man die Veränderungen an staatlichen Schulen betrachtet, wird man diese auch den evangelischen Schulen zuschreiben müssen. Sie haben von Anfang an neue Wege des Lehrens und Lernens beschritten. Der Ansatz einer evangelischen Pädagogik wird es immer sein, die Schülerin und den Schüler in den Mittelpunkt zu stellen. Nicht, weil das modern ist. Sondern weil wir vom Evangelium her jeden Menschen als ein wertvolles Geschöpf Gottes ansehen und in der Nachfolge Jesu dessen Wertschätzung für Kinder teilen und leben wollen. Reformpädagogische Ansätze sind insofern für evangelische Schulen besonders naheliegend. Auch das hat Tradition. Schon die Reformatoren wollten, dass Schulen von Struktur, Inhalt und Ordnung her christlichen Prinzipien entsprechen sollten. So haben sie beispielsweise den Drill und das gewaltsame Strafsystem an Schulen abgelehnt. Melanchthon hat man nicht zu Unrecht als den »ersten Reformpädagogen der Neuzeit«[1] und als »praeceptor germaniae« bezeichnet.

---

[1] Wilhelm Schwendemann, Melanchthons reformatorische Pädagogik, 81.

Aus diesem Grund haben viele unserer Schulen ein ganz anderes Gesicht, als die Eltern der Schülerinnen und Schüler es aus ihrer eigenen Erfahrung kennen. Diese anfangs von manchen vielleicht als befremdlich empfundenen neuen Ansätze halten inzwischen auch Einzug in das staatliche Schulsystem. Evangelische Schulen sind ein Vorbild gewesen, das ausgestrahlt hat. Sie haben es vorgemacht, dass man jahrgangsübergreifend arbeiten kann; dass Freiarbeit ein wichtiges pädagogisches Element ist; dass Schülerinnen und Schüler besonders dann intensiv lernen, wenn Wissen mit Erfahrungen und Emotionen verbunden wird. Dazu gehört im Übrigen auch, dass schulische Kommunikationsprozesse – dem Evangelium entsprechend – an evangelischen Schulen eher symmetrisch, also weniger von oben nach unten bzw. von vorn nach hinten, verlaufen.[2]

Die evangelischen Schulen waren auf diesem Gebiet reformpädagogischer Ansätze aus gutem evangelischem Grund ein Vorreiter. Hospitationen von staatlichen Lehrerinnen und Lehrern in freien Schulen zeigen, wie stark diese Vorbildfunktion gewirkt hat. Evangelische Schulen haben hier einen entschiedenen Beitrag zur Fortentwicklung der Schullandschaft geleistet. – Eva Berger hat daran im Übrigen einen erheblichen Anteil gehabt.

Wir müssen allerdings aufpassen, dass wir uns nicht auf diesen Erfolgen ausruhen. Das staatliche Schulsystem hat sich erfreulicherweise verändert und das weisen nicht nur die Pisa- und Iglu-Studien aus. Dankbar sehen wir, dass es den Anforderungen entspricht, die in einem de-

---

[2] Christian Grethlein, Vortrag 29.10.2010, 8.

mokratischen Rechtsstaat an das Bildungswesen gestellt werden müssen; und dankbar sehen wir auch auf die positive Entwicklung, die der Religionsunterricht genommen hat und nimmt. Die nachhaltige Innovationsfähigkeit der freien evangelischen Schulen zu fördern wird eine wesentliche Aufgabe der nächsten Jahre sein.

4 Der Beitrag evangelischer Schulen in und für unsere Kirche

Grundsätzlich liegt der Beitrag evangelischer Schulen für unsere Kirche darin, dass Kinder und Jugendliche in ihnen mit christlichen Wissensinhalten vertraut gemacht werden. Insbesondere in der heutigen Zeit, in der sich Traditionsbruch vollzieht und in vielen Familien nur geringer Kontakt zwischen Großeltern und Enkelkindern besteht, werden Glaubensbräuche kaum noch weitergegeben. Denn es sind oft die Großeltern, die mit ihren Enkeln das Vaterunser beten, ihnen biblische Geschichten erzählen und sie am Sonntagmorgen mit in die Kirche nehmen. Die fehlen in unserer kaum noch von Großfamilien geprägten Zeit. Evangelische Schulen wirken sich an dieser Stelle sehr positiv aus. Denn sie stellen sich – nicht nur durch den verbindlichen Religionsunterricht – diesem Abbruch entgegen.

Dieser Beitrag der evangelischen Schulen ist aber in der Regel für die Kirchgemeinden auch sehr konkret fassbar. Evangelische Schulen sind in der Regel aus Kirchgemeinden heraus entstanden. Vielfach sind es in Kirchgemeinden aktive Eltern gewesen, die einen Schulverein ins Leben gerufen haben und noch immer tragen. Nicht selten haben Kirchenvorstände die Gründung eines Schulvereins betrieben. Pfarrerinnen oder Pfarrer sind häufig Schulvereinsvorsitzende. Insofern sind die Verzahnungen zwischen Schule und Kirche in der Regel sehr eng.

Überall da, wo es gut läuft, hat die Existenz einer evangelischen Schule sehr positive Auswirkungen auf das Leben einer Kirchgemeinde. Hier wachsen Kinder auf, denen ein positiver Bezug zur Kirche nebenbei vermittelt wird. Im Religionsunterricht erfahren Kinder und Jugendliche, welche Antworten der christliche Glaube auf die Fragen unserer menschlichen Existenz geben kann. Sie lernen – wie gesagt – die biblische Tradition kennen. Sie erleben zudem, dass eine Institution wie die Schule enge Beziehungen zur Kirchgemeinde pflegen kann. Sie treffen bei Schulgottesdiensten – oder auch als Religionslehrer – regelmäßig den Ortspfarrer. Wenn das Miteinander funktioniert, wachsen Schülerinnen und Schüler wie nebenbei in das Leben einer Kirchgemeinde hinein. Dies gilt auch, wenn ihre Eltern unserer Kirche nicht hoch verbunden sind. Insofern sehe ich einen erheblichen Beitrag der evangelischen Schulen darin, dass sie Kinder und Jugendliche in einem nicht gering einzuschätzenden Maß in das Leben der Kirche integrieren. Dabei profitiert die Kirchgemeinde, an deren Ort sich die Schule befindet, naturgemäß am meisten.

Evangelische Schulen leisten darüber hinaus einen Beitrag zur Öffnung einer Kirchgemeinde und sind hilfreich in Bezug auf die hermeneutische Aufgabe. Eltern, Kinder und Jugendliche – und ihre Fragen – kommen mit Glaubensthemen in Berührung, die sonst wenig vorkommen. Nur Gespräche verbessern die Sprachfähigkeit des Glaubens. Pädagogische Konzepte, die in der Schule erprobt werden, haben z. B. ihre Auswirkungen – bei einer guten Zusammenarbeit zwischen Schule und Gemeinde – auch auf deren pädagogische Konzepte in der Gemeindearbeit. Eine evangelische Schule verändert auch die Gemeinde, die sie ins Leben gerufen hat, nicht unerheblich.

Auch die Gesamtkirche bleibt nicht unbeeinflusst von der Existenz evangelischer Schulen. In ihnen wachsen Menschen heran, die ihren Glauben selbstbewusster leben, als es ihren Eltern vergönnt war. Sie werden sich nach meiner Hoffnung positiv in Kirchenvorstände und die ehrenamtlichen Aufgaben ihrer Kirchgemeinden einbringen. Ich erwarte, dass die Abgänger von evangelischen Schulen künftig ein wichtiges Potential zum Besten unserer Kirche sein werden. Gleichzeitig werden sie aber auch ein kritisches Potential haben. Christen, die es gelernt haben, in der Schule die »Freiheit eines Christenmenschen« zu erleben und zu leben, werden für Ihre Gemeindepfarrer sicherlich nicht immer bequem sein. Aber das sind diejenigen, die unsere Kirche weiterbringen, wenn sie konstruktiv in ihrer Kritik sind. Das sollten sie aber in einer evangelischen Schule ebenfalls gelernt haben.

5 Der Beitrag evangelischer Schulen in der Gesellschaft

Der von mir bereits erwähnte Beitrag der Schulen in der Schullandschaft ist natürlich per se auch ein Gewinn für die Gesellschaft:

Zunächst einmal ist kaum zu leugnen, dass sich unsere Gesellschaft in einer Orientierungs- und Sinnkrise befindet. Allgemein verbindliche Werte und Normen sind im Schwinden begriffen. Umso wichtiger wird für eine Gesellschaft die Möglichkeit, auf das christliche Wertesystem in Verbindung mit der Sinnorientierung des Glaubens zurückzugreifen. Der Religionsunterricht ist da ein wesentliches Instrument. Christliche Schulen sind ein anderes, unverzichtbares Mittel, unserer Gesellschaft eine Orientierung anzubieten. Mehr als ein Angebot zu machen, ist in unserer pluralen Gesellschaft nicht möglich. Man sollte dies aber nicht gering schätzen.

Es gibt aber auch ganz greifbare Effekte, wie evangelische Schulen unsere Gesellschaft bereichern. In unseren Schulen werden Menschen auf ihrem Weg in das Erwachsenenleben begleitet. Nach meinen Erfahrungen haben sie gelernt, als mündige Menschen ihren Weg zu gehen. Sie haben ihre Gaben entdeckt und es gelernt, mit Schwächen konstruktiv umzugehen. Ihnen ist es selbstverständlich geworden, für andere da zu sein, einander zu helfen, Verantwortung zu übernehmen. Solche Menschen, die zudem einen aufrechten Gang gelernt haben sollten, sind in unserer Gesellschaft unverzichtbar.

Zu viele Menschen ziehen sich beispielsweise aus dem Bereich der *Politik* völlig zurück und überlassen sie anderen. Das kann aber im Endeffekt dazu führen, dass die eher machtbewussten Typen in die Politik gehen. Denen geht es nicht immer in erster Linie um die Sache. Es ist gut, wenn das geschieht, was 1989/90 zu beobachten war: Nicht wenige Christinnen und Christen haben damals politische Verantwortung übernommen. Das war gut für das Land. Das hat auch der politischen Kultur in Sachsen sehr gut getan. Auch heute hoffe ich, dass in den evangelischen Schulen eine Generation heranwächst, die bereit ist, dem Politikbetrieb ihren evangelischen Stempel aufzudrücken.

Genauso ist es in der *Wirtschaft* von Vorteil, wenn Menschen sich letztlich Gott gegenüber verantwortlich wissen. Wir leben in einer Zeit, in der Unternehmer meinen, sich keine Werte im Umgang mit ihren Mitarbeitern und Geschäftspartnern leisten zu können. Gleichzeitig meinen viele Mitarbeiter, sich jede Behandlung gefallen lassen zu müssen. Beiden ist gemeinsam, dass die Arbeit einen immer höheren Stellenwert bekommt. Deutschland hat sich durch die Erhöhung der Produktivität weltweit einen großen Wettbewerbsvorteil verschafft. Aber der Preis, den wir dafür zahlen, ist sehr hoch. Dass der Zusammenhalt in den Familien so brüchig ist, hat auch mit den Bedingungen im Erwerbsleben zu tun. Hier wünsche ich mir selbstbewusste Mitarbeiter, die die Arbeit nicht als den einzigen Lebensinhalt ansehen, ebenso wie verantwortungsbewusste Unternehmer, die erkennen, dass ein wertebewusstes unternehmerisches Handeln nicht nur dem Evangelium gemäß ist, sondern auch Wettbewerbsvorteile bietet. Wer in einer evangelischen Schule seine Bildung erfahren hat, dürfte sich am ehesten zu solchen Akteuren in der Wirtschaft entwickeln.

Einen wichtigen Beitrag leisten unsere Schulen aber auch im *sozialen Bereich*. Ich denke da an diejenigen, die während ihrer Zeit an einer evangelischen Schule mit der Diakonie näher in Kontakt gekommen sind. Das diakonische Lernen wird ja zunehmend entdeckt und organisiert. Von ihnen ist es zu hoffen, dass sie in einer »zunehmend ... kompetitiv ausgerichteten Gesellschaft« einen »diakonischen Gegenakzent«[3] setzen. Ein Absolvent einer evangelischen Schule wird sich also vielleicht eher fragen, wie denn die alte und gebrechliche Nachbarin während des Urlaubs ihrer Tochter zurechtkommt, als ein anderer.

Evangelische Schulen sind so in meinen Augen im Idealfall »Brutstätten« für Menschen, die es gelernt haben, in allen Bereichen der Gesellschaft Salz der Erde und Licht der Welt zu sein.

6 Perspektiven für einen Beitrag evangelischer Schulen in Kirche und Gesellschaft

Dass unsere Welt sich in einem rasanten Wandel befindet, braucht man nicht extra zu erwähnen. Die Welt von morgen wird, wenn die Entwicklung so weiter geht, völlig anders sein als die Welt heute. Insofern wird es eine wichtige Herausforderung für evangelische Schulen sein, junge Menschen auf diesen Wandel vorzubereiten. Das wird ver

---

[3] Christian Grethlein, Vortrag 29. 10. 2010, 7.

mutlich der wichtigste Beitrag sein, den sie Kirche und Gesellschaft zu geben vermögen. Wer, wenn nicht christliche Schulen, sollte diesen Beitrag leisten können?

Wandel ist etwas, das Menschen in der Regel nicht leicht fällt. Eine evangelische Schule aber kann Kindern und Jugendlichen auf der Basis des christlichen Glaubens eine innere Stabilität und ein Grundvertrauen vermitteln. Auf dieser Grundlage können die notwendigen Anpassungsleistungen an die Veränderungen der Welt erbracht werden. Der Glaube gibt einem Christenmenschen eine Konstante für das eigene Leben. In allem Wandel bleibt Christus der Herr. Wer das verinnerlicht hat, wird Veränderungen leichter angehen. Er muss sich nicht an das Bestehende klammern, weil er sonst nichts Beständiges in seinem Leben hat. So kann eine evangelische Schule junge Menschen auf den Umgang mit dem beständigen Wandel vorbereiten.

Auf den Wandel vorzubereiten, das heißt in meinen Augen aber auch, jungen Menschen Mut dazu zu machen, Bindungen einzugehen; sich ein stabiles Umfeld zu schaffen; eine Ehe zu schließen und – trotz der Anforderungen des Wandels – Kindern Raum zu geben im eigenen Leben. Familien werden oft zerrissen zwischen den diametral entgegengesetzten Anforderungen, denen sie und ihre Mitglieder ausgesetzt sind. Dennoch kann ein Mensch im 21. Jahrhundert nur auf sich allein gestellt nicht bestehen. Ich hoffe, dass unsere Schulen junge Menschen in das Erwachsenenleben entlassen, die das verinnerlicht haben. Auch das wäre ein nicht hoch genug einzuschätzender Beitrag für eine künftige Gesellschaft.

Auf den Wandel vorzubereiten, das heißt schließlich auch, Schülerinnen und Schülern eine eiserne Ration an christlicher Bildung und an christlichen Werten mit auf den Weg zu geben. Schüler, die in einer evangelischen Schule ihre Kindheit und Jugend verbracht haben, sollten beispielsweise kritisch sein, wenn irgendetwas vergötzt wird. In den letzten Jahren ist es der Markt gewesen, der geradezu angebetet worden ist. In der Zukunft werden andere Phänomene seinen Platz einnehmen. In unseren evangelischen Schulen sollten Kinder und Jugendliche es gelernt haben, zu verstehen, was Götzendienst bedeutet, um solchen Phänomenen kritisch gegenüberzustehen.

7 Schlussbemerkung

Aus meinen Anmerkungen dürfte deutlich geworden sein: Evangelische Schulen sind in meinen Augen heute und in Zukunft ein Schatz für Schulen, Kirche und Gesellschaft. Dafür dürfen wir sehr dankbar sein. Ohne Gottes Segen gäbe es das Netz evangelischer Schulen, das das Gebiet unserer Landeskirche überzieht, nicht. Es ist aber nicht »vom Himmel gefallen«. Es konnte erst entstehen und seinen vielfältigen Beitrag leisten, weil Frauen und Männer unserer Landeskirche Schulen gegründet und als Träger fungiert haben. Sie alle aber wären nicht so weit, wie sie es heute mit ihren Schulen sind, wenn es die Schulstiftung und in ihr Eva Berger nicht gegeben hätte. Sie war sozusagen der Beitrag der Landeskirche an die evangelischen Schulen.

Für all die Verdienste, die Du Dir um die evangelische Schullandschaft erworben hast, sei Dir, liebe Eva, an dieser Stelle sehr herzlich gedankt. Ausdrücklich schließe ich in diesen Dank Almut Klabunde, Harald Bretschneider und Martin Herold ein. Und es ist den evangelischen Schulen im Verantwortungsbereich der Schulstiftung zu wünschen, dass diese Arbeit in ebenso guter Weise fortgesetzt wird – damit die evangelischen Schulen in der Zukunft ihren Beitrag für Schullandschaft, Kirche und Gesellschaft leisten können.

Sich der Kirche wieder annähern

Pastoralbrief, Mai 2012

Liebe Schwestern und Brüder,

im vergangenen Jahr hatte ich Ihnen zur Lektüre den »Muttersohn« empfohlen, und nochmals möchte ich Ihre Aufmerksamkeit lenken auf eine Arbeit von Martin Walser: *Über Rechtfertigung, eine Versuchung.* Schon der Titel! Der reformatorische Zentralbegriff, und ihm an die Seite gestellt eine Infragestellung, die eine geistliche Dimension in sich trägt; kein bloßer Versuch, sondern eine *Versuchung.* Der Essay ist eine wirkliche Überraschung, wann hat es schon eine theologische Abhandlung eines großen Schriftstellers gegeben. Dabei geht Walser davon aus, dass der Rechtfertigungsgedanke weithin in Vergessenheit geraten ist, obwohl: »Gerechtfertigt zu sein, das war einmal das Wichtigste«. Wenn auch gilt: Es »hat ja immer noch die Arbeit getaugt zur Rechtfertigung dieser und jener Art von Leben«. Walser beobachtet den Medien- und Kulturbetrieb und beschreibt sein Leiden daran, dass man es sich allgemein zu leicht macht und es vorzieht, an der Oberfläche der selbstgewissen Darstellung moralischer Gewissheiten zu bleiben. Aber wie auszehrend es doch sei, »den Eindruck erwecken zu müssen, man sei der bessere Mensch«: Wer die religiöse Dimension der Rechtfertigung ausblende, schaffe ein »Reizklima des Rechthabenmüssens«, in dem nicht nur die Menschlichkeit verkümmere. Manch einer »weiß vielleicht nicht, was er verloren hat. Polemisch gesagt: Rechtfertigung ohne Religion wird zur Rechthaberei. Sachlich gesagt: [...] verarmt zum Rechthaben.« Walser beschreibt den ärmlichen Gestus des selbstgerechten Atheismus so: »Wer sagt, es gebe Gott nicht, und nicht dazusagen kann, dass Gott fehlt und wie er fehlt, der hat keine Ahnung. Einer Ahnung allerdings bedarf es.« Denn »die Religion ist anspruchsvoller als jede andere Denk- und Ausdrucksbemühung«. Davon weiß Martin Walser etwas, davon handelt schon der »Menschensohn«, und darum hat er nun Karl Barths Römerbriefkommentar durchgearbeitet, dem er Nietzsche gegenüberstellt – es ist eine aufregende Lektüre daraus geworden.

Lange sind die Ferien nicht mehr hin, in denen Sie hoffentlich Zeit und Muße finden werden, sich diesem oder anderen Texten zuzuwenden, die uns dabei helfen können, im alltäglichen Getriebe einen klaren Kopf zu behalten und eine theologische Existenz zu führen.

Mein Amtsvorgänger Volker Kreß hat 1995 die damalige Ephorie Borna visitiert. In Vorbereitung der Visitation im Kirchenbezirk Leipziger Land in der ersten Maiwoche habe ich, wie ich es üblicherweise tue, seinen Bericht gelesen. Besonders eindrücklich war mir die Schilderung des Besuchs in dem kleinen Dorf Großpötzschau, der in einer ganz ungewöhnlich angespannten Situation stattfand. Denn kurz zuvor war die Entscheidung getroffen worden, die Dorfkirche dem Verfall preiszugeben – wegen des schlechten baulichen Zustands und der wenigen Gemeindeglieder; auch angesichts des Umstands, dass es im benachbarten Kleinpötzschau in einigen hundert Metern Abstand eine weitere Kirche gab (und gibt) und in realistischer Einschätzung der landeskirchlichen Möglichkeiten. Der Schilderung im Bericht ist deutlich abzuspüren, wie schwer damals den Visitatoren das Gespräch fiel, in dem die Vertreter der Gemeinde ihre Ablehnung und Verärgerung, gar Entsetzen unmissverständlich zum Ausdruck brachten. In der vergangenen Woche besuchte nun, 17 Jahre später, wiederum eine Visitationsgruppe Großpötzschau; und die Situation war eine ganz andere, nämlich völlig entspannt. Denn die Kirche befindet sich in einem sanierten Zustand, der behutsam die Würde und Schönheit des Baus zur Geltung bringt. Des Nachts wird sie von modernen LED-Strahlern beleuchtet und ihr Turm ist schon von Weitem zu erkennen. Dieser Wandel ist einem Förderverein (15 Mitglieder) zu danken, der das Engagement der Dorfbewohner – Gemeindeglieder wie Nichtchristen – mobilisiert hat. Der Vorsitzende meinte, dass die Entscheidung der Landeskirche Kräfte freigesetzt hat, von denen man selbst überrascht gewesen sei. Die Begegnung war mir eine Freude; und es war eine wunderbare Erfahrung, die Zufriedenheit und den Stolz zu spüren und zu hören, wie positiv die gemeinsame Anstrengung sich auf die dörfliche Gemeinschaft aus Alteingesessenen und Neuzugezogenen ausgewirkt hat.

An ein solches Erlebnis kann man eine Reihe von Überlegungen knüpfen. Zunächst fühlte ich Dankbarkeit – Gott hilft; und ganz anders, als man es sich vorstellen kann. Das ist insbesondere im kirchenleitenden Amt tröstlich. – Dann: nicht nur in Großpötzschau, sondern nahezu flächendeckend gibt es erstaunliches Engagement für den Erhalt der Dorfkirchen – und die Beteiligung der Nichtchristen ist überall geradezu selbstverständlich.

Was kommt darin zum Ausdruck? Geht es etwa um

»Dorfgemeinschaftshäuser mit Turm«? Oder handelt es sich um einen Prozess der (Wieder-)Annäherung an die Kirche und ihren Glauben? Suchen die Menschen nach Verortung der persönlichen Lebensgeschichte? Oder engagieren sie sich in der Hoffnung auf eine Beziehung zum Heiligen? Ist es ein Bündel dieser und weiterer Motive? – Das sind Fragen, die man wohl nur im Gespräch beantworten kann und es ist gut, dass es viele Gelegenheiten dazu gibt. Wir sollten sie ergreifen, wo wir nur können – auch wenn es um heikle Fragen geht, wie z. B. die Trauerfeiern in den von Fördervereinen unterstützten Dorfkirchen.

Überhaupt war das Verhältnis der Kirchgemeinde zu den Nichtchristen ein wichtiges Thema der Woche im Leipziger Land, wo es im Verhältnis zur Gesamtbevölkerung relativ wenige Gemeindeglieder gibt und sich die erste Herausforderung für unsere Landeskirche, die missionarische Situation, mit besonderer Schärfe und Klarheit stellt.

Unübersehbar ist, dass sich im Verhältnis zu den Nichtchristen Manches verschoben hat. Immer wieder wurde berichtet, dass viele Nichtchristen an gemeindlichen Veranstaltungen teilnehmen und Einladungen zum Martinsfest des Kindergartens, Schuleröffnungsgottesdiensten, zu Erntedank oder Johannistag gern annehmen. Nicht nur Interesse und Neugier sind offensichtlich, auch die Hochachtung für Kirche und die Christen oder eine Ahnung von der Bedeutung des Glaubens kommen immer wieder zum Ausdruck. Ein Bürgermeister sprach von seinen Sorgen um das Gemeinschaftsleben und sagte in diesem Zusammenhang: »In den Dörfern sind die Christen überall die tragenden Kräfte.«

Ich bin mir sicher, dass der Wandel in den Einstellungen weit fortgeschritten ist, wenn es die in sozialistischen Zeiten reflexhaft eingeübte Ablehnung des Christlichen sicherlich auch noch gibt. Jedenfalls befinden wir uns in einer offenen Situation, in der es darauf ankommt, den Interessierten und Neugierigen zu helfen, die nächsten Schritte zu tun. Wie kommt es dazu, dass sie den »Touristenstatus« aufgeben, also nicht nur beobachten, was wir so tun? Was braucht es, dass ein Mensch den Schritt über die Schwelle wagt? Manchmal denke ich, dass wir die Hürden zu hoch ansetzen. Uns liegt sehr an der Freiheit der Entscheidung, und sicherlich zu Recht respektieren wir die jeweilige Individualität. Aber es gibt eben auch Situationen, in denen vornehme Zurückhaltung nicht hilfreich und darum ein klarer Impuls angezeigt ist: »Wer so über den Glauben denkt wie Du, sollte auch der Kirche angehören – wir brauchen Dich ...«

Im letzten Pastoralbrief habe ich dazu ermutigt, um des Miteinanders der Ordinierten willen die Anrede als Bruder oder Schwester nicht außer Gebrauch kommen zu lassen. Dies ist leider von einigen Prädikanten und Mitarbeitern im Verkündigungsdienst missverstanden worden. Mein Anliegen war es nicht, die Anrede als Schwester oder Bruder exklusiv den Ordinierten vorbehalten zu wollen. Wie sollte ich auch, denn entsprechend der paulinischen Lehre vom Leib Christi (1 Kor 12,12 ff.) gibt es in der Kirche unterschiedliche Dienste, ohne dass einer dem anderen übergeordnet wäre. Die Barmer Theologische Erklärung (s. u.) betont in der vierten These, dass »die verschiedenen Ämter in der Kirche keine Herrschaft der einen über die anderen begründen«.

Der Prädikantendienst ist in den letzten Jahren in den Gemeinden unserer Landeskirche immer vertrauter geworden. 118 Prädikanten und 59 Prädikantinnen predigen zurzeit regelmäßig in den Gemeinden. Wir können nicht dankbar genug sein, dass Ehrenamtliche Zeit, Kraft und auch Geld für den mehr als zweijährigen Kirchlichen Fernunterricht (KFU) aufbringen, der zu diesem Dienst befähigt. Nach dem KFU-Examen und der Prädikantenprüfung werden sie durch die Gemeinde und die Landeskirche ordnungsgemäß zur freien und öffentlichen Wortverkündigung als Prädikantin oder Prädikant berufen. Zugleich wird ihnen für sechs Jahre ein Dienst in einer Gemeinde übertragen. Gelegentlich wird das als eine Konkurrenz zum Pfarrdienst empfunden. Das ist unbegründet. Der Prädikantendienst ist ehrenamtlich und kann den Dienst der Pfarrerinnen und Pfarrer nicht ersetzen. Aber er wird das gottesdienstliche Leben bereichern, weil Prädikanten das Evangelium vor einem anderen Lebenshintergrund zur Sprache bringen. Sie predigen das gleiche Evangelium wie Ordinierte. Aber sie predigen es auf andere Weise, weil sie im Alltag in anderen Bezügen stehen; und diese Verortung hat ihren eigenen Wert. Denn sie kann helfen, Menschen in ihren immer unterschiedlicher werdenden Lebenswelten zu erreichen. Die VELKD hat in einer kürzlich verabschiedeten ersten Bilanz des Prädikantendienstes das Zusammenspiel zwischen haupt- und ehrenamtlicher Verkündigung so beschrieben:

>»Das Amt der öffentlichen Verkündigung ist grundsätzlich eines und unteilbar. Pfarrer wie Prädikanten sind gleichermaßen nach CA 14 ordnungsgemäß berufen und üben gemein-

sam den Auftrag der Wortverkündigung und Sakramentsverwaltung im Namen und Auftrag der Kirche aus.«

Eine Unterscheidung zwischen Geistlichen und Laien gibt es deshalb für eine der Reformation verbundene Kirche nicht. Wohl aber gibt es eine unterschiedliche Wahrnehmung der Aufgaben im Dienst am Amt der Kirche.

Die VELKD unterscheidet die Dienste so:

> »Pfarrer und Pfarrerinnen [nehmen] das gesamte Aufgabenspektrum wahr mit allen Rechten und Pflichten, die ihr Beruf bzw. ihr dienstrechtlicher Status mit sich führt. Prädikanten werden im Allgemeinen mit der Leitung von Gottesdiensten beauftragt.«

Die zurückliegende Synodaltagung war in jedem Moment bestimmt von dem Bewusstsein all ihrer Mitglieder, in einer spannungsreichen Situation zu einer Entscheidung kommen zu müssen, die der Einheit der Landeskirche dient. Das war eindrücklich zu sehen und ist unter der umsichtigen Leitung von Präsident Otto Guse auch gelungen, wie ich meine. Dass der Friede Christi, zu dem wir in der Einheit des Leibes Christi berufen sind, die Herzen regiert hat (Kol 3,15), war unübersehbar und gibt Anlass zur Dankbarkeit. – Im Landeskirchenamt wird nun überlegt, wie der angeregte Gesprächsprozess zum Schriftverständnis strukturiert werden kann, von dem zu hoffen steht, dass er uns zu vertiefter Erkenntnis verhelfen wird. Ich bin zuversichtlich.

Ein bedeutendes Ereignis sehe ich in der »Kundgebung« der Synode zur Barmer Theologischen Erklärung. Lange

Zeit konnte man sich in den lutherischen Landeskirchen nicht auf eine Interpretation oder Würdigung verständigen, es blieb eine gewisse Zögerlichkeit. In den letzten Jahren hat in der VELKD ein offener Diskussionsprozess stattgefunden, der nun zu diesem für unsere Landeskirche erfreulichen Ergebnis geführt hat. Es war an der Zeit, die BTE* in unserer Landeskirche zu würdigen; und ich bin dem Theologischen Ausschuss dankbar für die umfangreiche und gründliche Arbeit, die er geleistet hat und mit der er sich in die Tradition der 16. Landessynode und ihrer damals schon positiven Barmen-Rezeption gestellt hat. Besonders freue ich mich, dass eine in sich stimmige und aussagekräftige Interpretation – auf der Grundlage des lutherischen Bekenntnisses – gelungen ist. Ich hoffe, dass die Kundgebung der Synode in der Landeskirche breite Beachtung erfährt und lade Sie ein, (nicht nur) in den Konventen darüber zu sprechen.

Unter den Tagesthemen »Respekt leben – Vergebung lernen«, »Glauben bekennen – Verantwortung übernehmen« und »Inspiration empfangen – Mut beweisen« wird es vom 17. bis 19. Januar 2013 in Leipzig zum zweiten Mal nach 2007 den Kongress christlicher Führungskräfte geben, der unter der Leitung von Dr. Horst Marquardt steht. Der Kongress hat es sich zum Ziel gesetzt, christliche Werte in der Wirtschaft zu leben und zu zeigen, dass man damit erfolgreich sein kann. In einer immer stärker unter dem Druck der Globalisierung sich frühkapitalistisch gebenden Wirtschaft ist das ein sehr unterstützenswerter Ansatz. Die Verant-

---

* Barmer Theologische Erklärung.

wortlichen wünschen sich, dass bei diesem Kongress nicht nur Führungskräfte aus der Wirtschaft unter sich sind. Sie suchen explizit den Austausch mit Pfarrerinnen und Pfarrern. Umgekehrt können wir vom Leitungshandeln, wie es in der Wirtschaft ausgeübt wird, manches übernehmen, natürlich nach einer genauen Prüfung entsprechend 1 Thess. 5,21. Insofern möchte ich Sie ermutigen, am Kongress teilzunehmen. Vielleicht könnte jeder Konvent einen Vertreter entsenden. Weitere Informationen finden Sie unter: http://www.fuehrungskraeftekongress.de/kongress-2013/.

Abschließend zwei Anlässe zur Freude:

– In diesem Jahr werden 28 Vikarinnen und Vikare in den Probedienst aufgenommen – wir haben genügend und gut qualifizierten Nachwuchs für den Pfarrberuf und können ihm auch eine Perspektive bieten! Das ist in dieser Zeit nicht selbstverständlich.
– Im letzten Jahr sind erstmals seit vielen Jahren die Taufzahlen signifikant gestiegen und so wird man wohl sagen können, dass sich das Engagement all derer, die sich um den Taufsonntag bemüht haben, Früchte getragen hat.

Ihnen allen danke ich für Ihren Dienst unter oft nicht leichten Bedingungen und wünsche Zufriedenheit und Erfüllung in Ihren Aufgaben wie im Privatleben – und ein gesegnetes Pfingstfest.

Ihr
Jochen Bohl

Zum Umgang mit Homosexualität bei Pfarrerinnen und Pfarrern

Einführung in das Gespräch der Kirchenleitung der
Evangelisch-Lutherischen Landeskirche Sachsens anlässlich ihrer
Klausurtagung, Dresden, Januar 2012

Liebe Schwestern und Brüder,

Evaluation

Es sind etwa elf Jahre vergangen, seit sich die Kirchenleitung mit der Frage des Umgangs mit der Homosexualität beschäftigt hat; Anlass war seinerzeit das Gesetz über die Eingetragenen Lebenspartnerschaften. Zweifellos hat sich die Situation seither sehr verändert, und diese Einschätzung betrifft sowohl die Rechtsprechung[1] als auch die Gesellschaft. Es sind verschiedene höchstrichterliche Urteile ergangen, die Eingetragene Lebenspartnerschaften mit der Ehe gleichgestellt haben.

Insbesondere in den Großstädten finden homosexuelle Mitbürger weitgehende Akzeptanz, auch unter Christen. Dort wird Homosexualität allgemein als eine Disposition gesehen, die den ganzen Menschen betrifft, und auch nicht zu verändern ist; dementsprechend werden einge-

---

[1] Dies gilt auch vor einem längeren Zeithorizont. Seit der Streichung des § 175 aus dem Strafgesetzbuch in den 1960er bzw. 1970er Jahren hat ein rascher und weitreichender Wandel stattgefunden.

242

tragene Lebenspartnerschaften unaufgeregt als eine Möglichkeit des Zusammenlebens wahrgenommen und als selbstverständlicher Teil der gesellschaftlichen Realität.

Es gibt nicht mehr oder weniger Homosexuelle als früher, aber sie gehen anders mit ihrer Situation um als noch vor relativ kurzer Zeit. Sie finden in der Regel frühzeitig persönliche Klarheit über ihre Veranlagung und sehen keinen Grund, sich zu verstecken. Dementsprechend gibt es homosexuelle Vikare, die offen nach ihrer Perspektive in der Landeskirche fragen.

Vor dem Hintergrund dieser Veränderungen wird der Beschluss der Kirchenleitung von 2001 zunehmend hinterfragt. Allerdings ist es Ausdruck der Zerrissenheit der Landeskirche, dass andere ihn wiederum bedeutsamer denn je finden, weil sie in den dargestellten Verschiebungen eine Abkehr von biblischen Normen sehen. Darum setzen sie sich dafür ein, dass der Beschluss nicht verändert wird. Er ist, wie die von der Kirchenleitung eingesetzte Arbeitsgruppe einvernehmlich festgestellt hat, erläuterungs- und begründungsbedürftig geworden.

Insofern ist das Pfarrdienstgesetz der EKD nur ein Anlass für die Beschäftigung mit dem Thema; nach elf Jahren gibt es auch genügend andere Gründe dazu.

Theologische Annäherungen

Homosexuelle Praxis wird in der Bibel, wenn sie erwähnt wird, ausnahmslos mit scharfen Worten verurteilt. Allerdings wird man zugleich sagen müssen, dass es nur sehr wenige Stellen sind und darunter solche, die sich gegen Vergewaltigung, Promiskuität, Pädophilie und Götzendienst in der heidnischen Umwelt richten. Darum geht es aber in der aktuellen Auseinandersetzung nicht.

Es verbleiben allerdings je ein gewichtiges Verdikt sowohl im Alten als auch im Neuen Testament. Im Heiligkeitsgesetz wird (3 Mose 18,22 und 20,13) Homosexualität als gott- und schöpfungswidriges Verhalten beurteilt. Im Römerbrief beschreibt Paulus das Wesen der Welt vor und in Leugnung der Heilstat Gottes in Christus. Er benennt Verhaltensweisen, die den gottlosen und erlösungsbedürftigen Zustand der Welt anzeigen, spricht von Begierden und »schändlichen Leidenschaften«, und darunter von homosexueller Praxis (1,26f). Der biblische Befund ist insofern schmal, aber eindeutig.

Erklärungs- und interpretationsbedürftig bleibt er aber dennoch. Zunächst wird man sich daran erinnern, dass das Heiligkeitsgesetz eine Fülle von Bestimmungen enthält, an die wir uns als Christen nicht gebunden fühlen müssen.[2] Vor allem aber, weil es auch im Alten Bund um die Rechtfertigung des Sünders geht. Israel weiß, dass es seine Existenz dem Erhaltungswillen des gnädigen Gottes verdankt; und dass jeder einzelne wegen seiner Sünden auf das Erbarmen Gottes angewiesen ist. Dem Heiligkeitsgesetz geht aus gutem Grund der »große Versöhnungstag« voraus (3 Mose 16).

---

[2] Das Verbot der Sklaverei entspricht dem Gesamtzeugnis der Schrift und wurde erkämpft unter Berufung darauf; auch wenn 3 Mose 25,44 etwas anderes besagt.

Entsprechend wird im Römerbrief die Verurteilung des »gottlosen Wesens« eingerahmt durch die Botschaft von der Rechtfertigung allein aus Glauben. Für Paulus ist die Macht der Sünde im Glauben an den Auferstandenen gebrochen, dessen Versöhnungswerk ein für alle Mal gilt – und doch sind wir verstrickt in die Sünde (Röm 3,9–20). Auch der gerechtfertigte Mensch bleibt ein Sünder, ist »simul iustus et peccator«. Das gilt umfassend für jeden Menschen, und auch die Homosexuellen. Der Kirchenvater Augustinus sagt zu Johannes 8,7[3]: »*Nirgends bewährt sich ein geistlicher Mensch so wie bei der Behandlung fremder Sünden.*«

Generell und eben auch in dieser Frage gilt, dass wir die Bibel befragen müssen, ob die einzelnen Aussagen zu ethischen Fragen zeitbedingt sind – oder ob sie bleibend normativ zu verstehen sind. Ein Beispiel für verändertes Verständnis ist die Bejahung der Frauenordination (gegen 1Kor 14,34); aber auf der anderen Seite sind wir uns einig in der bleibenden und unhintergehbaren Einsicht, dass Krieg nach Gottes Willen nicht sein soll (gegen die Weisungen an das Gottesvolk, in den Krieg zu ziehen, z. B. 1Sam 15,3).

Es handelt sich dabei um eine ständige Aufgabe, die zwingend theologische Arbeit erfordert – denn für viele

---

[3] »Als sie nun fortfuhren, ihn zu fragen, richtete er sich auf und sprach zu ihnen: ›Wer unter euch ohne Sünde ist, der werfe den ersten Stein auf sie.‹« Den Hinweis auf Augustinus verdanke ich Joh. Berthold, der ihn in einem Rundbrief der Landeskirchlichen Gemeinschaft gibt.

Fragestellungen bietet die Bibel keine direkte Weisung. Dies ist zu allen Zeiten so gewesen; und darum hören wir bis heute auf die entsprechenden Aussagen der theologischen Väter und Mütter. Aber sicherlich stellt sich die Aufgabe verstärkt in der Moderne, in der es häufig so ist, dass der direkte Bezug auf einzelne Aussagen der Bibel der Komplexität des Lebens nicht ohne Weiteres gerecht wird;[4] ein Beispiel ist die Bewertung und der Umgang mit der Homosexualität.

Aus diesem Grund gilt in der lutherischen Kirche, dass wir gehalten sind, jeweils nach der Mitte der Schrift zu suchen und ihre Aussagen an dem zentralen Kriterium zu messen »was Christum treibet«. Der Geist will vom Buchstaben unterschieden sein, und darum sind nach meiner Einsicht die beiden Belegstellen am Gesamtzeugnis der Schrift zu messen.

Differenzen im Schriftverständnis gehören seit Langem zu unserer kirchlichen Realität; und so wird in der Frage der Bewertung der Homosexualität erneut deutlich, dass uns kein Kriterium zur Verfügung steht, um in allen Streitfragen ein Einvernehmen zu erzielen. Das ist erfreulicherweise gegeben in Bezug auf Ehe und Familie. Wir verstehen sie als eine gute Ordnung Gottes, der es um die

---

[4] Man denke nur an das Gebot der Gerechtigkeit im modernen Sozialstaat, an das Lebensrecht des Ungeborenen, die ethischen Fragen am Ende des Lebens, oder die Ausgestaltung des Sonntagsschutzes. Zugespitzt: Wir bedrohen niemanden, der am Sonntag (Sabbat) arbeitet, mit der Todesstrafe - weder geistlich noch gar tatsächlich (2Mose 35,2).

lebenslange in gegenseitiger Verantwortung gelebte Gemeinschaft von Mann und Frau mit der Zielrichtung der Weitergabe des Lebens geht. Sie wird durch das 6. Gebot geschützt, und wenn das 4. Gebot mahnt, Vater und Mutter zu ehren, geht es dabei ganz selbstverständlich und darum unausgesprochen davon aus, dass die Kinder in der Generationenfolge selbst Väter und Mütter werden sollen. Die Ehe bleibt uns als Norm insofern verbindlich und wir wehren uns gegen alle Versuche, sie abzuwerten. Die Institution ist zweifellos in starkem Wandel begriffen, wie auch die Familie[5] – aber das hängt nach meinem Urteil nicht mit der veränderten Bewertung der Homosexualität zusammen. Hier sind andere Faktoren ausschlaggebend, wie etwa die veränderten Rollenverständnisse von Männern und Frauen und ihre Glückserwartungen.

In diesem Zusammenhang vergewissern wir uns: Nach dem Zeugnis der Schrift sind *alle* sexuellen Handlungen, die nicht in der Ehe und einvernehmlich geschehen, Sünde. Denn sie verletzen das 6. Gebot, das Jesus in der Bergpredigt ausdrücklich verschärft hat (Mt 5,27 ff). Scheidung (Mk 10,2 ff) und Wiederverheiratung sind für Christen insofern ausgeschlossen – und doch vertreten wir in den Kirchen der Reformation mit guten Gründen hierzu eine differenzierte Auffassung. Wir halten eine Ehescheidung nach eingetretener Zerrüttung für eine verantwortliche Möglichkeit und orientieren uns an der Einsicht, dass »wir Sünder allzumal« sind; gerade in Bezug auf das Zusammenleben in der außerordentlichen Nähe der Ehe und

---

[5]   S. hierzu den Bericht des Landesbischofs an die Synode 2011.

der Familie sind wir der Vergebung bedürftig. Die Gnade »billig« in Anspruch zu nehmen, ist dabei eine Versuchung, der zu widerstehen wir uns bemühen.

Im lutherischen Verständnis hat das Gesetz eine doppelte Funktion: es überführt den Menschen vor Gott als Sünder; zugleich ordnet es das Zusammenleben der Menschen. Dabei wird uns ständig bewusst sein, dass der Mensch nicht dem Gesetz dient – sondern dass es umgekehrt ist, wie das Liebesgebot Jesu besagt (Mk 2,27).

Selbstverständlich gelten die Aussagen über die Bedeutung des Gesetzes in allen Lebensbereichen, nicht nur für die Sexualität, und sie treffen jeden Menschen – sowohl die heterosexuelle Mehrheit als auch den homosexuell empfindenden und geprägten Menschen.

Im Zusammenhang des Umgangs der Christenmenschen mit dem Gesetz hilft ein Blick auf das Verhältnis von Starken und Schwachen, wie Paulus es im Römerbrief (14,1–18) in Bezug auf den Konflikt um das Essen von Opferfleisch geordnet hat. In der Gemeinde lebten Menschen, die noch der jüdischen Gesetzlichkeit verhaftet waren, während andere, die diese Lebensweise nie kennengelernt hatten, in der Gefahr standen, sich über sie zu erheben. Es ging dementsprechend um Gewissensfragen, die unterschiedlich entschieden werden konnten. Es ging *nicht* um den Umgang mit der Sünde oder ein unterschiedliches Maß der Sündhaftigkeit ...

Beide Seiten werden auf das Liebesgebot angesprochen: *Wer isst, verachte den nicht, der nicht isst, wer aber nicht isst, richte den nicht, der isst, denn Gott hat ihn aufgenommen* (V. 3). Der Apostel hat eine Meinung, respektiert aber das gebundene Gewissen anderer. Notabene: Die Erörterung des Paulus läuft auf die Mahnung zu, dem Richtgeist zu widerstehen (V. 13).

Homosexualität wird seit einiger Zeit mit humanwissenschaftlichen Methoden untersucht, deren Ergebnisse umstritten sind. Aber man wird doch von einem Einvernehmen ausgehen können, dass sie in allen Gesellschaften vorkommt; man geht davon aus, dass etwa 1–4 % der Bevölkerung so geprägt sind und diese Zahlen über große Zeiträume konstant sind. Übereinstimmung besteht auch, dass es Menschen gibt, die homosexuell veranlagt sind und aus dieser Haut nicht heraus können und wollen, weil die Person entsprechend geprägt ist. Dabei kann die Prägung sehr unterschiedlich intensiv sein; nicht anders als bei Heterosexuellen.[6]

Diese Einsichten entsprechen auch meinem Erfahrungswissen. Ich denke dabei z. B. an die beiden mir bekannten Männer, die seit mehr als 20 Jahren verbindlich und verlässlich zusammenleben. Ob diese Lebensweise von dem Verdikt in 3 Mose 18.20 und Röm 1 getroffen ist, wird man fragen können. Die Bibel kennt das Phänomen der verlässlich gelebten homosexuellen Partnerschaft nicht; und darum können ihre negativen Aussagen wohl nicht auf eine verantwortliche ethische Gestaltung eines solchen Verhältnisses bezogen werden. An dieser Stelle ist

---

[6] Der Bibel ist die naturwissenschaftliche Herangehensweise (noch) fremd. Schon an den entsprechenden Fragestellungen ist sie nicht interessiert und entsprechend geht es der Bibel generell stärker um die Handlungen eines Menschen.

die persönliche Anmerkung angebracht, dass ich mich ihnen gegenüber nicht anders verhalte als zu anderen Menschen; einen der beiden nenne ich meinen Freund. Ich bin sicher, dass sie in ihrer Lebensweise nicht bewusst gegen den Schöpferwillen Gottes verstoßen wollen, im Gegenteil. Sie glauben und sie bemühen sich um eine christliche Lebensführung.

Die Frage, warum Menschen so geprägt bzw. veranlagt sind, halte ich für unentscheidbar. Es gibt eine Fülle von Forschungsergebnissen, aber sie führen nach meiner Einsicht nicht zu einer eindeutigen Aussage. Vergleichbares gilt auch in theologischer Hinsicht. Man wird wohl nicht mehr sagen können, als dass Homosexualität gemessen an dem Segenszuspruch von 1 Mose 1[7] eine Sonderform von Sexualität ist, die nicht auf Fortpflanzung gerichtet ist; eine Abweichung von der Norm des geschlechtlichen Lebens. Alles weitere, wie z. B. den Versuch, von »Schöpfungsvarianten« zu sprechen, halte ich für zu spekulativ.[8]

Vor diesem Hintergrund werden wir homosexuell geprägte Menschen, mit denen wir in der Gemeinschaft der Kirche verbunden sind, als Schwestern und Brüder im Glauben akzeptieren. Weil das Liebesgebot Jesu umfassend allen Menschen gilt, haben sie einen Anspruch darauf, zu ihrem Person-Sein stehen zu können, ohne pauschale Verurteilungen fürchten zu müssen.

---

[7] »Gott schuf sie als Mann und Frau«; »seid fruchtbar und mehret euch«.

[8] Was meint »... einige sind von Geburt an zur Ehe unfähig«? Mt 19,12.

Einsichten

Aus den Annäherungen soll der Versuch einer Antwort auf die für das kirchenleitende Handeln wohl entscheidende Frage unternommen werden – nämlich ob praktizierte Homosexualität immer und in jedem Fall Sünde ist? Denn letzten Endes geht es um diese Frage, da auch die Kritiker einer homosexuellen Lebensweise ja zu Recht betonen, dass sie den homosexuellen Menschen zu achten und zu respektieren bereit sind.

Vielleicht ist die Vergewisserung hilfreich, dass die Zielrichtung des 6. Gebotes ein lebens- und gemeinschaftsdienlicher Umgang mit der Sexualität ist. Daraus könnte abgeleitet werden:

– Wenn gelebte Homosexualität eigensüchtig dem Ausleben der Lüste und des Begehrens dient und andere Menschen dazu instrumentalisiert, so ist sie Sünde und wird durch das biblische Gesetz gerichtet;
– wenn eine homosexuelle Partnerschaft den biblischen Maßstäben und insbesondere dem Liebesgebot entsprechend gelebt wird, in verlässlicher Treue, verbindlicher Verantwortung und wechselseitiger Fürsorge, so kann sie akzeptiert werden.

Mir ist sehr bewusst, dass an dieser Stelle ein Dissens bleibt, der zurzeit nicht aufgelöst werden kann. Er betrifft nicht das Bekenntnis, dem es um die Klarheit des Christuszeugnisses geht. Denn der Artikel, mit dem die Kirche steht oder fällt, ist die Rechtfertigung des Sünders aus

Gnade (CA IV). Hier aber geht es um eine ethische Frage, mit der wir uns im Reich zur Linken befinden. Das gilt auch für die Ehe, die eine gute und hilfreiche, aber eben weltliche Institution ist, kein Sakrament. In CA VII heißt es:

> Denn das genügt zur wahren Einheit der christlichen Kirche, daß das Evangelium einträchtig im reinen Verständnis gepredigt und die Sakramente dem göttlichen Wort gemäß gereicht werden. Und es ist nicht zur wahren Einheit der christlichen Kirche nötig, daß überall die gleichen von den Menschen eingesetzten Zeremonien eingehalten werden, wie Paulus sagt: »Ein Leib und ein Geist, wie ihr berufen seid zu einer Hoffnung eurer Berufung; ein Herr, ein Glaube, eine Taufe«. (Eph 4,4.5)

Vor diesem Hintergrund ist der Status confessionis nicht gegeben, wie auch die Arbeitsgruppe der Kirchenleitung einvernehmlich feststellt. Wir sind »durch einen Geist zu einem Leib« (1Kor 12,13) getauft, dem Leib Christi. Das ändert der unter uns bestehende Dissens nicht.

Diese Einsicht entfaltet der Präses des Gnadauer Gemeinschaftsverbandes, Pfr. M. Diener in bemerkenswerter Klarheit, Zitat:

> »... die uns geschenkte Kircheneinheit, die weitreichende Übereinstimmung in Schrift und Bekenntnis, unser gemeinsames Erbe in Theologie und Praxis, unsere gegenseitig notwendige Korrektur und unser gemeinsamer Auftrag (können) nicht aufgrund dieser ethischen Frage aufgegeben werden«.

Wenn wir nicht zu einem Konsens in der Beurteilung kommen, müssen wir mit den »Spannungen leben«, wie schon 1996 das Wort der EKD feststellt. Das ist möglich, wenn auch die jeweils abweichende Auffassung als eine im Licht des Evangeliums mögliche Auslegung der Bibel akzeptiert wird. Ich bin dankbar, dass dieses Einvernehmen den Abschlussbericht der Arbeitsgruppe bestimmt und bin sicher, dass es auch unter uns in der Kirchenleitung besteht.

Es gibt in den Kirchen der Reformation kein Lehramt, das für alle verbindlich entscheidet, wie biblische Texte zu verstehen und auszulegen sind – jeder einzelne ringt mit einem an der Schrift geschärften Gewissen um das rechte Verständnis von Gottes Wort. Darum ist wechselseitiger Respekt für das Mühen um Gemeinsamkeit im Ringen um die Schrift geboten – und die Kirchenleitung angesichts der bestehenden Spannungen der Einheit der Kirche zuerst verpflichtet.

Das kirchenleitende Handeln muss also

– den biblischen Maßstäben gerecht werden,
– seelsorgerlich sein angesichts der Tatsache, dass nur sehr Wenige betroffen sind,
– die Gewissen schützen und somit

der Einheit der Kirche dienen.

Diesen Kriterien versucht in der konkreten Situation der vorliegende Beschlussvorschlag gerecht zu werden. Er steht in der Kontinuität der Beratungen des Jahres 1986 und bestätigt den Beschluss der Kirchenleitung von 2001, wie es von vielen Gemeindegliedern und Eingebern auch erwartet wird. Zugleich eröffnet er die Möglichkeit, in Einzelfällen zu Ausnahmeregelungen zu kommen, dies allerdings nur in engen Grenzen und unter der Voraussetzung, dass ein weitreichender Konsens besteht. Damit wird den Erwartungen jener Rechnung getragen, die sich für eine gottesdienstliche Begleitung homosexueller Lebensgemeinschaft aussprechen; in Bezug auf das Wohnen im Pfarrhaus soll erzwungener Verheimlichung gewehrt werden.

Liebe Schwestern und Brüder,
gestern habe ich in der Andacht davon gesprochen, wie schwierig und anspruchsvoll die kirchenleitende Aufgabe im Spannungsfeld von Einheit und Wahrheit ist. Ihr Gelingen setzt voraus, dass wir Christus als den Herrn bekennen und in ihm unseren Frieden suchen. *Er ist unser Friede* (Eph 2,14).

Zur aktuellen Situation der Kirchenmusik

Pastoralbrief anlässlich des 80. Todesjahres von Jochen Klepper, Weihnachten 2012

> [...] und unter dem Schatten deiner Flügel habe ich Zuflucht, bis das Unglück vorübergehe [...] (Ps 57,2)

Liebe Schwestern und Brüder,

nach vielen Jahren habe ich das Tagebuch des Autors und Lieddichters Jochen Klepper »Unter dem Schatten Deiner Flügel« der Jahre 1932 bis 1942 wieder einmal in die Hand genommen und einige Abschnitte nachgelesen.[*] Jochen Klepper stammte aus einem schlesischen Pfarrhaus und hatte selbst Theologie studiert. Er war mit Johanna verheiratet, einer Jüdin, die zwei Töchter in die Ehe mitgebracht hatte. Seine Aufzeichnungen sind die bewegende Geschichte gelebten Glaubens in schwerer Zeit, in der ihm dennoch Bleibendes gelang. »Der Vater«, die Geschichte des preußischen Königs Friedrich Wilhelm I., wurde zu einem großen Erfolg und ist lesenswert bis heute. Wie die Lieder ist auch dieser Roman unter schweren Anfechtungen entstanden. Die Familie durchlitt, wie der national-

---

[*] Einige Tage später – ein schönes Zusammentreffen – erhielt ich eine Neuerscheinung, die ich sehr zur Lektüre oder auch als Geschenk empfehlen möchte. Elisabeth Eberle: Jochen Klepper/Licht in dunkler Nacht. Asslar 2012. Das Buch ist einer sächsischen Pfarrfamilie gewidmet.

sozialistische Staat die Juden erst diskriminierte, dann verfolgte, wie die mörderischen Absichten von Tag zu Tag klarer wurden. Sie musste mitansehen, wie das Gift der Ideologie in die Kirche eindrang, die Jochen Klepper in einem umfassenden Sinn geistliche Heimat war. Das Tagebuch handelt von kraftvoller Hoffnung wie steter Gefährdung, von glücklicher Erfüllung und der Mühsal des Alltags und seinen Enttäuschungen, von der ausweglos werdenden Not der Familie, der zunehmenden Verzweiflung und unter all dem von starkem Glauben, der Trost spendet. Am Ende, als die Deportation der Tochter Renate nach Auschwitz unmittelbar bevorstand und absehbar war, dass die »Mischehe« zwangsweise geschieden werden würde, gingen die Eltern mit der jungen Frau in den Tod.

Ein Zeitgenosse, S. Stehmann, hat dazu geschrieben:

> »Die Nachricht von seinem Ende und den Ereignissen, die es herbeigeführt haben, hat mich schwer erschüttert. Wenn Jochen Klepper nicht mehr ein noch aus wusste, so hat er zuvor die leibhaftige Hölle gesehen. Da muss man in Demut schweigen und den Bruder der Gnade Gottes empfehlen. Und ich glaube getrost, dass er dieser Gnade versichert sein kann.«

Die Hölle gesehen – das ist wohl eine zutreffende Wortwahl. Man kann die Aufzeichnungen nicht lesen, ohne zu erschrecken über das Maß des Bösen in dieser Welt und was Menschen einander antun können. Gerade deswegen ist das Tagebuch ein Zeugnis von der Kraft des Glaubens, wie es nur wenige gibt. Wie ein Christ in Bedrängnis und äußerster Anfechtung sich dem liebenden Vater anvertraut, und welcher Segen darauf liegt, davon berichtet »Unter dem Schatten Deiner Flügel«. Das Tagebuch endet im Advent, der letzte Eintrag lautet: »Über uns steht in den letzten Stunden das Bild des segnenden Christus, der um uns ringt. In dessen Anblick endet unser Leben.«

Im Evangelischen Gesangbuch sind zwölf Lieder Jochen Kleppers zu finden und mehrere von ihnen werden oft gesungen; am meisten wohl »Die Nacht ist vorgedrungen«. Es gehört in jedem Jahr zu meinem Advent und ich singe es niemals ohne Bewegung.

In der Woche vor dem ersten Advent habe ich die Ausbildungsstätten besucht, visitiert. Die Begegnung mit den Auszubildenden und Studierenden war eine gute und intensive Erfahrung, die mich dankbar und zuversichtlich gestimmt hat. Denn es gibt genügend und tüchtigen Nachwuchs für unsere kirchlichen Berufe, junge Menschen, die sich auf die Mitarbeit in unserer Kirche vorbereiten, und Dozentinnen und Ausbilder, die sie anleiten und auf fachlich hohem Niveau die erforderlichen Kenntnisse und Fähigkeiten vermitteln. Längst hat wegen der demografischen Entwicklung der »Kampf um die Köpfe« begonnen, und angesichts der Tatsache, dass es nicht mehr allen Unternehmen gelingt, Nachwuchs in ausreichender Zahl zu gewinnen, gibt es inzwischen einen Wettbewerb um die Jugend, an dem sich mehr oder weniger alle Organisationen beteiligen. Es ist ein Hoffnungszeichen, dass wir darin bestehen können. Ich habe mich besonders gefreut über die Motivation, die zu den Entscheidungen der Jugendlichen für einen helfenden Beruf bzw. für den Verkündigungsdienst führt. Es geht ihnen durchweg um grundlegende Orientierungen, die sie in der Begegnung mit der Heiligen Schrift gewonnen und zu der Erkenntnis dessen geleitet haben, was wirklich zählt im Leben. Insofern liegt in einer solchen Berufswahl eine Hinwendung zu der Botschaft Christi von dem kommenden Gottesreich, das in ihm bereits angebrochen ist. Sie ist auch eine Absage an die Faszination des Geldes und der materiellen Besitztümer, von der in diesen Tagen leider nicht wenige Menschen in manchmal abstoßender Weise bestimmt werden.

Das Wort »Berufung« kam mir in den vielen Gesprächen öfter in den Sinn; es spielt in der lutherischen Theologie eine wichtige Rolle und hat durch Zeugnis und Leben der reformatorischen Kirchen das Leben in unserem Land sehr beeinflusst. Berufen sind nach unserer Überzeugung nicht nur die Geistlichen, die der Gemeinde mit Wort und Sakrament dienen, sondern alle Christenmenschen zur Mitarbeit in der Gemeinschaft der Gotteskinder mit den je eigenen Gaben und Fähigkeiten. Daher kommt in der deutschen Sprache überhaupt erst das Wort »Beruf«, und hier liegen auch die Wurzeln der besonderen protestantischen Berufsethik, von der wir alle in der einen oder anderen Weise geprägt sind. Manchmal wird sie sehr kritisch beurteilt, dann wieder wirft man uns vor, es ginge eine zu ernste Strenge davon aus. Sicherlich ist es so, dass jede Haltung übertrieben werden kann; ich meine aber doch, dass wir allen Grund haben, diese Prägung dankbar zu bejahen. Die Reformation war auch eine Bildungsbewegung und in diese Tradition stellen wir uns, indem wir uns um das bestmögliche Ausbildungsniveau für unsere Berufe bemühen. In diesem Zusammenhang möchte ich ausdrücklich die gute Zusammenarbeit mit den Universitäten in Dresden und Leipzig würdigen, an denen auf hohem Niveau Pfarrerinnen und Religionslehrer ausgebildet werden.

Wie gesagt, ich habe sehr ermutigende Eindrücke bei der Visitation empfangen, will aber nicht verschweigen, dass aus dem Bereich der Kirchenmusik auch Kritisches zu hören war. Bundesweit gehen leider seit Jahren die Ausbildungszahlen zurück, und es könnte sein, dass dieser Trend nun auch die Kirchenmusikhochschule in Dresden und das Institut für Kirchenmusik an der Leipziger Musikhochschule erreicht hat; für eine endgültige Bewertung ist es meines Erachtens noch zu früh. Aber mehrere Studierende haben mir gesagt, dass ihnen von aktiven Kantoren abgeraten worden sei, den Beruf zu ergreifen; das ist beunruhigend (und umso erfreulicher, dass die Warnung nicht beherzigt wurde). Vor diesem Hintergrund war es verdienstvoll, dass die Landessynode bereits im vergangenen Jahr einen Ausschuss eingesetzt hatte, der sich mit der aktuellen Situation der Kirchenmusik beschäftigt. Es ist hier nicht der Ort, um die Ergebnisse darzustellen; ich möchte aber doch sagen, dass die Kirchenleitung die berufliche Situation der Kirchenmusiker intensiv wahrnimmt und in diesem Zusammenhang die Einrichtung eines »Organistenfonds« beschlossen wurde, aus dem diejenigen Kirchgemeinden eine Zuweisung erhalten werden, die bisher von der Landeskirche keine Mittel für ihre kirchenmusikalische Arbeit erhielten. Gut ist auch, dass es einen ersten Studiengang gibt, der für Schulmusik und Kirchenmusik gleichermaßen qualifiziert und deswegen die beruflichen Perspektiven deutlich verbessert. Ausdrücklich möchte ich darum bitten, weiterhin für die kirchlichen Berufe zu werben; und ganz besonders für eine Ausbildung zum Kantor und zur Kantorin. Denn die Kirchenmusik ist ein unverzichtbarer Teil unseres kirchlichen Auftrages. Sie gibt unserm Gott die Ehre und zugleich spricht sie Menschen an, die auf der Suche sind. Ihre eigene Sprache wird in der säkularen Gesellschaft gehört und entwickelt eine ganz erstaunliche missionarische Ausstrahlung. Die landeskirchliche Statistik kennt keinen anderen Bereich, in dem es so erfreuliche Entwicklungen gibt. Jahr für Jahr werden mehr Menschen durch ein umfassendes und ausdifferenziertes Angebot erreicht. In diesem Zusammenhang möchte ich allen Kantorinnen und Kantoren sehr herzlich danken für die Beiträge, die sie zum Themenjahr »Reformation und Musik« geleistet haben, das seinen Schwerpunkt in Leipzig und dem Jubiläum der Thomana hatte. Zweifellos ist die Aufmerksamkeit für das bevorstehende Reformationsjubiläum in diesem Jahr stark gewachsen. Im Advent ist die Initiative der EKD »366 + 1, Kirche klingt 2012« – an jedem Tag des Jahres ein Kirchenkonzert – bei uns in Sachsen angekommen. In vielen Dörfern und Städten bringen sich Kantorinnen und Kantoren, Solisten und Chöre ein, der Schlusspunkt wird am Altjahrsabend in Zittau gesetzt werden.

Ich bin sicher, dass auch in diesem Advent Jochen Kleppers wunderbares Lied von der vorgedrungenen Nacht und dem kommenden Tag (EG 16) oft gesungen worden ist. Ich selbst singe es nicht ohne mich an die Lebensgeschichte zu erinnern, die es hervorgebracht hat. Das Lied ist 1938 entstanden, dem Jahr der Pogromnacht, in dem überall in Deutschland die Synagogen brannten. »Nun hat sich Euch verbündet, den Gott selbst ausersah« heißt es in der dritten Strophe, und das Leben des Dichters kündet von der Kraft dieses Bundes. Das Lied ist ein Glaubenszeugnis, das die Zeiten überdauert und vielen zum Segen wird.

Das gilt, wenn auch unsere Situation eine ganz andere ist. Wir leben nicht in Verfolgung oder unter diktatorischem Druck, sondern in einem demokratischen Staat, der die Menschenrechte garantiert, so dass wir uns aller bürgerlichen Freiheiten erfreuen dürfen, Gott sei Dank. Der Sozialstaat gewährt Schutz vor den elementaren Lebensrisiken, in Krankheiten können wir uns auf ein leistungsfähiges Gesundheitssystem verlassen, die Landeskirche ist uns eine bergende Heimat (und, auch das hat seine Bedeutung, ein verlässlicher Arbeitgeber). Ob wir es überhaupt ermessen können, was der Glaube wirkt, wenn es keinen festen Boden unter den Füßen gibt; wie der Bund des auferstandenen Herrn mit den Seinen durchträgt, wenn alle Sicherheiten verloren gehen und die »leibhaftige Hölle« zu sehen ist? Das ist eine Frage, auf die es wohl keine Antwort gibt, die für jeden und jede gleichermaßen gilt. Ich selbst empfinde es so, dass ich angesichts des Lebenszeugnisses Jochen Kleppers dankbar auf das Leben und seine Umstände sehe, die mir geschenkt sind. Nichts davon ist selbstverständlich. Zugleich empfange ich daraus Trost und Vertrauen – was auch geschehen mag, wie schwarz die Nacht werden kann, Gott wird helfen. In Christus hat er sich mit den Seinen verbündet und unter dem Schatten seiner Flügel werde ich leben. Wie gut, dass wir glauben dürfen und hoffen auf den Advent des Heilandes.

Es sind dies friedliche und gesicherte Zeiten, Gott sei Dank. Ohne Gefahren und Dunkelheiten sind aber auch sie nicht. Die Erinnerung an Leben und Sterben Jochen Kleppers wirft ein bezeichnendes Licht auf die neuen Nazis, die nun seit acht Jahren im sächsischen Landtag sitzen. Sie verherrlichen die Untaten der nationalsozialistischen Gewaltherrschaft und versuchen, nachträglich die Peiniger der Familie Klepper ins Recht zu setzen. Man kann nur hoffen, dass der Verbotsantrag, der nun gestellt werden wird, zum Ziel führt. Noch wichtiger aber ist, dass Menschen einsichtig werden und dieser bösen, hasserfüllten Weltsicht absagen oder ihr nicht erliegen. *In dem Bemühen um solche Erkenntnisprozesse liegt ganz bestimmt ein Auftrag für die Kirche Christi*, habe ich im letzten Jahr geschrieben und das gilt unverändert.

Liebe Schwestern und Brüder, ich danke Ihnen allen für den Dienst, den Sie in diesem Jahr in unserer Landeskirche getan haben, zu Lob und Ehre unseres Herrn und Bruders Jesus Christus.

Gesegnete Weihnachten und ein gutes neues Jahr wünscht

Ihr
Jochen Bohl

Für mehr Frauen in Leitungspositionen in der Landeskirche

Brief an die Pfarrerinnen der Landeskirche, Januar 2013

Liebe Schwestern,

im vergangenen September hat sich der Theologinnenkonvent mit der Frage der weiblichen Identität im Pfarramt beschäftigt. Die Ergebnisse wurden in schriftlicher Form festgehalten, und ich gehe davon aus, dass sie Ihnen bekannt sind. Mir selbst waren sie ein weiterer Anlass, mich mit der Frage zu beschäftigen, warum wir in unserer Landeskirche so wenig Frauen in Leitungspositionen haben und warum es uns bisher nicht gelungen ist, diesen Zustand zu ändern, den ich als umso bedrückender empfinde, je länger er andauert. Denn die vielen guten Gründe für ein ausgewogenes Geschlechterverhältnis in der Leitung einer Institution liegen ja auf der Hand. Frauen und Männer bringen unterschiedliche Lebenserfahrungen mit, die doch gleichermaßen bedeutsam sind; es stehen ihnen je eigene Strategien zur Bewältigung von Herausforderungen zur Verfügung, und sicherlich gibt es auch so etwas wie eine weibliche bzw. männliche Weltsicht, die erst in der Zusammenschau die Wirklichkeit abbilden. Auch in Bezug auf das geistliche Leben gilt Ähnliches. Bereits biblische Erzählungen zeugen davon, wie die Dualität der Geschlechter die Fülle der Frohen Botschaft erschließt. Oft denke ich, dass unsere Kirche durch die Frauenordination in besonderer

Weise gesegnet ist. Ganz generell lehren vielfältige Erfahrungen, dass – angefangen in den Familien – der Zusammenhalt einer Gemeinschaft, ihre Stabilität und nicht zuletzt ihre Leistungsfähigkeit gestärkt werden, wenn Frauen und Männer gemeinsam für sie Verantwortung tragen. Insofern empfinde ich das (weitreichende) Fehlen von Frauen in der Leitung des Landeskirchenamtes und im Ephorenkonvent als einen Mangel, der unserer Landeskirche schadet. Es ist hier wie da ja nur jeweils eine Frau tätig.

Wie immer gibt es nicht nur eine Antwort auf die Frage, warum ein bestimmtes Ungenügen entstanden ist. Man sollte die Ursachenforschung bei sich selbst beginnen, und so will ich selbstkritisch sagen, dass ich wohl nicht genug ermutigt habe zur Übernahme von Leitungsverantwortung. Ich kann aber nicht verschweigen, dass ich über die Jahre hin immer wieder auf konkrete Anfragen Absagen erhalten habe von Frauen, die ich für überaus geeignet hielt und halte. Selbstverständlich wurden Gründe genannt, die jeweils eine persönliche Dimension haben und die ich respektiere. Darüber hinaus ist es aber offensichtlich so, dass für Frauen bestimmte Überlegungen besonders gewichtig sind und letztendlich zu der Entscheidung führen, für ein Leitungsamt nicht zur Verfügung zu stehen. Diese Sichtweisen wurden wohl auch vom Theologinnenkonvent diskutiert; »das Amt darf nicht das Leben sein«, heißt es in der Niederschrift. Diesem Satz stimme ich uneingeschränkt zu; er gilt auch für uns Pfarrerinnen und Pfarrer, die wir unsere Berufung leben und von daher »habituell« dazu neigen, dem Beruf sehr viel Raum zu geben.

Ich sehe es so, dass es ein besonderes Privileg ist, nicht um äußerer Zwänge willen arbeiten zu müssen, sondern aus Berufung wirken zu können. Persönlich habe ich es immer als ein Segen erlebt, dass der Pfarrberuf in Freiheit ausgeübt sein will und unsere Kirche diese Freiheit schützt und fördert. Darüber haben sich für mich Räume eröffnet für Entdeckungen, die das Leben reich machen und »des Menschen Herz erfreuen« (Ps 104,15). Ich hätte nicht leben können ohne die Familie, nicht ohne Freundschaften, nicht ohne Bücher und Reisen, nicht ohne Sport (ohne Wein schon, aber nur ungern). Dabei ist mir das Amt ein zentraler Bestandteil meines Lebens, von dem ich im Kern meiner Person geprägt worden bin; ich arbeite gern und freue mich zugleich an vielem, was darüber hinaus mein Leben bereichert.

Es ist ein absurdes und schmerzhaftes Missverständnis, wenn gemeint wird, für Führungskräfte in der Kirche gäbe es neben dem Amt »nichts anderes«; und ich kann nur davor warnen, in der Übernahme von Leitungsverantwortung eine Zumutung zu sehen, die einem »guten Leben« im Wege stehe. So ist es ganz bestimmt nicht. Dabei will ich nicht übersehen, dass es eine stetige Versuchung gibt, sich den vielfältigen Erwartungen geradezu auszuliefern, also grenzenlos allem und jedem gerecht werden zu wollen und sich darüber zu verlieren. Dem zu begegnen und Prioritäten zu setzen ist notwendig, aber nicht immer ganz einfach. Das allerdings weiß jede Pfarrerin (und jeder Pfarrer), in der Regel aus leidvoller Erfahrung. Ich habe es so erlebt, dass dieses Problem mich mein Leben lang begleitet hat – aber selbstverständlich hat es zu allen Zeiten auch wirkungsvolle Möglichkeiten gegeben, damit umzugehen und das richtige Verhältnis von Anspannung und Entspannung zu finden. Ob es gelingt, eine auch für die Familie befriedigende Balance zu erreichen, hängt von verschiedenen Faktoren ab – dem Lebensalter, der Situation der Kinder und der Ehe und selbstverständlich auch von den beruflichen Anforderungen. Monokausal ist in diesem Bereich nichts und schon deswegen handelt es sich um eine anspruchsvolle Gestaltungsaufgabe. Sie wird unter den Bedingungen der Pluralisierung der Lebenslagen nicht leichter; aber es kann meines Erachtens keine Rede davon sein, dass sie nicht gelingen könne. Für jeden und jede von uns gibt es inzwischen wirkungsvolle Möglichkeiten der Unterstützung, und ich ermutige dazu, sie intensiver zu nutzen, als wir es gegenwärtig tun. Das gilt gerade dann, wenn beide Partner voll berufstätig sind.

Damit ist ein weiteres Stichwort gegeben – nämlich die Leitungskultur, die es in unserer Kirche gibt und von der der Theologinnenkonvent sagt, sie müsse verändert werden. Veränderlich ist sie selbstverständlich, wenn es auch in so alten Institutionen ein eigenes Gewicht der Tradition gibt, so dass man an ein sehr hartes Brett denken könnte, in das nur mit beharrlicher Geduld gebohrt werden kann. Ich meine auch nicht, dass die Arbeitsweise meiner Generation oder gar meine eigene »alternativlos« wären; man erlebt ja in den tagtäglichen Entscheidungen, dass es mehrere Optionen gibt, die jeweils gute Gründe für sich haben. Die Mitarbeit von Frauen hat unsere Kirche sehr und zum Guten verändert; und wir sind auf dem Weg zur Beteiligungskirche bereits weit vorangekommen. So sollten wir auf dem eingeschlagenen Weg die nächsten Schritte gehen, die dann sicherlich dazu führen werden, dass sich auch die Leitungskultur verändert.

In der Niederschrift des Theologinnenkonventes ist von »Mut zur Authentizität« die Rede, der gefordert sei. Auch dies kann ich nur bejahen. Es ist nicht gut, sich zu verbiegen, und das gilt ganz unabhängig von dem Ort, an den wir gestellt sind. Wenn Führungskräfte als Folge der beständig wirksamen Einflüsse auf sie und ihr Handeln rundum »glatt geschliffen« wären, in ihrer Personalität unkenntlich, so wäre das schlimm für sie persönlich und auch für die Gemeinschaft, die sie leiten sollen.

Diese Gefährdung hängt nach meiner Erfahrung mit einem sachlichen Problem zusammen, das untrennbar mit der Leitungsaufgabe verbunden ist. Denn ihr Auftrag weist die Führungspersonen an das Ganze der Gemeinschaft, es muss ihnen um den Zusammenhalt und die Teilhabe möglichst aller gehen. Sie stehen nicht für Einzelinteressen, und schon gar nicht für sich selbst. Darum hat Jesus wohl gesagt, dass unter den Seinen der (oder die) Erste der Diener (die Dienerin) aller sein soll. Das ist nicht leicht zu hören und ich gestehe, dass ich erst begonnen habe, den darin liegenden Anspruch zu verstehen, nachdem ich schon jahrelang in Leitungsverantwortung tätig war.

Als die Bundeskanzlerin zu Beginn ihrer Amtszeit davon sprach, sie wolle dem Land dienen, löste sie Unverständnis und Befremden, dann aber auch Respekt aus für die umstandslose Nüchternheit, mit der sie ihr Leitungsethos auf den Begriff brachte. In einer Zeit, in der Teile der Führungseliten durchsichtig eigenen Interessen folgen und darüber großen Schaden für den Zusammenhalt der Gesellschaft anrichten, man denke nur an die Exzesse bei den Gehältern und Boni, war das eine notwendige Klarstellung, für die man gar nicht genug dankbar sein kann: Wem Verantwortung für andere übertragen ist, wer eine Gemeinschaft von Menschen führt, soll dem Gemeinwohl dienen. Dienst ist ein selten gebrauchtes Wort geworden und im Zusammenhang der Leitungskultur besonders erklärungsbedürftig. Zunächst: Es werden die Verantwortlichkeiten nicht aufgehoben – die zur Leitung berufen sind, sollen führen. Das kann in Konflikte münden, aus denen Verletzungen zurückbleiben, das kann mit starken Beanspruchungen verbunden sein, die vielleicht sogar an ein Opfer erinnern mögen. Aber Jesus geht es um die besondere Verantwortung der Führungskräfte vor Gott und den Menschen, und er sieht es so, dass sie eine bestimmte Haltung erfordert: von sich selbst abzusehen und dem Ganzen der Gemeinschaft zu dienen. Diese Haltung prägt das Leitungsethos eines Christenmenschen und wird, wo sie gelebt wird, vielen zum Segen; sie ermöglicht es, auch solche Auffassungen wertzuschätzen, die man selbst nicht teilt, die aber ihren Platz in der Gemeinschaft suchen und haben sollen. Sie ist die Voraussetzung, dass die unterschiedlichen Kräfte und Interessen, Einsichten und Prägungen gebündelt werden können um der Erreichung des gemeinsamen Ziels und der Erfüllung des Auftrags willen. Dienst als Kern des Leitungsethos ermöglicht erst das Entstehen von Leitungsakzeptanz, ohne die es nicht gehen kann. In dem Herrenwort geht es nicht um eine Strategie der Konfliktvermeidung, auch nicht um die Weichzeichnung bestehender Gegensätze oder gar um das Bedürfnis nach gefühligem Wohlbehagen; daraus entstehen unvermeidlich erst Verunsicherung und dann Schaden. »Dienen« meint auch nicht, sich selbst aufzugeben oder einsam eine Last tragen zu müssen. Vielmehr geht es um einen Umgang mit der anvertrauten Macht, die dem Liebesgebot entspricht; es soll alle Lebensbereiche und auch die Leitungskultur in der Kirche durchdringen und bestimmen. Darin liegt ein sehr hoher Anspruch – darunter sollen wir aber nicht bleiben und dürfen zugleich wissen, dass niemand allein damit gelassen wird; nicht von den Schwestern und Brüdern und auch nicht vom Herrn der Kirche. Für Leben und Zeugnis unserer Landeskirche kann es nur gut sein, wenn Männer und Frauen Verantwortung für das Ganze übernehmen und gemeinsam entfalten, wie Christenmenschen einander dienen sollen.

Abschließend erinnere ich daran, dass die Dimension der Leitung – geistlich und weltlich – unbedingt zu Beruf und Amt der Pfarrerin (und des Pfarrers) gehört. Und dass darin eine Verheißung liegt, die der ganzen Kirche und auch uns selbst gilt. Selbstverständlich ist damit nicht gesagt, dass jede (und jeder) für jede Leitungsaufgabe geeignet ist – wohl aber, dass die Bereitschaft zur Übernahme von Verantwortung für uns im ordinierten Amt der »Normalfall« ist.

Ich selbst habe erleben dürfen, dass mir in den verschiedenen Lebensphasen anspruchsvolle Aufgaben übertragen wurden; sie haben mir Erfüllung und Lebensfreude geschenkt. Weil die Entscheidungen über meinen weiteren Weg jeweils unter Schriftlesung und Gebet getroffen wurden, konnte ich sie zuversichtlich angehen. Es haben sich anregende Bildungserlebnisse eröffnet, auch die Möglichkeit, Begabungen einzubringen und gestalten zu können. In all dem wurde ich bereichert und durfte Segen empfangen, wofür ich sehr dankbar bin.

Liebe Schwestern, ich möchte sehr dafür werben, dass sich Frauen für die Leitungsaufgaben in unserer Landeskirche zur Verfügung stellen und ausdrücklich dazu ermutigen. Sie können sicher sein, dass es dafür Hilfen und Unterstützung gibt.

Ich grüße Sie mit Jos 1,9 als

Ihr
Jochen Bohl

Wie ist die Bibel heute zu verstehen?

Beitrag zum Thema Schriftverständnis

Zeitungsartikel 2013*

Vor einigen Jahren sah mein Sohn mich am Schreibtisch, fragte, was ich denn mache – Predigt über das Gleichnis vom Senfkorn – und wie ich denn vorankäme – langsam, zögerlich – und meinte, so schwer könne das ja wohl nicht sein, ich müsste es doch inzwischen verstanden haben, nachdem ich mich mein ganzes Leben mit der Bibel beschäftige. Ich musste kurz schlucken; vermutlich werden ja nicht Wenige ähnlich denken.

Aber so ist es nicht, im Gegenteil – je länger ich mit der Heiligen Schrift lebe, desto größer wird das Staunen darüber, dass sie mir immer wieder überraschende Impulse gibt, dass ich nicht mit ihr fertig werde. Wie oft habe ich einige ihrer Texte bedacht und ausgelegt, den Auszug aus Ägypten, die Seligpreisungen und die Gleichnisse – und entdecke immer noch Unerwartetes darin. Unzählige Predigten werden landauf, landab und Sonntag für Sonntag über ein und denselben Text gehalten – und jede von ihnen trägt ein eigenes Profil. Es mutet an wie ein Wunder:

---

* Nach einem Jahr des intensiven Gesprächs auf allen Ebenen der Landeskirche habe ich 2013 in einem Beitrag für die Zeitschrift »ideaSpektrum« von der Frage gesprochen, wie »Die Anrede Gottes« zu den Menschen findet. Erschienen in: ideaSpektrum 17/2013.

Die Bibel erschöpft sich nicht, nicht in meinem Leben und auch nicht im Leben der Kirche. Woran das liegt?

In der Heiligen Schrift begegnet uns das Gotteswort, die Frohe Botschaft, mit der Gott uns anredet und den Zugang zu der göttlichen Wahrheit öffnet, die menschliche Verstehensmöglichkeiten übersteigt, höher ist als alle Vernunft. Die Menschen sind fehlbar, irrtumsverhaftet, und das entdecken wir nicht zuletzt in der Begegnung mit der Heiligen Schrift und der Wahrheit, von der sie kündet und der wir nicht gerecht werden. Darum verbraucht die Bibel sich nicht.

Es wäre schlimm, wenn wir den Respekt vor der Schrift verlieren würden, ihre Heiligkeit uns verloren ginge. Es soll immer ein Moment der Fremdheit bleiben, das aus dem Wissen kommt, dem Gotteswort zu begegnen, das in meiner Erfahrungswelt nicht aufgeht, sondern mir gegenübersteht. Jeden Text, auch die vertrauten wie das Gleichnis vom Senfkorn lesen wir so, als versuchten wir, ein noch nicht entdecktes Geheimnis zu ergründen. Dann werden wir hoffen dürfen, neue Entdeckungen zu machen, von denen wir bereichert werden und wachsen *»in der Gnade und Erkenntnis unseres Herrn und Heilands Jesus Christus«* (2Petr 3,18).

Allerdings – es bleiben auch Texte, die dauerhaft fremd anmuten und denen wir uns nicht zu nähern vermögen. Vieles in der Offenbarung ist mir bis heute unvertraut und abständig. Diese Fremdheit der Bibel empfinden wir als etwas Störendes; und das gilt vielleicht umso mehr, wenn wir uns in ihr beheimatet fühlen. Störungen aber sind niemals willkommen, darum haben wir gewisse »Techniken«

entwickelt im Umgang mit ihnen. Drei von ihnen will ich benennen, die eine ständige Gefahr für das geistliche Leben sind.

Zuerst und besonders naheliegend: Man wertet die biblischen Aussagen ab, indem man sie für überholt erklärt. Die empirischen Naturwissenschaften sind eine relativ junge »Erfindung«, von der die Bibel noch nichts weiß – aber sie prägen unser Leben am Anfang des 21. Jahrhunderts. Allerdings findet sich die besondere wissenschaftliche Denkbewegung, nämlich wissen zu wollen, wie die Welt beschaffen ist und wie ihre vielfältigen Erscheinungen zusammenhängen und das Menschenleben bedingen, sehr wohl in der Bibel und ist mit dem Glauben an Gott verbunden. Es gibt keine Erkenntnisverbote in ihr (sieht man davon ab, dass wir uns kein Bildnis Gottes machen sollen), und das ist ein Grund, dass die Wissenschaften in der jüdisch-christlichen Tradition zu dieser Höhe entwickelt wurden; und begründet auch unsere Überzeugung, dass es keinen Gegensatz gibt zwischen Glauben und Wissen. Karl Barth hat einmal gesagt, dass ein Gott, der den Weltbildern der Menschen entsprechen würde, nicht der Gott der Bibel wäre. Und das sehen nicht nur Theologen so, sondern auch gläubige Physiker, Biologen und Mathematiker.

Der Unglaube aber macht die (jeweils geltenden) Maßstäbe des Verstehens zur Grundlage des Urteilens. Das hat zu tun mit den wundersamen Erzählungen der Bibel von außerordentlichen Ereignissen, die sich den Gegebenheiten der irdischen Kontingenz entziehen. Für das Gelingen des Auszugs aus Ägypten und die wundersame Querung des Roten Meeres macht es wenig Sinn, eine rationale Erklärung zu suchen, wie auch nicht für die Stillung des Sturms auf dem galiläischen Meer oder die Heilung des Gelähmten oder die Erscheinung des Paulus vor Damaskus; oder gar die Auferstehung des Herrn. Die historisch-kritische Erforschung der Schrift ist notwendig, weil sie uns helfen kann zur vertieften Erkenntnis der Wahrheit; aber sie sollte sich stets der Gefahr bewusst sein, die Göttlichkeit Gottes nicht gelten lassen zu wollen. Der Glaube fragt nicht danach, was Gott unmöglich sei, sondern freut sich an dem Unwahrscheinlichen, was er mir Gutes wirkt. Darum darf die Historizität einer biblischen Geschichte nicht zum Gradmesser ihrer Wahrheit gemacht werden.

Eine zweite Gefahr des Umgangs mit der Schrift liegt darin, die jeweils geltenden Moralvorstellungen in der Bibel bestätigt finden zu wollen, dem Zeitgeist zu folgen. Das ist ein weites Feld. Im Streit um die Homosexualität wird dieser Vorwurf erhoben, bezeichnenderweise von beiden Seiten. Beispiele dafür gibt es – leider – mehr als genug. Man denke nur an die Haltung der Landeskirchen zu den demokratischen Bewegungen im 19. und 20. Jahrhundert, die bekämpft wurden, weil man eine monarchische Ordnung unmittelbar aus der Schrift und dem Bekenntnis ableiten zu müssen meinte. Oder an die patriarchalischen Ordnungsvorstellungen, die gegen die Befreiung der Frauen beschworen wurden; in der irrigen Meinung, so eine göttliche Ordnung des Geschlechterverhältnisses verteidigen zu müssen. Oder zu der Frage des Krieges. Man kann sich nur schaudernd abwenden, wenn man nachliest, was im Jahr des 400. Reformationsjubiläums, dem

Kriegsjahr 1917, gepredigt wurde, wie Durchhaltewillen und Opferbereitschaft religiös überhöht wurden. »Krieg soll nach Gottes Willen nicht sein« bezeugen wir und entsprechen damit dem Christuszeugnis – wenn es auch einzelne Weisungen an das Gottesvolk gibt, in den Krieg zu ziehen (z. B. 1Sam 15,3). Bonhoeffer hat einmal gesagt, dass der Heilige Geist der rechte Zeitgeist ist.

Und drittens: Man kann die Bibel auch ihrer Fremdheit – und damit ihrer Wirkung – berauben, indem man sie zu einem Denkmal macht, das gleichermaßen unberührt bleibt von dem Leben der Menschen zu seinen Füßen. Die Meinung, dass die Bibel Wort für Wort durch den Heiligen Geist diktiert worden sei, ist in meiner Sicht ein solcher Versuch, sich der Fremdheit der Schrift erwehren zu wollen – indem man jedes ihrer Worte für unantastbar erklärt, offenkundige Widersprüche leugnet und Zeitbedingtem dauernde Gültigkeit zuspricht. Aber die unvermeidliche Folge ist, dass so das Gotteswort entwertet wird, und das soll nicht sein. Denn das bloße Fürwahrhalten biblischer Sätze steht dem Glauben entgegen, der anderes und größeres ist, nämlich ein festes Vertrauen auf Gott. Der Geist will vom Buchstaben unterschieden sein. Die Bibel will von lebendigen Menschen gelesen und zum Maßstab ihres Fragens und Antwortens werden. Ein Steinbruch toter Steine darf sie uns nicht werden, denn dann steht sie uns nicht mehr gegenüber und verschließt den Zugang zum Gotteswort. Paulus sagt, dass der Buchstabe tötet, aber nur der Geist lebendig macht (2Kor 3,6). Darum sehen wir es so, dass die zeitbedingten Sichtweisen in der Bibel ihre Offenbarungsqualität nicht beeinträchtigen.

Wer die Bibel liest, findet in ihr das Zeugnis der großen Taten Gottes und hört das Gotteswort, Frohe Botschaft, Evangelium. Der Heilige Geist macht, dass die Leser der Bibel in ihrem Innersten bewegt werden; sie ist das Gotteswort. Menschenwort ist sie selbstverständlich auch. Die Autoren der biblischen Bücher haben aufgeschrieben, was sie selbst mit Gott erlebten, oder was ihnen von anderen berichtet wurde. Sie bezeugen in ihrer Sprache und vor dem Hintergrund ihrer Wirklichkeit die Offenbarung Gottes. Darum gibt es Aussagen der Bibel, die zeitgebunden sind, den Wissensstand ihrer Entstehungszeit widerspiegeln und nichts wissen von den Erkenntnisfortschritten, die uns geschenkt wurden; Menschenwort. Zu diesen Aussagen gehört, um ein Beispiel zu geben, die Bibelstelle 3 Mose 20,13, die in der Auseinandersetzung um die Homosexualität herangezogen wird. Niemand wird diese Forderung umsetzen wollen. Es ist eben ein Wort aus vergangener Zeit.

Alle geistlichen Erfahrungen sind an Menschen gebunden, der Bericht davon an die begrenzten Möglichkeiten der Sprache und zeitbedingter Gegebenheiten. Die biblischen Zeugen haben zu einer bestimmten Zeit gelebt, sie waren mit den Sichtweisen dieser Zeit auf die Phänomene der Natur vertraut, sie drückten sich in der Sprache aus, die zu je ihrer Zeit gesprochen wurde und es standen ihnen Leser vor Augen, deren Verstehensmöglichkeiten sie kannten. So unterschiedlich wie die Menschen, die sie verfasst haben, sind entsprechend auch die Texte der Heiligen Schrift; sie reden ja von Gotteserfahrungen höchst konkreter Personen, die vom Heiligen Geist dazu bewegt wurden, aufzuschreiben, »was (sie) wir gehört und gesehen«

haben (Apg 4,20). Es kann also gar nicht anders sein, als dass sie vielfältig sind. Der Gott der Bibel ist kein blasser Gedanke, sondern wendet sich den Menschen zu und kommt ihnen je in ihrer Personalität nahe. Also wird, wer wissen will, wer Jesus von Nazareth war, nicht nur eines, sondern alle vier Evangelien lesen und dankbar sein über die jeweiligen Akzentuierungen, die das Werk der Evangelisten kennzeichnen; gerade auch über die besondere Prägung des Johannesevangeliums. Von Kreuz und Auferstehung Christi redet die Schrift multiperspektivisch; und erst so erschließt sich die Fülle der Gnade.

Die Bibel ist Gotteswort und Menschenwort in einem; wir haben den Schatz nur in irdischen Gefäßen (2Kor 4,7) – dieser Satz des Apostels Paulus, den er auf die »Erkenntnis der Herrlichkeit Gottes in dem Angesicht Jesu Christi« bezieht, gilt umfassend. Nirgends in der Heiligen Schrift kommt diese grundlegende Gegebenheit so zum Ausdruck wie im Prolog des Johannesevangeliums – dort aber wunderbarerweise in der positiven Fassung: »das Wort ward Fleisch und wohnte unter uns« (1,14a). Gott bindet sich an den Menschen Jesus von Nazareth, ganz und ohne jede Einschränkung des Menschseins. Wie er sich gebunden hat an sein Volk, so bindet er sich an das Kind in der Krippe, an den leidenden Menschen am Kreuz; der sich opfert, ist Gott.

Für Martin Luther ist Christus die Mitte der Schrift. Der Mensch wird durch das Geschehen von Kreuz und Auferstehung gerecht gesprochen, von Gott angenommen – wenn er nur den Ruf zum Glauben annimmt. Von diesem Zentrum her sollen und dürfen wir die Aussagen der Bibel verstehen; in diesem Sinn interpretiert sie sich selbst. Bis dahin, dass die Schrift einzelne ihrer Aussagen gewissermaßen selbst kritisiert, und zwar an dem Maßstab »was Christum treibet«. Darum werden wir nicht alle ihre Teile für gleichbedeutend und gleichgewichtig halten, es gibt eine innere Ausrichtung auf Christus hin. Wir unterscheiden Gesetz und Evangelium, und so konnte Luther den Jakobusbrief als eine »strohene Epistel« bezeichnen, weil er in ihm die zentrale Botschaft der Rechtfertigung des Sünders allein aus Gnade eher verdunkelt sah. Ähnlich hat er den Hebräerbrief gelesen, und darum die Reihenfolge der neutestamentlichen Bücher verändert, so dass die beiden Schriften mit dem Judasbrief an das Ende zu stehen kamen.

Wir gehen mit den biblischen Texten so um, dass die fremden uns vertrauter werden; und übersehen in den vertrauten nicht das Fremde. Wir lassen uns durch die Bibel in Frage stellen und achten darauf, dass sie uns ein Gegenüber ist, das uns korrigiert. Wir hüten uns davor, sie begriffen haben zu wollen. Wir liefern uns nicht aus an den Zeitgeist; und wir setzen nicht das Wort Gottes mit den Buchstaben der Bibel in eins. Wir lesen sie nicht in dem Wunsch, in ihr unser Verständnis bestätigt zu finden, sondern stets aufs Neue in der Hoffnung, der lebendigen Stimme des Evangeliums zu begegnen. Und lassen darin nicht nach, denn sonst würden wir uns von der Kraftquelle abschneiden, aus der wir leben. Denn »allein die Heilige Schrift« ist die Grundlage für das Leben eines Christenmenschen, in ihr hören wir die Anrede Gottes.

»... und sie werden eins sein.«

Ehe und Familie zwischen Institution und Autonomie

Synodenbericht, November 2013

Hohe Synode, Herr Präsident,

lange hat es keine solche Auseinandersetzung in der EKD gegeben wie um die kürzlich erschienene»Orientierungshilfe« des Rates.[1] Ich jedenfalls kann mich nicht erinnern, dass einmal eine kontroverse Debatte in dieser Breite geführt worden ist. Bezeichnend ist dabei, dass die Argumente durchaus nicht entlang der üblicherweise zu erwartenden Linien wie z. B. der theologischen Traditionen und Frömmigkeitsprägungen ausgetauscht wurden und werden. Das hat seine Gründe, und auf zwei davon möchte ich eingehen.

Zunächst einmal hat die Dürre der theologischen Ausführungen des Textes eine gewisse Verstörung ausgelöst und an dem Willen zweifeln lassen, über lange Zeiten hinweg als gut und sinnvoll Erkanntes zu verteidigen. Viele haben die Frage gestellt, ob die Bedeutung der Ehe relativiert werden solle oder gar die Trauagende zur Disposition stehe – ob denn die traditionelle lebenslange Ehe und die durch sie begründete Familie das Leitbild unserer Kirche

---

[1] Zwischen Autonomie und Angewiesenheit. Familie als verlässliche Gemeinschaft stärken. Eine Orientierungshilfe des Rates der Evangelischen Kirche in Deutschland, Gütersloh 2013.

bleibe. Das sächsische Landeskirchenamt erkennt in seiner Stellungnahme[2] sicherlich zu Recht eine »Scheu, im Konzert aller relevanten Aspekte dem Leitbild der Ehe die bislang geltende Priorität weiterhin einzuräumen«. Der Rat der EKD hat nunmehr, um die offenkundigen theologischen Mängel zu heilen, die Kammer für Theologie um eine Studie zu den biblisch-hermeneutischen und systematisch-theologischen Fragen zur Ehe gebeten.

Ein zweiter Grund für die entstandene Aufregung ist sicherlich, dass es sich bei den Fragen von Ehe und Familie um sehr persönliche Fragestellungen handelt, denen niemand ausweichen kann. Nicht alle sind verheiratet, aber die Allermeisten eben doch; und unter den Unverheirateten sind viele einmal verheiratet gewesen. Andere fragen sich, ob sie heiraten sollen und viele – unter den gegebenen Bedingungen erstaunlich viele – hoffen, eines Tages heiraten zu können. Die Ehe ist auch in unserer verwirrenden Wirklichkeit eine bedeutsame Institution und genießt nach wie vor starken Rückhalt, dazu später mehr und Genaueres.

Familie hat nun wirklich (fast) jeder und weiß darum auch um ihre Bedeutung für das menschliche Leben. Aber der rasche und schnelle Wandel, der das Kennzeichen unserer Zeit ist, macht vor der Ehe und der Gestalt der Familien keinen Halt. Vielmehr ist es so, dass alle Formen des Zusammenlebens starken Veränderungsprozessen unter-

---

[2] Hinweise zur Orientierungshilfe des Rates der EKD »Zwischen Autonomie und Angewiesenheit: Familie als verlässliche Gemeinschaft stärken« vom 9. Juli 2013, veröffentlicht auf www. evlks.de.

liegen. Die gegenwärtige Elterngeneration lebt zu einem nicht geringen Teil nach anderen Maßstäben und in anderen Strukturen zusammen als noch die Großelterngeneration, der ich angehöre. Für viele der Älteren wird es so sein, dass sie angesichts dieser Entwicklung die eigene Lebensgeschichte in Frage gestellt sehen. Warum meinen die Kinder, anders leben zu müssen als wir; achten sie etwa gering, was wir ihnen doch vorgelebt haben und für ihren Lebensweg als Orientierung mitgeben wollten? Veränderungen im persönlichen Bereich werden als bedrängend oder gar als verwirrend und schmerzlich erlebt, davon habe ich an dieser Stelle bereits vor zwei Jahren gesprochen. Manche Schärfe der Diskussion dürfte persönlich-lebensgeschichtlich zu erklären sein und auch damit zu tun haben, dass man von der Kirche gerade bei persönlicher Betroffenheit Orientierung erwartet; nicht aber einen weiteren Beitrag zur Verunsicherung.

Zahlen

Weil es ein stark subjektiv bestimmtes Thema ist, nenne ich zur Objektivierung zunächst einige Fakten und stütze mich dabei auf den aktuellen Familienreport des Bundesministeriums für Familie, Senioren, Frauen und Jugend, der auf Zahlen des Statistischen Bundesamtes beruht.[3]

---

[3] Bundesministerium für Familie, Senioren, Frauen und Jugend, Familienreport 2012 – Leistungen, Wirkungen, Trends, Berlin 2012.

Zunächst ist bemerkenswert, dass sich der Zeitpunkt der Familiengründung immer weiter nach hinten verschiebt; in vielen Familien um etwa zehn Jahre. Meine Frau und ich haben es noch so gehalten wie unsere Eltern und jung gefreit (nie gereut), unsere Kinder aber brauchen deutlich länger, um sich dauerhaft zu binden. Das Durchschnittsalter von Frauen bei der Geburt ihres ersten Kindes beträgt inzwischen ca. 29 Jahre, wobei in den östlichen Bundesländern die Frauen fast zwei Jahre jünger (27,4 Jahre) waren als im Westen (29,2 Jahre). Die Zahl der Geburten ging bei jüngeren Frauen weiter zurück und stieg bei Frauen ab 31 Jahren an; der Anteil der Frauen, die kein Kind geboren haben, nimmt weiterhin zu. Etwa ein Drittel der Frauen und Männer bleibt dauerhaft kinderlos.

Die meistgelebte Familienform in Deutschland mit 72% ist nach wie vor die Ehe. Allerdings hat die Zahl der nichtehelichen Lebensgemeinschaften stark zugenommen, wie auch die der Alleinerziehenden. In den westlichen Bundesländern machen Ehepaare zwei Drittel aller Familien aus, im Osten nur etwas mehr als die Hälfte. In Sachsen werden 62% der Kinder nichtehelich geboren; und diese Zahl macht wohl wie keine andere den fundamentalen Wandel deutlich, der sich zurzeit abspielt.

Insgesamt leben in Deutschland ca. 13 Millionen Kinder unter 18 Jahren, davon fast ein Drittel mit Migrationshintergrund. Vier Fünftel leben mit zwei Elternteilen zusammen – mit oder ohne Trauschein, in Westdeutschland sind es 85 % der minderjährigen Kinder, in Ostdeutschland 76%; wobei die Zahl der Kinder in alleinerziehenden Familien seit Jahren ansteigt. Der Trend zur Ein-Kind- oder

Zwei-Kinder-Familie setzt sich fort, nur jedes fünfte Kind lebt mit zwei Geschwistern, lediglich 8 % der Minderjährigen haben drei oder mehr Geschwister. Leider sind die Mehrkindfamilien häufiger armutsgefährdet als Familien mit einem oder zwei Kindern. In Sachsen befinden sich ca. 25 % der Kinder im ALG-2-Bezug, eine wahrhaft erschreckende Zahl. Übrigens ist die Zahl der Kinder, die in gleichgeschlechtlichen Partnerschaften aufwachsen, mit ca. 13.000 verschwindend gering (etwa 0,1 %); wobei nahezu alle von ihnen zunächst in eine Vater-Mutter-Konstellation hineingeboren wurden.

Zusammengefasst ist der Trend eindeutig – die Eltern werden älter, es leben weniger Kinder bei verheirateten Partnern und mehr in Familien ohne Trauschein bzw. bei Alleinerziehenden. Ein Leben ohne Kinder ist eine zunehmend gewählte Option, besonders bei besser Gebildeten; aber für eine gute Entwicklung des Gemeinwesens gibt es viel zu wenig Kinder und das führt die Gesellschaft unausweichlich in eine demografische Krise. Wir erleben eine Pluralisierung der Familienformen, die den beschleunigten Wandel und die Dynamik abbildet, der sich Menschen in durchgängig allen gesellschaftlichen Prozessen gegenübersehen. Nicht nur in den industriellen Produktionsweisen oder in den Kommunikationsformen ist so viel Veränderung wie nie; sondern auch und gerade in den elementaren Lebensgemeinschaften. Beschleunigung ist ein Kennzeichen der Zeit, und darüber hat sich ein nie dagewesenes Maß an Freiheit in der Gestaltung des Zusammenlebens ergeben; die Menschen sind weitgehend frei von Sitten, Gebräuchen, Konventionen, die noch vor kurzer Zeit galten. Das jedenfalls ist etwas Neues und so niemals Dagewesen. Autonomie in der persönlichen Lebensführung wurde möglich, und ein selbstbestimmtes Leben zu führen ist zunehmend für viele Menschen der Leitgedanke, an dem sie sich orientieren. Allerdings ist die Geschwindigkeit, in der sich dieser Tage der Wandel des Familienlebens vollzieht, für viele Menschen sicherlich eine Überforderung. Stress, der auch in der Arbeitswelt und anderen Bereichen des sozialen und gesellschaftlichen Umfelds zu beobachten ist.

Familie

Angesichts der Vielfalt der Familienformen steht die Frage im Raum, was als Familie bezeichnet werden soll? Offenkundig und nicht nur in einem empirischen Sinn ist ja, dass der Familienbegriff nicht länger ausschließlich auf verheiratete Paare bezogen werden kann. Der frühere Präses der westfälischen Landeskirche, Alfred Buß, hat einmal gesagt: »Familie ist da, wo Menschen dauerhaft und generationenübergreifend persönlich füreinander einstehen und Verantwortung übernehmen.«[4] Dem kann ich mich gut anschließen und denke, dass es zu dieser Aussage auch weitreichende Zustimmung gibt. Wer würde schon bestreiten, dass ein Paar, das gemeinsame Kinder hat und seit Jahren verlässlich zusammenlebt, wenn auch

---

[4] Vortrag von Präses Alfred Buß 2010 vor der Westfälischen Synode.

ohne Trauschein, eine Familie ist? Jeder von uns kennt solche Konstellationen auch aus dem persönlichen Umfeld, und ich kann nur hoffen, dass unsere Kirchgemeinden ihnen ohne Vorbehalte begegnen. Es ist ein Faktum, dass die über lange Zeiten hinweg bestehende Kopplung von Ehe und Familie sich aufgelöst hat. Familie gibt es auch, ohne dass die Institution der Ehe ihr zugrunde liegt, und darum macht es angesichts der Wirklichkeit des Lebens keinen Sinn mehr, formelhaft von »Ehe und Familie« zu sprechen – man muss das eine von dem anderen unterscheiden. Die Orientierungshilfe der EKD hat ihre Stärke darin, dass sie diesen Wandel in den Blick nimmt, Familie zuerst von den in ihnen aufwachsenden Kindern her denkt (wie übrigens auch schon 1997 in der Stellungnahme »Gottes Gabe und persönliche Verantwortung«[5]) und sich gegenüber den »neuen« Familienformen öffnet. Hilfs- und Vergebungsbereitschaft, Geduld und Treue verdienen es, gewürdigt zu werden, wo auch immer sie gelebt werden. Schließlich weiß jeder, dass es auf die liebevolle Gestaltung der Beziehungen ankommt und die Wahrung bloßer Formen für sich genommen über Gelingen und Erfüllung im Familienleben nicht unbedingt etwas aussagt.

In einer ersten Annäherung erinnere ich daran, dass die Sozialgestalten von Ehe und Familie immer, zu allen Zeiten, veränderlich waren. So gab es über lange Strecken der deutschen Geschichte Heiratsverbote für große Teile der

---

[5] Gottes Gabe und persönliche Verantwortung. Zur ethischen Orientierung für das Zusammenleben in Ehe und Familie Hannover 1997.

Bevölkerung; im Mittelalter wird davon etwa die Hälfte der Menschen betroffen gewesen sein. Die Reformatoren mussten sich mit dem Phänomen der »heimlichen Ehen« auseinandersetzen. In den Bauernkriegen des 16. Jahrhunderts spielte bezeichnenderweise die Forderung eine große Rolle, frei die Ehe schließen zu dürfen. Eheschließungsfreiheit im heutigen Sinn gibt es erst seit dem Ende der Feudalzeit und mit der Einführung der Zivilehe am Ende des 19. Jahrhunderts. Man denke nur an das Aufkommen des romantischen Ideals der Liebesehe vor etwa 200 Jahren und mit welcher Erschütterung diese Entwicklung von den Zeitgenossen wahrgenommen wurde. Das Schicksal der »Effi Briest« zeigte einem breiten Publikum bewegend, dass Konvention und Status als Grundlage für die Eheschließung nicht länger hinreichen.

Selbstverständlich hat es zu allen Zeiten Eheleute gegeben, die einander innig geliebt haben; davon berichtet schon die Bibel – aber als Basis der Ehe war anderes wichtig. Die bürgerliche Institution der Ehe, wie sie uns vertraut ist, gibt es gerade einmal seit gut 100 Jahren. In diesem Zeitraum hat sie sich in ihrer rechtlichen Gestaltung wiederum sehr verändert. Das zeigt nicht zuletzt ein Rückblick auf die »Denkschrift zu Fragen der Sexualethik«, die der Rat der EKD 1971 herausgegeben hat und mit der die Kirche auf den in der zweiten Hälfte des 20. Jahrhunderts einsetzenden Wandel reagierte. Überflüssig zu sagen, dass auch damals die Auffassungen sehr weit auseinandergingen und eine heftige Diskussion geführt wurde. Erstmals wurde in einem kirchlichen Dokument die Sexualität als gute Gabe Gottes bezeichnet – und zwar unabhängig von ihrer Fortpflanzungsfunktion. Es ging darum, die Herausbildung personaler Verantwortungsstrukturen im Verhältnis der Geschlechter zu fördern. Statt einer gesetzlichen und gesetzlich geregelten Sexualmoral, die als verkrustet und repressiv erlebt wurde, wollte man die Botschaft von der freien Gnade Gottes bezeugen, die dem Menschen zur Gestaltung seines Lebens hilft. »Das geschlechtliche Leben von Mann und Frau hat seinen Sinn in sich selbst« – das hören wir heute als eine Selbstverständlichkeit, damals meinten viele aber, um ein Beispiel zu geben, die modernen Möglichkeiten der Empfängnisverhütung müssten von der Kirche abgelehnt werden, weil sie eben die Abkopplung der Sexualität von der Fortpflanzung ermöglichen. Auch die Gleichberechtigung der Geschlechter war damals umstritten, denn patriarchale Denkstrukturen und Verhaltensweisen fanden sich in vielen gesetzlichen Bestimmungen, auch und gerade im Eherecht. Als meine Frau und ich 1972 heirateten, war es mir möglich, für uns beide ein Konto zu eröffnen, meiner Frau aber nicht. So wurde es von vielen wie eine Befreiung erlebt, als die Denkschrift feststellte, dass es in der Beziehung von Mann und Frau keine »von Gott geschaffene Herrschaftsstruktur« gebe, sondern es um das einvernehmlich-liebevolle, partnerschaftliche Verhältnis zweier gleichwertiger Personen gehe. Der Text von 1971 war zweifellos ein Impuls, der viele Veränderungen im Verhältnis der Geschlechter angestoßen hat, für die man im Licht des Evangeliums nur dankbar sein kann. Er wurde als Beitrag zu den seinerzeit anstehenden Gesetzesvorhaben der Bundesregierung verstanden, die große Reformvorhaben in Eherecht und Strafrecht durchführte. Justizminister war übrigens

Gustav Heinemann, ein profilierter Christ aus der Zeit der Bekennenden Kirche, späterer Bundespräsident. Damals wurde das Scheidungsrecht auf eine grundsätzlich neue Basis gestellt, indem anstelle der von den Gerichten zu klärenden Frage nach der Schuld nun das Zerrüttungsprinzip eingeführt wurde, was in der DDR schon seit 1965 galt. Diese Reformen haben sehr viel Gutes bewirkt, und es führen – gottlob – keine Wege zurück zur Diskriminierung unehelicher Kinder, zur gerichtlichen Erforschung der Schuld am Scheitern einer Ehe, zum Patriarchat in Ehen und Familien oder zur Kriminalisierung der Homosexualität. Heute gehen Männer und Frauen anders, nämlich in einem Raum der Freiheit, miteinander um – und das ist gut so.

Bei dieser positiven Bewertung der Veränderungen wird man zugleich sagen müssen, dass sich die Hoffnung, die rechtliche Liberalisierung würde zu einem erfüllten und gelingenden Umgang der Geschlechter miteinander oder gar der Menschen mit ihrer Sexualität führen, nur teilweise erfüllt hat. Vielmehr hat der gesellschaftliche Wandel zu unübersehbaren Schwierigkeiten im verantwortlichen Umgang mit der Freiheit geführt. Die Liebesbeziehungen und Familienstrukturen sind fragil-zerbrechlich geworden, und darunter leiden sehr viele Menschen. Die Zahl der Ehescheidungen ist stark gestiegen, nahezu jede zweite Ehe scheitert. Aber das Zerbrechen einer Liebesbeziehung, sei es eine Ehe oder eine Lebensgemeinschaft, ist durchweg mit Schmerzen und traumatischen Erfahrungen verbunden; jede Trennung löst Verletzungen aus, und es ist nicht sicher, dass die damit verbundenen Wunden heilen werden. In der »SZ« erschien kürzlich (26.

August 2013) eine »Trennungsanzeige«, in der ein Verlassener sich an die »Ex« wandte und zynisch formulierte: »Danke, dass Du mir auf die harte Tour beigebracht hast, dass man auch dem Menschen, dem man am meisten vertraut hat, nicht trauen sollte.«

Über die Jahre hinweg bin ich mit den Lebensberatungsstellen der Diakonie im Gespräch, in denen die Veränderungen der Beziehungen intensiv wahrgenommen werden. Noch vor etwa zehn Jahren haben die Mitarbeiterinnen davon gesprochen, dass die Paare sich in Konfliktsituationen zu früh trennten, ohne die Möglichkeiten der Heilung oder des Neubeginns hinreichend ausgelotet zu haben; und das war wahrhaftig problematisch genug. Heute aber habe sich die Situation noch einmal deutlich verschärft, denn es gebe viele Menschen, denen in Beziehungskonflikten eine andere Möglichkeit als die Trennung gar nicht in den Sinn komme. Auch eher leichte Störungen führten zur Trennung und häufig, ohne dass darüber auch nur einmal ernsthaft geredet worden wäre. Insofern ist es sicherlich nicht falsch, von krisenhaften Entwicklungen zu sprechen, die das Zusammenleben in diesen Tagen kennzeichnen. Die Ehe- und Schwangerschaftskonfliktberaterinnen der Diakonie jedenfalls erleben zahllose Wunden aus Trennungen und wie das Leben vieler belastet wird durch zerstörte Beziehungen und geradezu habituelle Bindungsunfähigkeit. Dass die Liebesbeziehungen von Männern und Frauen so sehr zerbrechlich geworden sind, dürfte auch damit zu tun haben, dass es in Zeiten der Ökonomisierung des Lebens jederzeit möglich scheint, ein anderes, besseres Angebot zu entdecken und dann auch zu wählen – als handele es sich um einen Markt. Wir Christenmenschen aber verweigern uns dem Tanz um das Goldene Kalb und wir begegnen unseren Mitmenschen nicht mit dem Gedanken, ob sie uns einen Nutzen bringen können; schon gar nicht sehen wir in dieser verächtlichen Weise auf die, mit denen wir das Leben teilen. Inzwischen schließen nicht wenige die Ehe schon deswegen nicht, weil man sich gar nicht vorstellen kann, dass sie Bestand haben könnte. Dann ist es nur folgerichtig, wenn man keinen Vorzug gegenüber einem Zusammenleben ohne Trauschein sieht. Die großen Freiheiten stehen im Vordergrund; zumal die, sich zu trennen. Das Elend aber, das entsteht, wenn die Freiheit nicht verantwortlich gelebt wird, bleibt im Schatten.

Davon sind auch die Kinder betroffen, und davon wird in der Öffentlichkeit leider nur selten und eher am Rande gesprochen. Aber alle Kindergärtner und Kindergärtnerinnen, Lehrer- und Lehrerinnen und Erziehungsberater und -beraterinnen wissen, dass für jedes Kind das Zerbrechen der Elternbeziehung, sei es nun eine Ehe oder eine Lebensgemeinschaft, zunächst einmal eine Belastung ist. Kinder brauchen für eine gesunde seelische Entwicklung einen verlässlichen Rahmen, in dem sie lernen können, sich angstfrei zu bewegen. Insofern erleben sie eine Trennung und zuvor auch die elterlichen Konflikte in jedem Fall als eine massive Störung. Sicherlich, und gottlob, gelingt es betroffenen Eltern häufig, in guter Weise behutsam und stabilisierend mit der Situation umzugehen, so dass keine dauerhaften Schäden zurückbleiben; es darf aber nicht verschwiegen werden, dass nicht selten das Wohl der Kinder hinter den vermeintlichen und tatsächlich geltend gemachten Ansprüchen und Erwartungen der Erwachsenen zurücktreten muss – und dann können tiefe Verletzungen bis hin zu dauerhaften psychischen Beeinträchtigungen die Folge sein. Es ist ja offenkundig, dass ein besorgniserregend hoher Teil der Kinder und Jugendlichen erhebliche persönliche Schwierigkeiten hat – Angststörungen, Konzentrationsschwächen und Lernbehinderungen haben in den letzten Jahren deutlich zugenommen. Selbstverständlich gibt es dafür verschiedene Gründe, wie z. B. exzessive Mediennutzung oder Überforderung durch Leistungsansprüche. Die Instabilität der elementaren Lebensverhältnisse spielt aber eine nicht zu unterschätzende Rolle, und nicht zuletzt darum hat sich seit einigen Jahren eine wissenschaftliche Bindungsforschung entwickelt: Die psychosomatische Medizin betrachtet die Auswirkungen von instabilen Beziehungen in der Kindheit mit zunehmender Aufmerksamkeit und sucht nach hilfreichen therapeutischen Ansätzen.

Selbstverständlich soll über dieser kritischen Würdigung der eingetretenen Veränderungen nicht übersehen werden, und das leistet die Orientierungshilfe der EKD in guter Weise, dass auch in informellen Verbindungen und »unübersichtlichen« Familienstrukturen Menschen in beeindruckender Weise um Verlässlichkeit und belastbare Solidarität bemüht sind und dies auch gelingt. Dafür kann man nur dankbar sein und sollte den Dank auch zum Ausdruck bringen, anerkennend und respektvoll gegenüber den getroffenen Entscheidungen. Zudem werden nicht wenige Lebensgemeinschaften von den Beteiligten durchaus so verstanden, dass nach einer Phase der Erfahrung und Bewährung die formelle Eheschließung angestrebt wird – eine moderne Variante des »drum prüfe, was sich ewig bindet«. Es ist wohl so, dass sich gerade vor dem Hintergrund der Zerbrechlichkeit der familiären Beziehungen die Sehnsucht der Allermeisten auf das vertraute Modell der lebenslangen Gemeinschaft von Mann und Frau mit Kindern richtet. »Um glücklich zu sein, braucht man eine Familie« – zuletzt hat die aktuelle Shell-Jugendstudie[6] gezeigt, dass der Großteil der Jugendlichen darauf hofft, eine Familie gründen und in dieser dann dauerhaft zusammenleben zu können; auch die Ehe genießt bei ihnen höchste Wertschätzung. Die erotische Liebe zwischen zwei Menschen trägt immer den Wunsch nach »Ewigkeit«, nach Dauer in sich – und wenn sie auch vom Scheitern bedroht ist.

Ehe

Davon kann man sich einen Eindruck verschaffen bei den neuerdings stattfindenden Hochzeitsmessen. Unsere Mitarbeiterinnen und Mitarbeiter in Dresden und Leipzig vertreten dort das »Angebot« der Kirche und machen in jeder Hinsicht interessante Erfahrungen. Hochzeiten sind ja, ganz anders als noch zu »unserer« Zeit, eine höchst anspruchsvolle, komplexe Gestaltungsaufgabe geworden und verlangen gar nach dem Einsatz hochqualifizierter

---

[6] 16. Shell-Jugendstudie. Jugend 2010. Eine pragmatische Generation behauptet sich.

Eventagenturen. Auch darin kommen die großen Erwartungen und die starke Hoffnung der Paare zum Ausdruck; und manchmal mögen sie allzu romantisch oder gar maßlos übersteigert anmuten. Eine andere Sache ist dann die Bewährung im gelegentlich auch grauen Alltag – das gelingt häufig nicht und darunter leiden die Betroffenen dann sehr.

Die Hochschätzung der Ehe bringen besonders eindrücklich Paare zum Ausdruck, die nach langen Jahren des Zusammenlebens heiraten – und dann ganz bewusst die kirchliche Trauung begehren. Im vergangenen Sommer habe ich ein Paar getraut, das seit mehr als zehn Jahren Freud und Leid geteilt hatte, im Traugottesdienst haben die Kinder die Schriftlesungen gehalten. Die Familie war zu der Einsicht gekommen, dass es an der Zeit und besser ist, die Ehe zu schließen. Selbstverständlich wollten sie damit nicht abwerten, was vorangegangen war, es waren ja erfüllte Jahre in herzlicher Gemeinschaft gewesen. Sondern sie wollten vor aller Augen, in der Öffentlichkeit unmissverständlich zum Ausdruck zu bringen, dass sie zusammengehören und was sie für sich erhoffen: Dass es gelingen möge, die Liebe zu pflegen, sich aneinander zu freuen, vertrauensvoll beieinander zu bleiben und einander in Krisen beizustehen. Lebenserfahren wie sie sind, wissen sie, dass dies alles nicht selbstverständlich ist, sondern stets gefährdet; und darum beten sie vor Gott, dass ihnen der Segen geschenkt werden möge, dessen sie bedürftig sind. Für dieses Paar zeichnet die Ehe sich aus durch das Moment der Öffentlichkeit und durch die Bitte um und die Hoffnung auf Gottes Segen, darum heiraten sie. Und darin tun sie, wie wir wohl alle meinen, gut – und die Hochzeitsgäste und die christliche Gemeinde freuen sich im Traugottesdienst mit ihnen. Öffentlichkeit und Segen – das sind nach dem Lutherischen Bekenntnis konstitutive Momente der Ehe.

Damit zu der Frage, was uns die Ehe bedeutet. Beim Pfarrertag gab es, wie im »Sonntag« zu lesen war, ein »Schweigen der Hirten«; in den wenigen Worten, die in der Kreuzkirche zu der EKD-Orientierungshilfe gesagt wurden, ging es auch um die Frage nach den Schöpfungsordnungen. Ich habe dazu gesagt, dass es sich um »ein weites Feld« handele. Das war knapp und der Situation entsprechend inhaltsfrei. Nun also etwas mehr zu der Frage, ob Ehe und Familie Schöpfungsordnungen sind. Dazu muss ich etwas ausholen, denn der Ordnungsbegriff spielt in der Theologie seit je eine nicht ganz unwichtige Rolle.[7] Das beginnt schon mit Artikel 16 des Augsburger Bekenntnisses, der von »gute(r) Ordnung, von Gott geschafft und eingesetzt« spricht. Man wollte sich abgrenzen gegen die Wiedertäufer und Schwärmer, die unter Berufung auf die Schrift alle Institutionen ablehnten und sich abwandten von Obrigkeit, Gerichten, Eigentum, auch von der Ehe. Am Turm der Lambertikirche in Münster wird man bis heute an den Zusammenbruch des sozialen Lebens erinnert, der daraus folgte.[8] Die CA betont demgegenüber,

---

[7] Vgl zum Folgenden: Martin Honecker, Einführung in die Theologische Ethik, Berlin 1990, 291 ff.

[8] Dort hängen seit nun bald 500 Jahren die eisernen Käfige, in denen die Leichen der Anführer des Täuferreichs gezeigt wurden.

dass der reformatorische Glaube nicht Weltflucht ist; vielmehr sollen die Christenmenschen in den Ordnungen Gottes Erhaltungswillen erkennen und in ihnen das Liebesgebot des christlichen Glaubens bezeugen und bewähren. Für Martin Luther gilt das ganz besonders für die drei Stände Ehe, Staat (von ihm noch als Obrigkeit bezeichnet) und Kirche. Sein Ordnungsdenken ist sehr statisch, sicherlich auch der gesellschaftlichen Situation der Zeit geschuldet und gehört in den Zusammenhang einer Lebenswirklichkeit, der die Dynamik im Zeitalter der Moderne fremd ist. Aus diesem Ansatz lutherischer Theologie ist dann im 19. Jahrhundert eine »Theologie der Schöpfungsordnungen«[9] entwickelt worden, in der man die Ordnungen (Ehe, Staat, Kirche) verstand als durch die Sünde nicht verdorbene Schöpfungswerke Gottes, die unverändert und dauerhaft Geltung beanspruchten, weil Gott in ihnen fortwährend wirke.

Dieses Denken führte an Grenzen, die eine christliche Theologie nicht überschreiten darf und leider auch über sie hinaus. Das wurde spätestens offenkundig, als ihre Vertreter die Ideologie der Nazis theologisch legitimierten, indem sie das »Volk« und die »Rasse« zur Schöpfungsordnung aufwerteten (im »Ansbacher Ratschlag«[10]). Es gehört zu den Tiefpunkten der lutherischen Theologie, als man

---

[9] So Werner Elert oder Paul Althaus.

[10] Am 11. Juni 1934 als Protestschreiben gegen die Barmer Theologische Erklärung von acht Theologen, darunter den Theologieprofessoren Werner Elert und Paul Althaus, unterzeichnet und veröffentlicht.

meinte, die Nürnberger Rassengesetze verteidigen zu müssen. Gleiches gilt auch für vermessene Ausführungen zum Krieg, den man ebenfalls als »Schöpfungsordnung« qualifizierte. Ähnlich war es übrigens bis vor wenigen Jahrzehnten noch in Südafrika, wo die Apartheid als göttliche Stiftung legitimiert wurde. Der Ordnungsgedanke wurde maßlos überhöht; und in dieser Überspitzung zeigt sich dann das grundsätzliche Problem, das zu einer solchen Ordnungstheologie gehört. Man muss ja fragen, welche der Institutionen, die für das Zusammenleben Bedeutung haben, denn von Gott seien, und welche nicht? Gehört der Besitz dazu, oder die Nation oder die Rasse, um nur diese Beispiele zu nennen? Und in einer sich wandelnden Welt wird man zugleich fragen, welche Gestalt der jeweiligen Institution gemeint ist – gehört die Monarchie zum Staatsgedanken oder die völkische Idee oder die parlamentarische Demokratie? Ist die Ehe notwendig patriarchalisch zu denken, wie es ja lange geschehen ist, auch in der Bibel beschrieben, so dass die Unterordnung der Frauen unter die Männer also von Gott gewollt wäre? Die Frage zu stellen, heißt, sie zu verneinen.

Heute sehen wir es so, dass alle Institutionen grundsätzlich veränderbar sind und ihnen kein »Ewigkeitscharakter« zukommt; darum wird der Begriff »Schöpfungsordnung« in der Theologie nicht mehr gebraucht. Daran hat Karl Barth einen großen Anteil, der sich im Zusammenhang des Kampfes der Bekennenden Kirche gegen dieses gefährliche Denken in Ordnungskategorien gewandt hat und demgegenüber konsequent das personale Moment betonte – für einen Christenmenschen gehe es in allen Lebensbereichen, wo und in welchem Zusammenhang auch immer, um die Nachfolge Christi.[11] Die Institutionen beschreiben für Barth lediglich den Raum, in dem es darauf ankommt, entsprechend den Geboten Gottes zu leben. Eine besondere und darum theologisch zu würdigende Bedeutung komme ihnen aber nicht zu.

Diese Betonung der personalen Dimension bringt Unaufgebbares zum Ausdruck; aber man wird doch fragen müssen, ob die Bedeutung von Institutionen für das Gelingen des Zusammenlebens nicht unterbestimmt ist oder gar verkannt wird. Wir sehen ja in diesen Tagen die Not der Elenden, die in einem »gescheiterten Staat« leben müssen, in dem es die Herrschaft des Rechts nicht gibt und darum keinen Schutz der Schwachen; was es bedeutet, wenn nur das Recht des Stärkeren gilt. Viele der Flüchtlinge in ihren zerbrechlichen Nussschalen auf dem Mittelmeer fliehen vor Gewalt und Aussichtslosigkeit in Folge des Zusammenbruchs staatlicher Ordnung. Man kann an ihrem Schicksal erkennen, dass die Staatlichkeit als solche für das gesellschaftliche Leben etwas Notwendig-Unverzichtbares ist, wie auch die Rechtsordnung; der Staat wird um des Gelingen des Lebens willen gebraucht. Das gilt auch für die anderen Institutionen, die dem gesellschaftlichen Zusammenleben Halt, Struktur und Sicherheit im Sinne von Geborgenheit

---

[11] Barmer Theologische Erklärung von 1934 These II: »Wir verwerfen die falsche Lehre, als gebe es Bereiche unseres Lebens, in denen wir nicht Jesus Christus, sondern anderen Herren zu eigen wären, Bereiche, in denen wir nicht der Rechtfertigung und Heiligung durch ihn bedürften.«

geben. Sinn und Zweck der Institutionen ist nicht zuletzt der Schutz der Schwachen, und darum sind die überpersönlich-kollektiven Strukturen etwas Unverzichtbares. Diese Einsicht muss man nicht mit dem Evangelium verbinden, Luther hat sehr wohl gesehen, dass es Staat und Ehe auch bei den »Heiden« gibt, aber gering schätzen sollten wir die Institutionen nicht. Denn sie sind ja auf Grundgegebenheiten der menschlichen Existenz bezogen und gehen insofern den persönlichen Sichtweisen und Entscheidungen der Einzelnen immer schon voraus – und leisten so einen unverzichtbaren Beitrag für das gelingende Zusammenleben in Gerechtigkeit und Frieden.

Die Unterscheidung der zwei Reiche lehrt uns, die Ordnungen im Reich der Welt ernst zu nehmen. Sie schaffen kein Heil – wir vertrauen ja auf die Rechtfertigung durch Gottes Güte; aber sie gestalten Räume, in denen das Zusammenleben der Menschen nach den Maßstäben der Schrift verbessert werden kann und soll. Darum betrachten wir die Institutionen respektvoll, nüchtern-sachlich und in dem Wissen, dass unter den Bedingungen des fortwährenden Wandels sich ihre jeweilige Gestalt nicht aus theologisch abgeleiteten Normen ergibt. Christenmenschen haben im Reich der Welt keine ausschließlich ihnen zugänglichen Erkenntnisse. Was für den Menschen in den Institutionen hilfreich ist und dem Leben dient, können auch Nichtchristen aufgrund von Sachverstand und vernünftigen Überlegungen wissen. Die Zwei-Reiche-Lehre ermöglicht es, uns in einer nicht christlich geprägten Gesellschaft aktiv an der Gestaltung des Zusammenlebens und der ihm zugrunde liegenden Ordnungen zu beteiligen.

Was also bedeutet für uns in diesen modernen Zeiten der großen Freiheiten, des autonomen Lebensverständnisses und des schnellen und umfassenden Wandels die Institution der Ehe?

Gut evangelisch wenden wir uns an die Bibel. Sie erzählt oft und eindrucksvoll Lebensgeschichten von Frauen und Männern und ihren Kindern. Selbstverständlich kennt sie die moderne Institution der Ehe, wie sie dieser Tage im Bürgerlichen Gesetzbuch beschrieben und definiert ist, nicht; auch nicht die Struktur einer aus Vater, Mutter und zwei Kindern bestehenden Kleinfamilie, die nach wie vor den meisten vor Augen stehen dürfte, wenn von der Familie die Rede ist – es waren gänzlich andere Zeiten. Die Ehe beruht in der Bibel generell auf einem »Vertrag« zweier Familien, der keiner staatlichen Legitimation bedarf und auch ohne religiös-kultische Begleitung gültig ist; weder gab es Standesämter noch Traugottesdienste. Um den Abstand zu unserer Situation zu verdeutlichen, erinnere ich an die verwickelten Familiengeschichten der Urväter: Abraham zeugt auf Bitten seiner Frau mit der Sklavin Hagar einen Sohn; Jakob liebt Rahel, Lea aber nicht ... Oder man denke an den Stammbaum Jesu in Matthäus 1. Dort wird Tamar genannt, die mit dem Erstgeborenen Judas verheiratet war, der früh starb (1Mose 38). Nach einigen (moralisch sowohl damals wie heute durchaus fragwürdigen) Verwicklungen wird sie schwanger von ihrem Schwiegervater und gebiert ihm Zwillinge, denen Juda also Vater und Großvater zugleich ist. Und Paulus meinte, es sei angesichts des herannahenden Gottesreichs besser, nicht zu heiraten; und gestand allenfalls zu, dass die Ehe um der sexuellen Bedürfnisse willen ihre Berechtigung habe (1Kor 7,2).

Der Abstand der Gegenwart zu der Lebenswelt der Bibel ist groß – aber das kann nicht verdecken, dass es die Ehe als Institution eben auch schon vor 3000 Jahren gegeben hat. Sie gibt der elementaren Verbindung von Mann und Frau eine Gestalt und als solche steht sie unter dem Schutz des biblischen Gesetzes. Durchgehend bezeugen die biblischen Erzählungen, dass auf Gerechtigkeit und Treue in der Lebensgemeinschaft von Mann und Frau ein besonderer Segen liegt; und gar als Ausdruck der Nähe Gottes zu den Menschen gelten kann. Jesus stand die Institution seiner Zeit vor Augen, und er sah es so, dass sie dem Gelingen der Gemeinschaft von Mann und Frau diente. In der Bergpredigt hören wir ihn sagen (Mt 5,27f.): »Ihr habt gehört, dass gesagt ist (2Mose 20,14): ›Du sollst nicht ehebrechen.‹ Ich aber sage euch: Wer eine Frau ansieht, sie zu begehren, der hat schon mit ihr die Ehe gebrochen in seinem Herzen.« Das ist eine Verschärfung des 6. Gebots; und wir hören darin nicht anders als schon diejenigen, die mit ihm waren, eine persönliche Anrede, wie auch immer die Institution je in der Zeit gestaltet war bzw. ist. Wenn die Ehe auch heute unter gänzlich anderen Umständen gelebt sein will, so können aus der Bibel doch grundlegende und hilfreiche Orientierungen mit normativem Anspruch für die Gegenwart abgeleitet werden.

Zunächst ein Blick in die Schöpfungsgeschichte, in der es heißt: »Es ist nicht gut, dass der Mensch allein sei ... Darum wird ein Mann seinen Vater und seine Mutter verlassen und seinem Weibe anhangen, und sie werden eins sein« (Gen 2,18a.24). Darin liegt eine Verheißung der Freuden, die mit der Polarität der Geschlechter und dem Einssein verbunden sind, in einem umfassenden Sinn, von der Lust und der Liebe bis zu der Hilfe in der Not und dem Trost in Krisen. Es ist gut, gemeinsam als Mann und Frau den Reichtum des Menschseins zu entdecken und in der außerordentlichen Nähe der Ehe Erfüllung zu finden. Dazu gehört elementar die Übernahme von Verantwortung füreinander, das unentwegte Mühen um verlässliche Gemeinschaft in den Herausforderungen, die das Leben stellt. »Was Gott zusammengefügt hat, das soll der Mensch nicht scheiden«, sagt Jesus in Markus 10, 9 und legt damit den Seinen die Schrift so aus, dass Gottes Gabe ihnen groß wird.

Auch in den Ehen von Christenmenschen gibt es Konflikte, aber wir laufen nicht davon, sondern ringen um die Gemeinschaft, bleiben – so es an uns und möglich ist – verlässlich und verbindlich beieinander, sind uns dauerhaft treu, wie wir es einander vor Gott versprochen haben. Freiheit verlangt nach Bindung, und die Freiheit eines Christenmenschen besteht auch darin, dass er seinem Nächsten dient, ihm oder ihr (in der Sprache Luthers) zum »Knecht« wird. Tragen wir die Lasten des je anderen, so werden wir »das Gesetz Christi erfüllen« (Gal 6,2). Das gilt, wenn wir auch wissen (und durchleiden), dass es Konflikte gibt, die nur durch Trennung gelöst werden können und um des Lebens willen so gelöst werden müssen – leichtfertig aber trennen wir uns nicht.

Das ist die Sicht des Glaubens, und darum setzen wir uns als Kirche dafür ein, dass die Ehe weiterhin einen besonderen Schutz in unserer Gesellschaft genießt. Wir ermutigen zu ihr und teilen die dankbare Freude der Brautpaare in den Traugottesdiensten. Denn wir verstehen sie als exemplarische Form des Zusammenlebens, das dem biblischen Zeugnis in angemessener Weise Ausdruck verleiht; die Trauung am Anfang einer ehelichen Gemeinschaft zielt auf Verlässlichkeit, Vertrauen und dauerhafte Verbindlichkeit und erbittet dazu den Segen Gottes. Die Ehe ist aus christlicher Sicht die Möglichkeit, das niemals garantierbare Glück einer Beziehung zwischen Mann und Frau in all seiner Angreifbarkeit zu mehren und zu schützen. Sie ist das Angebot Gottes, den Reichtum der Unterschiedlichkeit von Mann und Frau in lebensdienlicher Weise zu entfalten und in die je unterschiedlichen Begabungen als Vater und als Mutter zu überführen. Dabei dient die Ehe wie jede Institution dem Schutz der Schwächeren, sie bringt wechselseitige Verantwortung und Achtung zum Ausdruck. Unauflöslich im sakramentalen Sinn ist die Ehe uns nicht, die Reformation sieht die Ehe als ein »weltlich Ding«[12]. Allerdings wäre es eine leichtfertige Verkürzung, würden wir verschweigen, dass sie als solches unter dem Segen Gottes steht. Wir verstehen die Ehe nicht als eine Konvention unter anderen, sondern als eine gute Gabe Gottes; als Institution, die uns immer schon vorausgeht, weil sie der umfassenden Gemeinschaft von Mann und Frau mit der Zielrichtung der Weitergabe des Lebens dient. Dementsprechend verdächtigen wir die Ehe nicht,

---

[12] Hanns-Ulrich Delius (Hrsg.), Martin Luther, Studienausgabe, Band IV, 1986, 262.

eine Fessel der Individualität zu sein, sondern begreifen sie als einen Raum, in dem die Freiheit zweier Christenmenschen gelebt wird in Liebe; verantwortlich und nach dem Maßstab der Gerechtigkeit. Um es mit Martin Luther zu sagen: »ein seliger Stand und Gott gefällig«. Wir verstehen die Institution Ehe als Leitbild, das dem Willen Gottes für das Zusammenleben von Mann und Frau entspricht; und sprechen in der Trauagende von einer guten Gabe und Ordnung Gottes. Gebe Gott, dass wir mit unseren Ehen für sie werben, und hoffentlich überzeugend – denn würde die Kirche lediglich so wahrgenommen, dass sie abstrakte Forderungen aufstellt, so wäre das kaum einladend.

Generationen

Die Bibel spricht von der Ehe niemals ohne die Verantwortung, die wir in der Generationenfolge tragen. Zu den Aufgaben, die der elementaren Gemeinschaft von Mann und Frau gestellt sind, gehört die Weitergabe des Lebens, selber Vater und Mutter werden – »eins sein« ist zu verstehen im Kontext einer Zeit, in der der Sexualakt nicht abgekoppelt war von der Fortpflanzung, anders als in diesen modernen Zeiten der Empfängnisverhütung. Wir sollen Eltern werden, und das ist eine bedeutsame Aussage in einer Zeit, in der ein nicht geringer und zunehmender Teil von Männern und Frauen angibt, für sich selbst andere Lebensentwürfe zu verfolgen. Elternschaft gilt weithin als eine Option unter anderen; und darin liegt eine der Ursachen für die demografische Krise, auf die wir uns zubewegen. Wir Christenmenschen aber werben für das Leben mit Kindern und erzählen von der Erfüllung, die darin gefunden wird.

»Du sollst deinen Vater und deine Mutter ehren, auf dass es dir wohlergehe und du lange lebest auf Erden«. In der Abfolge der Zehn Gebote ist das 4. das Erste der sieben, die sich auf das Zusammenleben der Menschen richten. Bevor das Tötungsverbot ausgesprochen wird, geht es um das Leben in der Generationenfolge. Die Menschen sollen nicht nur die Gegenwart gestalten und darin das Ergehen der eigenen Generation verantworten, sondern die Eltern fürsorgend ehren – und damit ist in einer Zeit, die keine Geburtenkontrolle kannte, zugleich die Weitergabe des Lebens angesprochen. Das Menschenleben gibt es nur in der Abfolge der Generationen – und darum ermutigen wir zur Familie in einem umfassenden Sinn; und meinen dabei immer mehrere Generationen, die aufeinander angewiesen sind und dementsprechend füreinander sorgen: So lange meine Eltern leben, bleibe ich ein Kind und bin in der Verantwortungsgemeinschaft unserer Familie mit ihnen verbunden. Das Band der Generationen ist unauflöslich; und es ist eine Illusion zu meinen, der Sozialstaat könne davon dispensieren. Wenn die eigenen Kinder ihre Eltern im Alter nicht versorgen und pflegen, so werden es die Kinder anderer Leute tun müssen. Eine der Folgen der demografischen Krise, der »Unterjüngung« ist der Pflegenotstand, den die Alten schon jetzt spüren. In der Zukunft wird es nicht genügend Kinder »anderer Leute« geben und also nicht genügend Pflegekräfte. Damit ist für die Generation der Hochbetagten eine Gefährdung der Humanität gegeben, die noch immer nicht die notwendige Aufmerksamkeit gefunden hat. Immerhin ist erfreulich, dass der Deutsche Bundestag im vergangenen Jahr das Familienpflegezeitgesetz beschlossen hat, das es Berufstätigen ermöglicht, die alt gewordenen Eltern häuslich zu pflegen. In diesem Sommer sind Erleichterungen für die Einwanderung von Alten- und Krankenpflegern in Kraft getreten[13]; und es ist gut, dass der Bundestag in dieser Legislatur wohl die Situation in der Pflege verbessern wird.

Gegenwärtig wird die Frage diskutiert, ob die Ehe für gleichgeschlechtliche Partnerschaften geöffnet werden soll. Zweifellos gibt es Lebensgemeinschaften, in denen die Beteiligten verlässlich und verbindlich füreinander einstehen, miteinander das Leben in Freud und Leid teilen. Eine solche Beziehung verdient uneingeschränkten Respekt und es ist gut, dass sie inzwischen gelebt werden kann, ohne Diskriminierung fürchten zu müssen. Der Gesetzgeber hat zu Recht eine Institution geschaffen, die dafür einen privilegierten Rahmen bietet und damit den Homosexuellen einen geschützten Raum der Freiheit eröffnet, in dem sie ihrer Liebe Gestalt geben können. Inzwischen gibt es in Deutschland (bei steigenden Zahlen) etwa 32.000 eingetragene Lebenspartnerschaften (bei insgesamt 73.000 gleichgeschlechtlichen Lebensgemeinschaften).

Die Verbindung von Mann und Frau unterscheidet sich jedoch in einer gravierenden Weise, denn nur sie eröffnet die Dimension der Generativität. Jede Verbindung von Mann und Frau wird sich mit diesem Thema auseinander-

---

[13] Eine andere Frage ist allerdings, welche Auswirkungen dies in Spanien, Portugal, Griechenland und Italien haben wird.

zusetzen haben, wie auch immer im Einzelnen die Entscheidung in Bezug auf das Leben mit Kindern ausfallen mag. Ob man sich für oder gegen ein Kind entscheidet, eine Schwangerschaft erhofft oder sich davor fürchtet, ob die Beziehung von dem Gedanken daran belastet wird oder einen erotischen Reiz darstellt – das Thema kann keinesfalls ausgeblendet werden. Die Bibel lässt an dieser fundamentalen Gegebenheit keinen Zweifel und denkt die Ehe immer im Zusammenhang mit der Weitergabe des Lebens; und das nicht nur, weil es eben noch keine Verhütungsmittel gab. Sondern sie sieht in der Abfolge der Generationen ein Bild für die Treue Gottes zu den Menschen in seiner Schöpfung – es ist ein Trost darin, die Verheißung von Bestand in Vergehen und Werden, und davon zeugt vielleicht nicht zuletzt die emotionale Verbindung von Großeltern und Kindern. Mit der Möglichkeit der Fortpflanzung ist eine fundamentale Differenz zu jeder Verbindung von zwei Menschen des gleichen Geschlechts gegeben; und diese Gegebenheit rechtfertigt eine unterschiedliche Gestaltung von Ehe und eingetragener Lebenspartnerschaft. Für die Ehe ist die Polarität der Geschlechter konstitutiv, sie ist eine Institution für das Zusammenleben von Mann und Frau. Übrigens – der Große Katechismus Luthers weiß sehr wohl, dass »etliche (wiewohl wenig) ausgenommen … zum ehelichen Stand nicht tüchtig sind«; und bezieht sich dabei wohl auf Mt 19,12. Dennoch sieht es das Bekenntnis zu Recht so, dass Gott

> »unterschiedlich Mann und Weib geschaffen (wie vor Augen),
> … dass sie sich zusammen halten, fruchtbar seien, Kinder

zeugen, nähren und aufziehen zu Gottes Ehren. Darum ihn (den Ehestand) auch Gott vor allen Ständen aufs reichlichste gesegnet hat ...«[14]

Zusammenfassend möchte ich sagen, dass die evangelische Kirche in Ehe und Familie die grundlegenden und exemplarischen Formen des Zusammenlebens sieht, die wir unterstützen und zu denen wir ermutigen. Nochmals – wenn andere Lebensformen sich an der Ehe orientieren, so kann man dafür nur dankbar sein und auch diese Familien achten und nach Kräften unterstützen – und wird gerade deswegen an der Hochschätzung der Ehe festhalten. Wir freuen uns mit den Menschen, die ihre Ehe unter den Segen Gottes stellen wollen, weil sie »in Liebe und Eintracht beieinander wohnen« wollen und »eines den anderen von Herzen und mit ganzer Treue liebe(n)«[15]. Der Traugottesdienst dient den Menschen und ihrer Ehe; und den Familien, die sie gründen und darin den Kindern – wie das Evangelium den Menschen dient.

Zugleich sollten wir die Verpflichtung sehen, die uns daraus zukommt – nämlich Eheleute in ihrem Bemühen um eine gerechte Teilung der Freuden und Lasten zu unterstützen, in Konflikten zur Seite zu stehen, ihre Gemeinschaft insbesondere in schwierigen Zeiten zu fördern. Das dürfen auch diejenigen von uns erwarten, die ebenfalls nach diesen Maßstäben leben, ohne die Ehe geschlossen zu haben.

---

[14] BSLK 612, 28 f.
[15] BSLK 615, 32 f.

Was die Familien in ihren unterschiedlichen Gestaltungsformen betrifft, so kommt es aus meiner Sicht darauf an, dass wir

- Familie als Leben in Generationen begreifen und die Generationen dazu ermutigen, sich aufeinander zu beziehen und wechselseitig beizustehen;
- Familie »vom Kind her denken«, also die Strukturen fördern, die gute Voraussetzungen für die gedeihliche Entwicklung von Kindern bieten;
- den gesellschaftlichen Wandel sehen und denen, die nicht heiraten, unvoreingenommen begegnen und im kirchlichen Leben entsprechende Angebote entwickeln.

Dazu gehört die Förderung von Konzepten, die Gemeinden und kirchliche Werke befähigen, sich offen und partizipativ den Familien in den unterschiedlichen Sozialgestalten und ihren Belangen zuzuwenden. Wir wollen uns bemühen, familienfreundlich zu sein; es zu werden, wo wir es noch nicht sind und die Familienorientierung in der Kirche zu fördern.

Liebe Schwestern und Brüder,
vieles wandelt sich, das Wort Gottes bleibt in Ewigkeit. Es in der Gegenwart zu bezeugen, ist eine wunderbare Aufgabe und aller Mühe wert. Das Leitbild für das Zusammenleben von Mann und Frau gewinnen wir aus der Heiligen Schrift und im Gespräch mit dem Bekenntnis unserer Kirche.

475 Jahre Landeskirche Sachsens

Predigt in der Kreuzkirche Dresden, 6. Juli 2014*

> Also, meine Lieben, – wie ihr allezeit gehorsam gewesen
> seid, nicht allein in meiner Gegenwart, sondern jetzt
> noch viel mehr in meiner Abwesenheit – schaffet, dass ihr
> selig werdet, mit Furcht und Zittern. Denn Gott ist's, der
> in euch wirkt beides, das Wollen und das Vollbringen,
> nach seinem Wohlgefallen. (Phil 2,12 f.)

Liebe Gemeinde,

Martin Luther, Mönch und Theologieprofessor im abgelegenen Wittenberg, wird im Herbst 1517 nicht im Entferntesten geahnt haben, was sein Impuls zur Ablasspraxis
auslösen würde, welche Aufmerksamkeit und Zustimmung seine 95 Thesen finden würden – und schon gar

---

* 1539 wurde im damaligen albertinischen Sachsen auf dem Gebiet des heutigen Freistaats die Reformation eingeführt, als
Herzog Heinrich der Fromme in der Dresdner Kreuzkirche
erstmals mit seiner Familie das Abendmahl in beiderlei Gestalt empfing. 475 Jahre danach gestaltete die EKD im Rahmen der Lutherdekade das Themenjahr »Reformation und Politik« und in vielen Gemeinden der Landeskirche wurde der
Gründung der Landeskirche gedacht; so auch in Leipzig, wo
Martin Luther seinerzeit am Pfingstfest gepredigt hatte und
am 3. Sonntag nach Trinitatis, dem 6. Juli 2014, dann am his-
torischen Ort, in der Kreuzkirche.

nicht, was daraus wurde. Die Reformation erreichte die Herzen Vieler, das Feuer des Glaubens loderte auf, nachdem es lange wie unter einer Ascheschicht gelegen hatte. Es begann eine Konzentration auf das Wesentliche, die Sicht wurde freigelegt auf den Kern des Christseins:

Solus christus – allein auf Christus vertraut der Glaube! Nur in dem Auferstandenen erkennen wir Gott, nicht anders. Es mag sein, dass Menschen eine Ahnung von dem Ewigen, dem Wahren und Guten verspüren, die über das hinausgeht, was in dieser Welt vorfindlich ist; und ganz bestimmt suchen viele nach einer Wahrheit, die Bestand hat angesichts der Zerrissenheit und Gefährdung des Menschenlebens – aber der allmächtige und barmherzige Gott wird gefunden in seinem Sohn, dem Gekreuzigten, der von sich gesagt hat, dass Er der Weg, die Wahrheit und das Leben ist.

Sola gratia – was auch immer wir tun, so können wir uns doch die Gerechtigkeit vor Gott nicht verdienen. Auch wenn wir in allem zum Besten unserer Mitmenschen handelten, unsere Begabungen für sie einsetzten und darin dem Willen Gottes gehorchten, so können die guten Werke nicht den Weg zu Gott öffnen. Denn wir sind Sünder allzumal, jeder Mensch bleibt gefangen von der Sorge um sich selbst. Gottes Güte aber umfasst auch das Friedlose in uns und das Unversöhnliche, das uns von den Mitmenschen trennt. Gottes Gnade allein ist es, die unseren Herzen Trost gibt.

Sola scriptura – wer die Bibel in der zuversichtlichen Hoffnung liest, in ihr dem heiligen Willen Gottes zu begegnen, wird in ihrer Mitte Christus finden. Die Schrift öffnet uns das Gotteswort, das uns als Anspruch gegenübersteht und zum Zuspruch wird. Wie wir zum Frieden finden, wie Gerechtigkeit möglich wird, wie wir die Freiheit der Gotteskinder verantwortlich bewähren, das entdecken wir im Gespräch mit der Bibel. Darüber schärfen sich die Gewissen der Gläubigen und sie bezeugen, was sie empfangen haben.

Sola fide – Kreuz und Auferstehung Christi kommen zu ihrem Ziel, sie bewirken Heil und Segen, wenn wir sie nur im Glauben annehmen. Den Glauben sieht Gott an, und gerecht gesprochen vor ihm sind wir, indem wir von ganzem Herzen auf ihn vertrauen. Darin ist kein Unterschied zwischen Arm und Reich, oben und unten, angesehen und verachtet, Konfirmanden, Kirchvorsteher, Pfarrerinnen, Bischöfe. Der Glaube macht uns vor Gott zu Gleichen.

Liebe Gemeinde, im vierfachen »allein« kann der evangelische Glaube erkannt werden, bis heute. Die Reformationszeit war ein Aufbruch zum Glauben, zur Bibel, zur Gnade, zu Christus; und als am fünften Sonntag nach Trinitatis 1539 der Dresdner Hof und die Bürgerschaft den Gottesdienst in der Kreuzkirche feierten, kam für das albertinische Sachsen zu einem Abschluss, was über zwei Dekaden hinweg das Land und die Menschen bewegt hatte. Die Gemeinde empfing zum ersten Mal das Abendmahl in beiderlei Gestalt, damals wie heute sichtbares Zeichen der evangelischen Gesinnung einer Gemeinde. Die Einführung der Reformation war ein politischer Akt aus geistlicher Einsicht, im Einvernehmen mit den Menschen, und fand dankbare Zustimmung. Seither gibt es die Landeskirche, seit 475 Jahren wandert das Gottesvolk mit seinem Herrn durch die Zeit. Darüber kann viel erzählt und berichtet werden, mehr als in einer Predigt gesagt werden kann. Es ist eine reiche Geschichte, im Guten wie im Schlechten; und wer zurücksieht wird das Eine wie das Andere finden – Glaubensfreude, Barmherzigkeit, hoffnungsfrohen Mut; aber auch Irrtum, Verblendung und furchtsames Versagen.

Nicht immer ist die Kirche dem Anspruch des Evangeliums gerecht geworden, wie auch nicht die Gläubigen, die ihr durch die Taufe angehören. Anderes wurde wichtiger als die Bindung an Christus – Zweifel, materielle Besitztümer, politische Versuchungen. Das gilt – Gott sei es geklagt – ganz besonders, als die Nazis die Juden verfolgten und mordeten und nur wenige für das Gottesvolk eintraten. Auch dem nationalistischen Kriegsgeschrei des 20. Jahrhunderts hätte die Landeskirche das Wort des Friedens entgegenstellen müssen; und diese Schuldgeschichte begann schon 1914. Zu Recht bekennen wir in jedem Gottesdienst unsere Sünde, denn wir sind der Vergebung bedürftig, nicht anders als die, die vor uns waren.

Gottlob, der Rückblick zeigt auch segensreiche Aufbrüche; immer wieder kam es zu geistlichen Erneuerungsbewegungen, die das Leben unserer Kirche bis heute mitprägen. Da ist der Pietismus mit seiner tiefen Frömmigkeit, da sind die Gründung der Inneren Mission und der diakonische Dienst an den Schwachen – »die Tat legt das Wort recht aus«, sagte Luther. Wir sehen auf das Leipziger Missionswerk – kaum etwas hat mich so berührt wie die Fotos der sächsischen Missionare in ihren schlichten Talaren in einer Bischofskanzlei in Tansania.

Zeiten der Trauer kommen in den Blick und in ihnen doch die erhobenen Herzen an Festtagen des Glaubens; über vier Jahrzehnte gab es treues Bekennen unter harter Bedrückung eines diktatorischen Staates und dann die umstürzende Erfahrung der Friedensgebete, die ihn zu Fall brachten – gewaltfrei. Auch das war ein politischer Akt, der im geistlichen Leben wurzelte. Die Landeskirche darf sich an dem wunderbaren Geschenk der evangelischen Kirchenmusik freuen, an den großen Kantoren – Schütz, Bach, Homilius, Mauersberger, den beiden Knabenchören in Dresden und Leipzig. Das Bemühen der Theologie um das Verhältnis von Vernunft und Glaube stand schon am Anfang in Wittenberg; Forschung und Lehre an der Leipziger Theologischen Fakultät, jetzt auch in Dresden, sind bis heute ein Schlüssel für die glaubwürdige Verkündigung der Frohen Botschaft. Es ist der Kirche eine Verheißung gegeben, mit der sie die lange Zeit der 475 Jahre durchwandert hat – dass ihr Herr mit ihr sein wird auf allen Wegen. Im Rückblick erkennen wir dankbar, dass und wie er dieser Verheißung treu geblieben ist. Und darum wollen wir das Reformationsjubiläum feiern als Fest des Glaubens, als Christusfest. Nicht um einer Person willen, nicht als Heldengedenken. Wir erinnern uns dankbar an Martin Luther und an sein Ringen um die Wahrheit, das er aufrichtig und in tiefer Ernsthaftigkeit führte – und wie er entdeckte, dass sie ihm geschenkt wurde aus Gnade. Wie sie ihn frei machte, zu leben als ein Christenmensch, niemandem untertan und zugleich gewiesen an die Mitmenschen; diese Erfahrung feiern wir und hoffen, dass sie uns geschenkt wird. Auch wollen wir ganz bestimmt nicht mit antikatholischen Gesten feiern. Sondern in ökumenischem Geist, der die Kirchen in den letzten Jahrzehnten einander so nahe gebracht hat, dass sie in den Grundfragen der Rechtfertigungslehre übereinstimmen. Zum Katholikentag in Leipzig im übernächsten Jahr laden wir in unsere Kirchen und Häuser ein. Wir sind dankbar, dass der Name des Herrn gelobt wird mit vielen Zungen, und wir wollen das Jubiläum gestalten in dem Bewusstsein, dass wir der einen heiligen christlichen Kirche angehören, mit der wir den apostolischen Glauben bekennen. Ein Christusfest werden wir feiern, Gott loben und uns erneut seiner Führung anvertrauen. Die Dankbarkeit steht im Mittelpunkt und die Hoffnung, dass der Herr unsere Wege geleiten wird. Es ist seine Zukunft, der wir entgegengehen – in der zuversichtlichen Erwartung, dass er uns auf unseren Wegen entgegenkommt.

Gebe Gott, dass wir Heutigen unseren Auftrag bewähren – die Frohe Botschaft zu verkündigen »allem Volk«. Das ist von all dem, was wir tun können in dieser glaubensarmen Zeit, wohl das Wichtigste. Dass wir die Mission neu beginnen und uns als Zeugen des gnädigen Gottes verstehen. Dazu ist jeder Christ berufen und jede Christin, alle Getauften. Wenn wir gefragt werden, was wir glauben und warum wir der Kirche angehören, dann wollen wir sprechen von unserem Vertrauen auf Jesus Christus, erzählen von dem, was wir gehört und gesehen haben (1Joh 1,3) – und uns so verhalten, dass wir gefragt werden.

Liebe Gemeinde, »schaffet, dass ihr selig werdet, mit Furcht und Zittern. Denn Gott ist's, der in euch wirkt beides, das Wollen und das Vollbringen, nach seinem Wohlgefallen.« Vom Gottvertrauen spricht der Apostel. Mit »Furcht und Zittern« selig werden, das könnte missverstanden werden – ist aber keine Anleitung zu verzagter Ängstlichkeit. Sondern das ist der Aufruf, auf Christus zu sehen, den Gekreuzigten und Auferstandenen, und darauf zu vertrauen, dass Gott uns stark macht, wenn wir nur glauben. Und darauf vertrauen, dass unser Wollen und unsere Zweifel, unser Gelingen und unser Scheitern umfangen sind von seiner Güte. Dass unsere Stärke und unser Bestehen Gottesgeschenke sind. Wer glaubt, wird nicht überheblich auf sich selbst und die eigenen Fähigkeiten sehen, sondern sie als von Gott anvertraute Gaben verstehen und damit anderen dienen.

Auch wird ein Christenmensch seine Mitmenschen nicht als Widersacher sehen oder sie benutzen um des eigenen Vorteils willen, sondern ihnen zum Leben helfen »und alles zum Besten kehren« (Erklärung Luthers zum 8. Gebot). Den Auferstandenen bezeugen wir, indem wir uns den Mitmenschen zuwenden, einander die Lasten tragen. Denn das Glück, das wir im Glauben geschenkt bekommen, behalten wir nicht eigensüchtig für uns, als wäre es ein privater Besitz. Sondern brechen dankbar auf und beschreiten den Weg der Gerechtigkeit und des Friedens; und auf diesem Weg gilt: *Gott ist's, der in euch wirkt beides, das Wollen und das Vollbringen, nach seinem Wohlgefallen.* Wir folgen Jesus Christus, dem Licht der Welt, und in seinem Licht erkennen wir die Wege, die wir gehen können.

Amen.

Zeit des Wandels, Zeit der Gaben

Veränderungen des Pfarrerbildes

Vortrag zu den Pfarrertagen, September 2014

Einleitung

Liebe Schwestern und Brüder,

gelegentlich gehen die Gedanken zurück, man erinnert sich. Nicht allzu weit vom Eintritt in den Ruhestand entfernt, frage ich mich dann und wann, wie es gewesen ist, wie der Beruf des Pfarrers sich verändert hat in den vier Jahrzehnten, die ich ihn ausüben durfte. Da tritt mir die Persönlichkeit meines Konfirmators vor Augen – ein strenger Mensch. Er trug Lutherweste oder -rock (an Festtagen) und war seiner Gemeinde, ganz besonders den Konfirmanden, über die drei Jahre des Unterrichts ein unnahbares Gegenüber. Einmal, im Stadtbus, habe ich ihm meinen Sitzplatz angeboten, was er mit der Bemerkung ablehnte, der Pfarrer stehe immer mehr und länger als die Gemeinde. Merkwürdig, was aus den Tiefen des Gedächtnisses wieder auftaucht ... An eine Geste der Zuwendung erinnere ich mich – die Konfirmandenprüfung fand vor der versammelten Gemeinde statt und dementsprechend sahen wir ihr mit »Zittern und Zagen« entgegen; es löste sich mit der Ansage, dass auf alle Fragen sich immer alle melden sollten; wer aber die Antwort nicht wisse, mit der linken Hand. Das war hilfreich-erleichternd und wurde dankbar aufgegriffen.

Zehn Jahre später, während des Vikariats habe ich mich dann erstmals konzentriert mit der Frage beschäftigt, welchem Berufsbild ich folgen, wie ich denn selbst Pfarrer sein wollte. Streng, unnahbar jedenfalls nicht. Sondern nah bei den Menschen, ihnen zugewandt und kommunikativ. Nicht abständig, sondern ein Christenmensch in der Gemeinschaft der Gläubigen, der ihr dient, indem er die Frohe Botschaft auslegt, für sie wirbt und zum Leben in der Nachfolge anleitet. Bis heute sehe ich es nicht so, dass der Pfarrer der Gemeinde gegenübersteht, sondern dass es sein Auftrag ist, sie daran zu erinnern, dass Gottes Wort ihr gegenübersteht. Und das einladend-authentisch, so dass der Mensch unter dem Amt erkennbar wird als ein Bruder oder eine Schwester. Jedenfalls wollten wir etwas ändern, als wir anfingen; in unserem Vikarskurs im Predigerseminar 1974 bis 1976 waren wir uns – bei allen Differenzen und Unterschieden – an dieser Stelle einig, wir wollten einen Wandel des Berufsbildes. Den gab es dann auch, und er war rückblickend betrachtet umfassender als wir es uns hätten vorstellen können. Das liegt nicht zuletzt daran, dass seither die Zahl der Pfarrerinnen stark angestiegen ist, in unserer Landeskirche ist es inzwischen ein Viertel der Ordinierten. Wir dürfen dankbar sagen, dass der ganze Reichtum der menschlichen Begabungen dem Amt der öffentlichen Wortverkündigung dient, und darüber hat sich das Bild unseres Berufes zum Guten verändert. Daneben wurde in den letzten Jahren und Jahrzehnten viel, vielleicht zu viel diskutiert über erhoffte, angestrebte, befürchtete und abgelehnte Veränderungen, Spezialisierungen, Personalgemeinden … Heute gibt es Landeskirchen, in denen der Anteil der Pfarrer, die nicht im Gemeindepfarramt tätig sind, bei mehr als einem Drittel liegt, und auch das ist eine damals nicht erkennbare Veränderung des Berufsbildes.

Nun, heute soll es nicht um einen Rückblick gehen, sondern ich möchte mich mit absehbaren Entwicklungen beschäftigen und der Notwendigkeit, das Pfarrerbild entsprechend zu gestalten. Denn der Wandel ist ein Phänomen, das uns in diesen modernen Zeiten stets und in allem begleitet hat, begleitet und begleiten wird; eben auch das kirchliche Leben und das Pfarramt. Nicht übersehen sollten wir allerdings die Tatsache, dass in allem Wandel doch eine erstaunliche Konstanz gefunden werden kann, zuletzt in der KMU V, die in diesem Frühjahr vorgestellt wurde. Unter den Ergebnissen ragt die Bestätigung des Pfarrers, der Pfarrerin als »Schlüsselberuf« der Kirche heraus; als solcher wird er von einer großen Mehrheit der Kirchenmitglieder gesehen. Die Wertschätzung reicht so weit, dass die Austrittsneigung der Gemeindeglieder schon dann statistisch signifikant sinkt, wenn sie nur den Namen des Pfarrers kennen. Das zeigt, wie sehr das Berufsbild bestimmt wird von dem Vertrauen, das über die Jahrhunderte hinweg aufgebaut wurde. Es ist eine Profession, der wir angehören, die Kirche stellt uns nicht an, sondern beruft uns und bestätigt damit die »vocatio interna«, die wir empfangen haben. Das Amt trägt uns, wie es schon diejenigen getragen hat, die vor uns waren. Vertrauen wir darauf und auf den institutionellen Rahmen, der uns umgibt. Er ist tragfähig, und darin liegt etwas Entlastendes: Meine Möglichkeiten, mein Bemühen, meine Gaben wie auch meine Schwächen und das Ungenügen sind in einen überindividuellen Zusammenhang gestellt, es kommt nicht allein auf mich an. Und darum gilt umgekehrt, dass es gefährlich werden kann, wenn wir meinten, wir müssten das Amt tragen. Das kann nach meinen Erfahrungen schnell zu einer unguten Überlastung oder gar zu bedrohlicher Selbstüberhöhung führen. Etwas anderes ist, dass wir dem Anspruch, der mit dem Amt verbunden ist, gerecht werden sollen. Das ist eine Erwartung, der wir uns stellen wollen, denn das Vertrauen in die Profession will ja immer wieder aufs Neue erworben und bestätigt werden. Wir leben aus der Gnade Gottes, nicht aus unseren Leistungen, wie wir erst kürzlich in der Predigt über 1Kor 3,9–15 gesagt haben. Dieser fundamentalen Wahrheit entspricht die Sichtweise, dass wir durch das Amt getragen werden; und gottlob billigt uns die Kirche ein hohes Maß an Autonomie in dessen Ausgestaltung zu. Dafür war ich immer dankbar – die Profession will in Freiheit ausgeübt sein und das ist eine große Hilfe (keine Zumutung) in den anstehenden Veränderungen.

Damit komme ich zu einer kurzen Skizze der absehbaren Entwicklungen.

1 Entwicklungen

Auf vier Faktoren, die nach meiner Sicht den Dienst der Pfarrerinnen und Pfarrer in den kommenden Jahren bestimmen werden, will ich eingehen.

a) Während der Wochen der Fußballweltmeisterschaft in Brasilien waren großflächige Plakate eines Anbieters von

Sportwetten zu sehen, die ich als bezeichnend empfand. Das Motiv der Werbung zeigte die Christus-Statue über Rio de Janeiro, allerdings verfremdet: Die Körperhaltung war die eines Fußballers; der Erlöser segnet nicht, sondern spielt. Kaum je war so eindrücklich auf den Punkt gebracht, was die Rede von der Ökonomisierung des Lebens bedeutet – dass nämlich alle, ausnahmslos alle Sinn- und Bezugssysteme einem Paradigma zu- und untergeordnet werden, dem Erwerbs- und Gewinnstreben. Das religiöse Symbol wird umgedeutet, seine Ausstrahlung benutzt, die Botschaft durch eine ganz andere ersetzt. Es ist unübersehbar, dass die Kirchen und Religionsgemeinschaften die Deutungshoheit über das Spirituell-Religiöse verlieren; die Nichtgläubigen, Atheisten, religiös Ungebildeten oder Unmusikalischen schaffen sich eigene Formen der Spiritualität. Es gibt zweifellos eine Revitalisierung von Religiosität, allerdings sucht sie sich nicht selten eigene Formen gegen die oder abseits der christlichen Kirchen. Sondern sie begegnet in säkularem Gewand, nicht zuletzt in der Werbung oder im Sport. Die Folge ist das Fortschreiten der Säkularisierung. Gegenläufige Entwicklungen vollziehen sich parallel – es gibt Neubezüge auf religiöse Erscheinungsformen bei gleichzeitiger Entkirchlichung.

Ein zentral bedeutsames Ergebnis der KMU V ist, zumal wenn man sie in den Zusammenhang der vorangegangenen Studien stellt, die jeweils im Abstand von zehn Jahren erstellt wurden, der Bedeutungsverlust der Kirche über die zurückliegenden fünf Jahrzehnte; die konstantinische Gestalt des Christentums tritt zurück. Wie labil die Situation ist, hat uns in diesem Jahr die Austrittswelle im Zusammenhang der Abgeltungssteuer gezeigt; dabei hatte sich im Rechtssinne überhaupt nichts geändert.

Was diese Entwicklung für die beruflichen Aufgaben und das Pfarrerbild bedeutet, ist nicht leicht zu sagen, und ich möchte dazu ermutigen, im Gespräch darüber zu bleiben. Klar ist aber, dass wir nicht so darauf reagieren dürfen oder können, dass wir uns der Welt gemein machen. Unser Erlöser spielt nicht Fußball. In diesem Gedenkjahr an den Ersten Weltkrieg kommen mir die Anfänge der dialektischen Theologie in den Sinn – es kommt darauf an, eine »theologische Existenz« zu führen, bei der Sache zu bleiben, die uns vorgegeben ist, der wir dienen. Bei unserer Profession; und das bedeutet nicht zuletzt, der Zeit ein kritisches Gegenüber zu sein, sowohl in den Formen als auch in der Substanz des Glaubens. Wir geben theologisch reflektierte Antworten auf die Fragen der Menschen, die sich Fragen stellen; und wir leiten an zu einer Lebenshaltung, in der sich die Wahrheit widerspiegelt, die in Jesus Christus gefunden werden kann. Die hermeneutische Aufgabe, die Elementarisierung der Sprache, in der wir von dem dreieinigen Gott sprechen, hat dabei angesichts von Unwissen und verworrenem Säkularismus besondere Priorität. »Gibt es einen Fußballgott?«, wurde ich gefragt, allen Ernstes. Hier stehen wir sicherlich erst am Anfang – aber in den Glaubenskursen, die viele von uns halten, werden hilfreiche Erfahrungen gesammelt und es entsteht darüber ein Wissen, das die Sprachfähigkeit des Glaubens verbessert, stärkt. Wir sollten bei dem bleiben, was unser Amt ist und lernen, so davon zu reden, dass wir von der säkularisierten Umwelt verstanden werden. Eine »Theologie des Wortes« wird gebraucht.

b) Uns allen steht vor Augen, dass die Entwicklung in den Großstädten eine andere ist als in den ländlichen Regionen des Freistaats. Leipzig und Dresden entwickeln sich zunehmend zu pulsierenden Metropolen, in denen ein junges, gar jugendliches Bürgertum die Chancen nutzt, die sich in den Zeiten der großen Freiheiten für eine individualisierte Lebensgestaltung bieten. Die Pluralisierung der Lebenslagen ist ein erstaunliches Phänomen und man kann zusehen, wie sie sich weiter ausdifferenzieren. Reichtum steht neben Armut, Hedonismus neben moralischem Rigorismus, ökologische Haltungen treffen auf großkalibrige Geländewagen, usw. usf. Die Stadtbezirke entwickeln sich entsprechend der Bevölkerungsstruktur, und folgerichtig sind nach der jüngsten Kommunalwahl im Dresdner Stadtrat neun Parteien vertreten, was politische Willensbildung und Entscheidungen nicht einfacher macht. Die Großstadt besteht mehr denn je aus völlig verschieden strukturierten Quartieren, deren Bewohnerinnen und Bewohner sich sehr unterscheiden, nicht zuletzt, was den Anteil der Kirchenmitglieder betrifft. In den Großstädten gibt es wachsende Kirchgemeinden, aber zugleich Stagnation und auch weiterer Rückgang. Für Pfarrerinnen und Pfarrer bedeutet dies, dass sie auf differenzierte Gegebenheiten und Erwartungen treffen und gut beraten sind, den Sozialraum aufmerksam einzubeziehen, wenn es darum geht, das gemeindliche Leben zu gestalten. Nämlich so: Den Stadtteil als Lebensraum verstehen, in dem das Evangelium zur Sprache gebracht sein will. Wo junge Familien mit Kindern leben, braucht es entsprechende Angebote; also ist ein kirchlicher oder diakonischer Kindergarten hilfreich, auch starker Religionsunterricht an den Schulen, ein Schwerpunkt in der Konfirmandenarbeit und eine Junge Gemeinde, Familiengottesdienste und Kindergottesdienst, das Abendmahl mit Kindern – schon direkt nebenan kann aber anderes wichtig sein: die Kantorei, der liturgisch und homiletisch anspruchsvolle Gottesdienst. Einige Straßen weiter sozialdiakonische Arbeit mit vereinsamten Alten, ein Besuchsdienst und die Frage, wie sich eine Kirchgemeinde als Dienstgemeinschaft zu verstehen lernt. Im nächsten Stadtbezirk können Glaubenskurse das situationsadäquate Angebot sein, oder ein Gospelchor. Das Berufsbild differenziert sich in dem Maße aus, in dem sich die (städtische) Gesellschaft ausdifferenziert.

c) Aber in Leipzig und Dresden lebt nur etwa ein Viertel der Bürgerinnen und Bürger des Freistaats und das bedeutet umgekehrt, dass die übergroße Mehrzahl unserer Gemeindeglieder auf dem Land lebt. Sie haben über mehr als 20 Jahre hinweg ertragen müssen, dass junge Menschen auf der Suche nach Arbeit und Ausbildung die heimatlichen Regionen verlassen. Die Folgen der innerdeutschen und innersächsischen Migration treten nunmehr deutlich zu Tage, die ländlichen Räume entleeren sich und die Lebenskräfte der verbliebenen Älteren werden schwächer. Leider ist der Prozess noch nicht zum Stillstand gekommen, demografische Veränderungen sind per se langfristiger Natur, und die kleinste Zeiteinheit in der Generationenfolge sind 25 Jahre. Für die Landeskirche gilt, dass sie den Kirchgemeinden auf dem Land verpflichtet ist, und die Kirchenleitung hat dies in den letzten Jahren nicht zuletzt durch die Kriterien des Personaleinsatzes zum Ausdruck gebracht und wird dies weiter tun. Wir werden uns aus ekklesiologischen Gründen nicht aus der Fläche zurückziehen. Denn die Gemeindeglieder sind darauf angewiesen (und haben einen Anspruch darauf), dass ein Pfarrer oder eine Pfarrerin ihnen mit Wort und Sakrament dient und die geistliche Leitung der Kirchgemeinde verantwortet. Damit ist etwas für das reformatorische Kirchenverständnis theologisch Unaufgebbares bezeichnet, und ich kann mir schlechterdings nicht vorstellen, dass eine Kirchenleitung es je anders sehen würde. Wie schwierig die Umstände des Pfarrdienstes auf dem Land sind, steht mir deutlich vor Augen – aber es wird immer einen Pfarrer geben, der den Gemeindegliedern zur Verfügung steht, und darum keine »weißen Flecken«, von denen in den letzten Jahren immer wieder einmal die Rede war. Denn die Glieder der Kirche brauchen das geistliche Amt; und zwar wegen der Wortverkündigung und wegen der Spendung der Sakramente. Nicht wegen der Verwaltungsaufgaben, die den Pfarrerinnen und Pfarrern gegenwärtig zugeordnet sind, auch nicht um der Repräsentanz der Kirche willen oder aus anderen schätzenswerten Gründen. Sondern um des elementaren Zusammenhangs willen, der in CA 5 beschrieben ist: »*um diesen Glauben zu erlangen, hat Gott das Predigtamt eingesetzt, das Evangelium und die Sakramente gegeben …*«

Der Radius um den einzelnen Pfarrer allerdings wird angesichts der absehbaren Entwicklung größer werden und insofern steht die Frage im Raum, wie wir damit umgehen wollen und können. In den letzten Jahren hat sich die Zahl der selbstständigen Kirchgemeinden verringert, von 1086 (1998) auf heute 722. Es wurden Kirchspiele begründet und Kirchgemeinden haben sich zusammengeschlossen. Dieser Prozess war zwangsläufig und ist zuallererst der Notwendigkeit geschuldet, den Mitarbeiterinnen und Mitarbeitern angemessene Arbeitsfelder zuweisen zu können. Darum wird er sich fortsetzen, denn nach wie vor gibt es unübersehbare Probleme mit den Schwesterkirchverhältnissen, die oft schlechte, belastende Arbeitsbedingungen für die Mitarbeiterinnen und Mitarbeiter im Verkündigungsdienst bieten. Auch ist der damit verbundene Abstimmungsaufwand vielerorts zu hoch. Wenn ein Pfarrer im Jahr an 32 KV-Sitzungen teilnimmt, sie vor- und nachbereitet: Das ist an der Grenze zur Absurdität und hindert das geistliche Leben der Gemeinde (sein eigenes übrigens auch). Insofern kann ich nur dazu ermutigen, die Region in den Blick zu nehmen, der Dynamik der Entwicklung des Sozialraumes zu folgen und konzeptionell die notwendigen Strukturentscheidungen zu treffen. Mir ist bewusst, dass es in den Kirchenvorständen mancherorts innere Abwehr, Unwilligkeit und Nichtakzeptanz der Situation aus Sorge um die Selbstständigkeit der Gemeinde gibt – wo aber eine Bewegung aufeinander zu in Gang gekommen ist, werden durchweg gute Erfahrungen gemacht. Nicht anders als in der Stadt gilt auch auf dem Land, dass der Lebensraum die Bezugsgröße des Pfarramts ist, so dass es darauf ankommt, die Gemeinschaft mit den benachbarten Kirchgemeinden zu suchen. Und dementsprechend das Leben in den Konventen zu stärken.

d) Überlastung ist eines der Probleme, mit denen Pfarrerinnen und Pfarrer umgehen müssen. Schon in einer Visitation, die Landesbischof Dr. Hempel in den 1980er Jahren gehalten hat, wurde ihm in klagendem Ton vorgehalten, dass »wir immer mehr machen«. Ich denke, dass diese Beobachtung zutreffend ist, jedenfalls auf das Ganze gesehen. Wir haben auf den Abschied so vieler Menschen, auf den Bedeutungsrückgang von Kirche – und auf weitere gesellschaftliche Entwicklungen – mit einer Fülle von neuen Angeboten und Arbeitsfeldern reagiert. Und wir neigen dazu, additiv die neuen Tätigkeiten den vertrauten hinzuzufügen; wir können besser anfangen als aufhören. Denn das Bestehende hat ja sein Gewicht, und es gibt jeweils Gemeindeglieder, deren Herz daran hängt, weil sie segensreiche Erfahrungen damit verbinden. Insofern tun sich viele von uns nicht gerade leicht damit, Posterioritäten zu setzen. (Eine entsprechende Liste kann ich an dieser Stelle nicht vorlegen, denn diese ergibt sich jeweils in der konkreten Situation vor Ort. Ich möchte jedoch nicht meine Überzeugung verschweigen, dass ich Hausbesuche des Pfarrers bei den Gemeindegliedern nach wie vor für unbedingt notwendig und hilfreich halte. Denn nur so bekommt man einen verlässlichen Eindruck von den Sorgen, Nöten und Freuden des alltäglichen Lebens der Menschen, von ihren Hoffnungen und Erwartungen. Und umgekehrt bekommen die Besuchten einen Eindruck von der Persönlichkeit ihres Seelsorgers. Besuche stellen Nähe her, und angesichts der gegenwärtigen Rahmenbedingungen ist das so wichtig wie kaum etwas anderes.) Aber es ist wegen der Vielzahl der Aufgaben, die an die Pfarrerinnen und Pfarrer herangetragen werden, unbedingt erforderlich, die eigene Arbeitsweise zu struktu-rieren – ansonsten droht die Gefahr, dass es zu einer Situa-tion permanenter Überforderung kommt. Man muss, um das Wichtige tun zu können, das Unwichtige lassen. Dafür gibt es Hilfen ... Es liegt kein Segen darauf, sich so lange zu überfordern, bis man ausgebrannt ist. Die dankbar-verge-wissernde Frage »Brannte nicht unser Herz« aus der Em-mausgeschichte meint die Berufung in die Nachfolge – und die darf nicht besinnungsloser Hektik geopfert werden, die die Persönlichkeit ausbrennen lässt.

Für diejenigen Pfarrerinnen, es sind zumeist Amts-schwestern, die in einer 50%-Anstellung tätig sind, stellen sich diese Probleme m. E. in verschärfter Weise und da-rum gilt das Gesagte für sie im Besonderen. In der Regel werden Teilzeitstellen ja angestrebt, weil es andere ge-wichtige Verpflichtungen gibt. Weil aber die Anforderun-gen umfassend sind und in den Kirchgemeinden das Ver-ständnis dafür, dass der Pfarrberuf in Teilzeit ausgeübt wird, nicht immer ausgeprägt ist, besteht die Gefahr, dass gegensätzliche Erwartungen dauerhaft konfligieren.

Ich komme zu der Aufgabe der Gemeindeleitung, die zukünftig besondere Aufmerksamkeit verlangen wird.

2 Gemeindeleitung

a) Pfarrer leiten die Gemeinde »mit dem Wort«. Schon der Aufgabenkatalog in § 32, 1 KGO macht deutlich, dass die pastoralen Vollzüge im Mittelpunkt des Dienstes stehen. Ich möchte darauf aufmerksam machen, dass in den letzten

Jahren ein wichtiger Bereich hinzugetreten ist, nämlich die fachliche Begleitung und Anleitung der Prädikantinnen und Lektoren, der ehrenamtlichen Mitarbeiterinnen und Mitarbeiter im Verkündigungsdienst. Im Jahr 2006 hat die Bischofskonferenz der VELKD nach einem intensiven, zehnjährigen Beratungsprozess den Text »Ordnungsgemäß berufen« beschlossen und damit beansprucht, Artikel XIV der CA im Blick auf die aktuelle kirchliche Situation seinem Sinn gemäß auszulegen. (Richtlinien für den Dienst der Prädikanten ergingen 2012.) Dankbar dürfen wir feststellen, dass die Zahl der Ehrenamtlichen, die gemäß CA XIV »ordnungsgemäß berufen« wurden, in der zurückliegenden Dekade stark angestiegen ist und sich – angesichts des großen Interesses an der Ausbildung absehbar – weiter rasch erhöhen wird. Insofern wird das ehrenamtliche Engagement im Verkündigungsdienst in Zukunft eine stärkere Rolle spielen; und den Ordinierten kommt in diesem Zusammenhang eine wichtige Aufgabe zu, insofern sie mit den Ehrenamtlichen eng zusammenarbeiten (§ 2 Prädikantengesetz) bzw. als Mentorin oder Mentor Verantwortung tragen (§ 2 der AVO PrädG). In unserer Landeskirche gibt es inzwischen 209 Prädikantinnen und Prädikanten, die ihren segensreichen Dienst tun. In diesem Sommer haben 15 Personen das Examen des Kirchlichen Fernunterrichts abgelegt und weitere 48 sächsische Gemeindeglieder befinden sich zurzeit in der Ausbildung. Es handelt sich um eine langfristige Entwicklung, weitsichtig begonnen in den 1960er Jahren, für die wir heute gar nicht dankbar genug sein können.

Manche von uns zögern, in diesen Dank einzustimmen. Denn, so wird gesagt, zum einen werde durch die ehrenamtliche Arbeit das ordinierte Amt der Pfarrerinnen und Pfarrer in den Hintergrund gedrängt und zum anderen sieht man darin eine Vermeidungsstrategie, die »notwendige Abschiede« nur hinauszögert; es sei keine Lösung, die von Pfarrerinnen und Pfarrern nicht mehr zu leistenden Dienste nun anderen zu übertragen. Angesichts des Drucks auf das Pfarramt sei es sinnvoller, das Angebot zu reduzieren und z. B. Gottesdienste ausfallen zu lassen. Ich kann diese Argumente nachvollziehen, teile sie aber nicht. Denn die Gemeinden nehmen die Dienste der Ehrenamtlichen dankbar an und das hat durchaus zu tun mit der qualifizierten und anspruchsvollen theologischen Ausbildung durch den KFU. Bei den Generalvisitationen in den letzten Jahren bin ich jeweils auch Prädikantinnen und Prädikanten des Kirchenbezirks begegnet und war durchweg sehr beeindruckt von ihren Gesprächsbeiträgen, ihrer Dienstbereitschaft und ihrer geistlichen Haltung. Unter ihnen gibt es sehr differenzierte Erfahrungen und Stimmen. Einige sehen sich zu sehr in Abhängigkeit von den Ortspfarrern, in deren Ermessen es liege, ob ihr Prädikantendienst gewollt oder eher an den Rand gedrängt wird. Manche legen Wert auf die kontinuierliche Mitarbeit in einer bestimmten Gottesdienstgemeinde; andere verstehen sich gern als Aushilfe, was die Möglichkeit der freien Entscheidung eröffnet, selbst zu bestimmen wie und in welchem Zusammenhang sie Dienste annehmen. Wieder andere empfinden es dagegen als Degradierung, wenn ihnen kurzfristig zugemutet wird in eine Lücke einspringen zu sollen. Diese durchaus unterschiedlichen Sichtweisen machen deutlich, dass ein personales Verhältnis zu den Pfarrerinnen und Pfarrern jedenfalls hilfreich ist, um eine den Gaben entsprechende Mitarbeit der Ehrenamtlichen zu ermöglichen. Das aber ist eine Aufgabe der Gemeindeleitung, und die ist den Pfarrerinnen und Pfarrern übertragen (in Gemeinschaft mit den Kirchenvorständen).

Auch die Lektorenausbildung in Meißen lässt sich gut an; und ich bin dankbar, dass in der Landeskirche nun eine Agende vorliegt, »Kommt, atmet auf«, die für kleine geistliche Formen gut geeignet ist und wenig Aufwand erfordert. Es findet eine Ausdifferenzierung der Verantwortung für das Verkündigungsgeschehen statt, wegen der wir Pfarrerinnen und Pfarrer uns nicht sorgen sollten. Denn sie ist eine geistliche Antwort auf die Entwicklungsprozesse der zurückliegenden 50 Jahre und wir wollen dazu helfen, dass die verschiedenen Berufungen sich zu einem funktionsfähigen Ganzen zusammenfinden, in dem die Ruhestandskolleginnen und -kollegen nach wie vor einen wichtigen Beitrag leisten. Das bedeutet eben nicht, alles selber zu machen, sondern die Aufgaben zu delegieren an diejenigen, die sich zu ihrer Erledigung haben rufen lassen und bereit sind. Im Übrigen zeigt ein Blick auf die Nöte der römisch-katholischen Kirche mit der geistlichen Versorgung der Gemeinden, welches Geschenk die Lehre vom allgemeinen Priestertum der Gläubigen ist. In der Linie des theologischen Denkens unserer Konfession liegt es, wenn die Träger des geistlichen Amtes die Gemeindeglieder dafür gewinnen, selbstständig Verantwortung für den Zeugendienst der Gemeinde und das Verkündigungsgeschehen zu übernehmen, sie in den Vollzügen begleiten und anleiten. Was meint, mit ihnen theologisch zu arbeiten, Predigtnachgespräche zu führen und zum geistlichen Leben anzuleiten. Aufgabe der Pfarrerinnen und Pfarrer ist die Leitung der Gemeinde mit dem Wort, die Verantwortung für die Verkündigung der Gemeinde und die Spendung der Sakramente, die Seelsorge. Das bedeutet nicht, dass alle geistlichen Angebote durch die Pfarrerin bzw. den Pfarrer selbst gewährleistet werden müssen. Sondern dass die Gaben in der Gemeinde zur Geltung gebracht werden – und dazu braucht es Leitung, geistliche Leitung. In diesem Sinn ist dies eine Zeit der Gaben.

b) In diesem Zusammenhang möchte ich den schlichten Gedanken ansprechen, dass Gemeindeleitung etwas anderes und Wichtigeres ist als Verwaltungsleitung. Ich täusche mich wohl nicht, dass die Klagen von Pfarrerinnen und Pfarrern über starke Belastung durch Verwaltungsaufgaben in der letzten Zeit zugenommen haben. Es ist wie schon angedeutet wohl so, dass wir »viel machen« und jedes Handeln mit Verwaltungsaufwand verbunden ist; nie zuvor wurde in 20 Jahren so viel gebaut wie zuletzt. Wie auch immer, jedenfalls meine ich, dass es bei der Bestimmung der KGO[*] (25, 2), dass der Pfarramtsleiter zugleich Verwaltungsleiter ist, nicht bleiben kann. In der Vergangenheit, als in der Mehrzahl der Kirchgemeinden mehrere Pfarrer nebeneinander Dienst taten, war es sicherlich sinnvoll, einem von ihnen die Verantwortung für das Verwaltungshandeln zu übertragen, im Sinne einer Schwerpunktsetzung. Heute be-

---

[*] Kirchengemeindeordnung.

finden wir uns aber in einer Situation, in der die allermeisten Pfarrer diese Aufgaben wahrzunehmen haben; und dies häufig in Strukturverbindungen, die einen erheblichen Umfang aufweisen und in denen eine Fülle von Personal – und Bauangelegenheiten zu bearbeiten sind, um nur zwei Bereiche des Verwaltungshandelns zu nennen. Weder sind wir für diese Aufgaben ausgebildet, noch stehen sie im Zentrum des Selbstverständnisses unserer Profession. Darum sollte die Frage geprüft werden, ob die Struktur der kirchgemeindlichen Verwaltung verändert werden soll. Etwa indem die von der Landeskirche zur Verfügung gestellten Mittel effektiver verwendet werden. Jeder Pfarrstelle sind ja 25% Verwaltungskapazität für die Gemeindeverwaltung zugeordnet. Wenn für jeweils drei Pfarrstellen in einer neu aufzubauenden Verwaltungsstruktur eine volle Verwaltungskraft bereitsteht, und diese Kraft qualifiziert ausgebildet ist (was eine zwingende Voraussetzung wäre), so könnte die Verwaltungsleitung der beteiligten Kirchgemeinden dieser Struktureinheit übertragen werden. Eine Beschäftigung zu 100% ergäbe sich aus weiteren Verwaltungsaufgaben, z. B. Friedhofs-, Kindergarten- und Gebäudeverwaltung. Alternativ oder ergänzend könnten Aufgaben an die Kassenstellen angegliedert werden, in denen bereits eine hochprofessionell arbeitende Struktur bereit steht. Eine solche Entlastung der Pfarrerinnen und Pfarrer würde keine Mehrkosten generieren und sollte ernsthaft erörtert werden. Dazu bedürfte es eines Beschlusses des KV, wofür es bereits Beispiele gibt – oder einer Änderung der KGO.

Ich schließe mit:

3 Hoffnungszeichen

Ich sehe sie an vielen Stellen, und ganz besonders im Bereich der Arbeit mit Kindern und Jugendlichen. Wir haben, das wird man wohl sagen können, viele Chancen ergriffen, die sich nach 1990 eröffnet haben. Ich denke an den Aufbau des Religionsunterrichts, die evangelischen Schulen, an die Kindergärten; an die Eltern, die einen Amtsbruder fragten, ob sie denn – wie von den Kindern gewünscht – beten dürften, obwohl sie doch nicht der Kirche angehören würden ... so beginnt die Mission!

Hoffnungszeichen waren mir auch die Gespräche mit den Schwestern und Brüdern, die jetzt ordiniert werden. Es ist ein zahlenmäßig starker Jahrgang, und durch ihren Dienstbeginn wird sich die Zahl der vakanten Stellen auf ein »normales« Maß verringern; es müssen ja immer einige Stellen frei sein, um Wechsel zu ermöglichen. Besonders dankbar bin ich, wie auch schon in den zurückliegenden Jahren, dass es sich durchweg um überzeugende Persönlichkeiten handelt, die eine qualifizierte Ausbildung durchlaufen haben. Auch der Ausblick auf die Kandidaten der nächsten Jahre zeigt ein erfreuliches Bild – alles deutet darauf hin, dass uns der Nachwuchs zur Verfügung stehen wird, den die Landeskirche für eine gute Entwicklung braucht. Das ist beruhigend zu sehen und bietet mir Anlass, zu betonen, dass es m. E. keine Gründe gibt, auf die vollakademische Ausbildung für den Pfarrberuf zu verzichten. Denn es ist angesichts der absehbaren Veränderungen im Leben der Landeskirche und des Bedingungsrahmens ihres Zeugnisses notwendiger denn je, Theologie zu treiben und bei dem zu bleiben, was unseren Auftrag in seinem Kern bestimmt – die »Botschaft von der freien Gnade Gottes auszurichten an alles Volk« (Barmen 6). Theologie treiben, eine theologische Existenz führen, das wird das Pfarrerbild hoffentlich bestimmen. Nicht zuletzt um der Bewahrung der Einheit willen, was eine anspruchsvolle Aufgabe ist in Zeiten der Pluralisierung und der Ausdifferenzierung der Lebensformen. Sie verlangt nach theologisch fundierten Klärungen, wie uns die heftigen Diskussionen um das Schriftverständnis in den beiden zurückliegenden Jahren gezeigt haben. Das Berufsbild wird darüber Akzentuierungen erfahren und das ist eine Gestaltungsaufgabe, die nicht nur der Kirchenleitung, sondern jeder und jedem im ordinierten Amt gestellt ist.

Die Zukunft der Landeskirche ist offen, es wird kommen, wie es der barmherzige Gott in seinem Ratschluss will. Soweit es an uns gelegen ist, wollen wir tun, was uns von Schrift und Bekenntnis her zu tun aufgetragen ist. In allem Bemühen sehen wir auf Christus, den Anfänger und Vollender des Glaubens (Hebr 12,2).

Lutherische Spiritualität als Hilfe im Umgang mit den Erfahrungen der Vergeblichkeit

Synodenbericht,[1] Herbst 2014

Hohe Synode, Herr Präsident,

es ist der letzte Bericht, den ich vorlege und darum möchte ich zu einer Frage sprechen, die mich in den letzten Jahren wie kaum eine andere beschäftigt hat, nämlich der Herausforderung, mit den zurückgehenden Mitgliedschaftszahlen umgehen zu müssen; auch in meiner Amtszeit ist die Landeskirche kleiner geworden. Dabei handelt es sich um einen Trend, der seit etwa 90 Jahren anhält – also nicht um eine augenblickliche Schwächephase. Vielmehr ist es wohl so, dass die lang andauernde Erfahrung, Verluste zu erleiden und diese Entwicklung auch nicht aufhalten zu können, das Leben unserer Kirche inzwischen bis in Tiefendimensionen hinein prägt. Menschen haben sich in großer Zahl abgewendet. Nach wie vor werden die Gemeinden –

---

[1] Auch in den elf Jahren, in denen ich im Bischofsamt dienen durfte, ist die Landeskirche kleiner geworden, hat Gemeindeglieder durch Austritte oder aufgrund der demografischen Entwicklung verloren. Die Zahl der Kirchenbezirke wurde halbiert; und all diese Prozesse sind stets mit schmerzlichen Erfahrungen verbunden, die das kirchliche Alltagsleben beeinflussen. In dem letzten Bericht, den ich im Herbst 2014 der Landessynode gegeben habe, bin ich auf die geistliche Dimension dieses Geschehen eingegangen.

von einigen Ausnahmen in den Großstädten abgesehen – kleiner, und das ist besonders schmerzhaft in einer Gesellschaft, die auf Wachstum gepolt ist und es bewundert. Um uns herum ist Wachstum, jedenfalls in der üblichen, undifferenzierten Betrachtungsweise, so etwas wie eine Ideologie geworden, nicht nur in der Wirtschaft, sondern auch im persönlichen Bereich; man denke nur an die zahllosen Optimierungsstrategien zur Verbesserung der individuellen Leistungsfähigkeit. Insofern ist es von vornherein beschwerlich, in einer Institution zu leben und zu arbeiten, die für jedermann erkennbar schrumpft. In unserer Landeskirche wird das Befinden nicht weniger Mitarbeiterinnen und Mitarbeiter von Vergeblichkeitserfahrungen beeinflusst – wie mag es jemandem ergehen, der sich mit allen seinen Kräften und Begabungen dafür einsetzt, dass Menschen dem Evangelium begegnen, und doch erleben muss, dass die Gemeinde und die Kirche kleiner werden? Darüber kann sich ein Schatten auf die Seele legen, zumal es ja unmöglich ist, diese Prozesse zu ignorieren oder sich von ihrer Wirkmächtigkeit »abzukoppeln«. Man kann einfach nicht übersehen, dass der Gottesdienst »früher« besser besucht war, dass es mehr Konfirmanden und Christenlehrekinder gegeben hat, Traugottesdienste und Taufen häufiger zu halten waren … Der Eindruck, das eigene Bemühen sei vergeblich, ist für nicht wenige unter uns stark und belastend. Hinzu kommt, dass niemand den Reaktionen der Kirchenleitung auf diese Prozesse ausweichen kann. Über die letzten Jahrzehnte wurden Stellen abgebaut, ist der Radius um die Mitarbeiterinnen und Mitarbeiter stetig größer gezogen worden und ich werde nicht vergessen, wie mir zu

Beginn meines Dienstes ein aufgebrachter Kirchvorsteher in der Oberlausitz entgegenschleuderte: »Seit der Reformation haben wir unseren Pfarrer gehabt, jetzt kommen Sie und nehmen ihn uns weg.«

Ein Ende dieses steinigen Weges, den unsere Landeskirche geht, ist nicht in Sicht; und insofern ist es von höchster Bedeutung, dass wir uns nicht nur mit Strukturfragen beschäftigen, sondern darüber reden, wie wir geistlich mit der Situation umgehen; auch dazu ist mir ein Erlebnis ständig präsent, das sehr bezeichnend ist. Beim Pfarrertag 2006 habe ich im Zusammenhang des »Umgangs mit Versuchungen« die absehbaren Zahlen der Mitgliederentwicklung bis zum Jahr 2030 genannt. Daraufhin kam in der Mittagszeit ein emeritierter Amtsbruder zu mir und sagte sichtlich bewegt, »So dürfen Sie als Bischof nicht reden, Sie müssen doch Hoffnung machen ...« Aber es ist doch sehr die Frage, ob die Hoffnung, zu der wir berufen sind, sich mit Zahlen verbindet (vgl. Eph 1,18). Wegsehen jedenfalls nützt nicht, und schon gar nicht ist es hilfreich, wenn Leitungspersonen den Eindruck erwecken, sie wüssten nicht, wovon oder in welcher Situation sie reden. Geistlich leben heißt ganz bestimmt nicht, der Welt mit ihren Zumutungen zu entfliehen.[2] Paulus sagt den »Kindern des Lichts«, dass sie wachen und nüchtern sein sollen ... (1 Thess 5,6).

Darum will ich mich heute konzentriert dem Phänomen der Vergeblichkeit unseres Bemühens zuwenden; es spielt

---

[2] Übrigens müssen die Zahlen acht Jahre später nicht korrigiert werden.

in der Wirklichkeit unseres kirchlichen Lebens eben eine Rolle, wie auch Berufsmüdigkeit, Burnout, bei dem einen oder der anderen die dauernde Angst, nicht genug oder nicht das Richtige getan zu haben, und ein nicht abstellbares Gefühl des Ungenügens oder des Scheiterns. Verschweigen möchte ich nicht, dass mir gelegentlich – gottlob nicht häufig – eine geradezu habituell gewordene Haltung der Klage begegnet. Spätestens dann wird klar, dass es eine geistliche, eine spirituelle Frage ist, wie wir mit Erfahrungen der Vergeblichkeit umgehen. Ausweichen dürfen wir ihr nicht. Im Leben der Kirche sind die entscheidenden Fragen immer geistlicher Natur, es kann gar nicht anders sein in einer Gemeinschaft, deren Existenzgrund ein geistlicher ist. Anderes ist von vornherein und ganz grundsätzlich weniger bedeutsam, und dazu gehört auch die Anpassung der Strukturen, die uns so sehr in den letzten Jahren beschäftigt hat. Es ist nicht gut, wenn dieses schwierige und konfliktträchtige Unterfangen zu viel Aufmerksamkeit beansprucht und das geistliche Leben in den Hintergrund drängt.

Insofern versuche ich zunächst die Frage zu klären, welche Hilfen die geistliche Tradition unserer Konfession in dieser Situation bereitstellt, was die lutherische Spiritualität ausmacht. Ich beginne mit der Eigenart lutherischer Theologie spannungsreiche Beziehungen herzustellen und deren Pole voneinander zu unterscheiden und je in ihrer Bedeutung zu würdigen. Bezeichnend ist schon die Freiheitsschrift Martin Luthers, insofern dort eine Spannung beschrieben ist, die für jedes christliche Leben bedeutsam ist: »Ein Christenmensch ist ein freier Herr über alle Dinge und niemand untertan. Ein Christenmensch ist ein dienstbarer Knecht aller Dinge und jedermann untertan.« Damit ist sowohl in die eine wie in die andere Richtung Unaufgebbares gesagt – wir sind freigesprochen und doch mit letzter Verbindlichkeit an die Mitmenschen gewiesen. Beides muss gesagt werden, und darum kommt alles darauf an, das rechte Verhältnis der einen Aussage zu der anderen zu beschreiben. Schon in der Reformationszeit war sehr umstritten, wie sich diese »Dialektik« im Alltag des Lebens bewährt und was daraus zu folgen hat; die aufständischen Bauern beriefen sich auf Luthers Freiheitsbegriff, nach Meinung des Reformators aber zu Unrecht. Angesichts der Konfliktsituationen, in denen Freiheit und Verantwortung für (bzw. die Bindung an) den Nächsten kollidieren können, sind orientierende Kriterien für den rechten und angemessenen Gebrauch der Freiheit notwendig. Diese finden wir nicht nur in intellektueller Abwägung oder in theologischer Reflexion, sondern auch und insbesondere im geistlichen Leben. Der Gebrauch der Vernunft ist eine notwendige, aber nicht hinreichende Bedingung für das Leben in der Nachfolge; und erst im geistlichen Leben erschließt sich die Fülle der Gnade, mit der Gott uns beschenkt. Glaubend vertrauen wir uns dem Wirken des Heiligen Geistes an, und so erst dürfen wir darauf hoffen, nicht in die Irre zu gehen. »Ein Christ ist immer im Werden« und sein Gottes- und Weltverhältnis kann nicht statisch, sondern nur in Spannungen gedacht werden. Es ist nicht so, als gäbe es irgendwann einen Endpunkt, an dem wir einen gesicherten Zustand erreicht hätten, an dem ein für alle Mal unsere Gottesbeziehung geklärt wäre oder einen Ausdruck gefunden hätte, der dann dauerhaft Bestand hätte – das gilt noch für den Prozess des Sterbens. Wir befinden uns auf dem Weg der Nachfolge in einem immerwährenden dynamischen Geschehen, auch im Gottesverhältnis stehen Nähe und Distanz in einer Wechselbeziehung. Wir sind simul iustus und peccator, gerechtfertigt und zugleich Sünder; das meint, sich von Gottes Güte umfangen wissen zu dürfen – und doch zu sehen, dass die Sünde eine Realität ist, die nicht aus der Welt und auch nicht aus dem eigenen Leben zu schaffen ist. Die Formel beschreibt eine unauflösliche Spannung, die uns bis an das Ende begleitet, und wir werden ihr nur gerecht, indem wir geistlich leben. Den Arzt Christus brauchen wir darum jeden Tag aufs Neue.[3] Aus dieser Einsicht in das Wesen der christlichen Existenz ist in unserer Konfession eine reiche Tradition gewachsen.

Ich nenne acht Kennzeichen lutherischer Spiritualität.

1. Zunächst ist auf dem Weg der Nachfolge das Leben mit der *Bibel* wichtig, die stets erneuerte Konzentration auf das Gotteswort und das Bemühen um das rechte Verständnis. Wir lesen die Schrift in der Hoffnung, dass uns durch die Lektüre neue und überraschende Kenntnisse erwachsen, die eine vertiefte Sicht auf die Fülle der Wahrheit in Christus eröffnen. Wir lesen die Bibel in der zuversichtlichen Erwartung, in ihr der Anrede Gottes zu begegnen. Dabei wissen wir, dass es ein Geschenk ist, wenn wir die

---

[3]   Römerbrief Vorlesung 1515/16.

lebendige Stimme des Evangeliums hören; dieses Geschehen lässt sich weder herbeizwingen noch formalisieren. Aber das regelmäßige und dauerhafte Studium der biblischen Texte hilft, dass wir die Anrede Gottes nicht überhören und nicht nur das hören, was wir hören möchten. Die tägliche Lektüre von Losung und Lehrtext der Herrnhuter Brüdergemeine, der fortlaufenden Bibellese ist eine vielfach bewährte »Grundform«, ebenso wie das Gespräch mit Schwestern und Brüdern in Bibelstunde und Hauskreis.

2. Als zweites Merkmal geistlichen Lebens nenne ich das *Gebet*. Wir verstehen es als Gespräch mit Gott, in dem wir eine bestimmte Haltung einnehmen, die als ein wechselseitiges Hören und Sprechen zu verstehen ist. Hören setzt eine gewisse Empfangsbereitschaft voraus. Sprechen ist nur sinnvoll, wenn von der Hörfähigkeit des Gegenübers ausgegangen wird. Wir meinen nicht ein Kreisen um sich selbst unter dem Vorzeichen der Meditation, und es geht auch nicht um den Versuch, durch bestimmte Techniken zu einer vertieften Erkenntnis zu finden – wiewohl das etwas Wertvolles sein kann und Elemente davon sich auch in der christlichen Gebetspraxis finden. So können die Stille Zeit (als eine Gebetsform) oder das Herzensgebet sicherlich mit dem Begriff Meditation bezeichnet werden. Wichtig ist die Erfahrung, dass solche Formen das biblische Verständnis des Gebetes stützen und helfen, Gott als Gegenüber anzureden, sich für seine Gegenwart zu öffnen und auf seine Anrede zu hören. So wird das Vertrauen gestärkt, dass unsere Gebete nicht ungehört bleiben.

3. Ich kann mir nicht vorstellen, dass es ein geistliches Leben gibt ohne Beteiligung an der Feier des Sonntags, und jeder Christenmensch sollte sich darauf beziehen, dass der *Gottesdienst* von allem Anfang an und bis heute in allen Konfessionen im Mittelpunkt des Lebens der Gemeinde und der Kirche steht. Ich empfinde es als ein Privileg des Bischofsamtes, dass ich so viele Gottesdienste mit großen, festlich gestimmten Gemeinden feiern durfte und teile die Freude des Psalmisten »Zu schauen die schönen Gottesdienste des Herrn« (Ps 27,41); ohne dass ich darüber die »kleinen« Gottesdienste vergessen könnte, die ich bekümmert verlassen habe. Aber auch dann gab es doch immer ein anrührendes Wort, einen Moment des Trostes, einen Liedvers, eine Tonfolge; und es ist durch Erfahrung gestützte Überzeugung, dass im Gottesdienst Segen empfangen werden kann – wie auch immer die Umstände sind. Das Kirchenjahr entfaltet den Reichtum des Bekenntnisses durch die Auswahl der Texte und Lieder und wird zum unaufdringlichen Curriculum des Glaubens. Die Predigt steht unverändert im Mittelpunkt des gottesdienstlichen Geschehens und ist darum aller Aufmerksamkeit und Mühen wert; zugleich sehen wir die Notwendigkeit der achtsamen liturgischen Gestaltung. Denn wir wissen ja, dass die Gottesbeziehung sich in leibhaften, konkreten Formen vollzieht. Und insofern ist es ein hoffnungsvolles Zeichen, dass sich in den letzten Jahrzehnten eine erneuerte Abendmahlsfrömmigkeit entwickelt hat, zu der auch das Abendmahl mit Kindern gehört. Gemeinsam an den Tisch des Herrn zu treten, ist Ausdruck einer Gemeinschaft, die uns vorausgeht; die nicht erst hergestellt werden muss, weil wir zu ihr berufen sind.

4. Wer mit der Bibel und aus dem Gebet lebt und den Sonntag heiligt, wird an sich selbst beobachten können, dass beides nicht ohne Folgen bleibt, sondern die Sicht auf die eigene Person verändert und die Bedeutung der Gottesbeziehung für das eigene Leben stärkt – nicht von einem Tag auf den anderen, aber doch im Lauf der Zeit unzweideutig wahrnehmbar. Geistlich zu leben prägt den Menschen, verschiebt die Wahrnehmung der Dinge und deren Bedeutung und schafft insofern eine eigene Wirklichkeit. Es entsteht eine bestimmte Sicht auf das Menschenleben, die nicht nur von der normativen Kraft des Vorfindlichen bestimmt ist, sondern ebenso von der Gegenwart Gottes. Ich darf mich vergewissern, dass ich durch die Taufe Gemeinschaft mit Gott habe, und dieses Faktum bestimmt die Weltsicht und schafft eine belastbare Grundlage für das Leben. Insofern ist es eine verkürzte Betrachtungsweise, wenn man vom »Sakrament des Zugangs« spricht – denn es geht ja nicht nur um ein punktuelles Ereignis am Anfang des Christenlebens, sondern um den Zuspruch der Gnade, auf den ich mich in allen Wechselfällen des Lebens beziehen darf. Für Martin Luther war seine Taufe gerade in Zeiten der Anfechtung ein Faktum, auf das er sich immer wieder berufen hat – »Baptistus sum«, ich bin getauft. Darum ist es ein Segen, dass die *Tauferinnerung* im Leben unserer Landeskirche über die letzten Jahre hinweg kontinuierlich an Bedeutung gewonnen hat; und es ist hilfreich, dass die VELKD eine Agende dazu erstellt hat.

5. Die *Beichte* hat in den letzten Jahrzehnten einen Niedergang erlebt, und es ist keine Entlastung, dass dies nicht nur für unsere Konfession gilt. Das Beichtgebet und mit ihm der Gedanke, dass Buße etwas Nötiges und Sinnvolles sei, steht quer zu dem Lebensgefühl unserer Zeit, das weithin von einem unreflektierten Autonomiebegriff bestimmt ist. In den evangelischen Gottesdiensten in Deutschland ist es wohl eher eine seltene Ausnahme, wenn Beichte gehalten und Absolution empfangen wird. Aber das ist eine bedauerliche Verkürzung; der Heilandsruf zur Buße hat sich ja nicht erledigt. In Luthers Abendgebet heißt es nach dem Dank für die erfahrene Bewahrung »... und bitte dich, du wollest mir vergeben alle meine Sünde, wo ich Unrecht getan habe ...«. Die Bitte kann im Rückblick auf den Tag zum Trost werden – denn ich habe ja etwas getan; an manchen Tagen mehr, an anderen weniger. Das meiste, ohne groß darüber nachzudenken; vieles nach bestem Wissen und Gewissen; manches mit einem unguten Gefühl. Einiges wird falsch gewesen sein; und manchmal holen meine Fehler mich ein. Es kommt auch vor, dass ich mich vor mir selbst schäme. Ich bitte um Vergebung, und einen Grund für diese Bitte gibt es jeden Tag; und dementsprechend sind das Schuldbekenntnis und die Lossprechung im Gottesdienst oder in der Seelsorge eine Stärkung und ein Trost für die Seele.

6. Ein geistliches Leben kann kein Christenmensch für sich allein führen, das Leben in der Nachfolge ist angewiesen auf die Gemeinde. Als Gläubige sind wir immer Teil einer *Gemeinschaft* von Schwestern und Brüdern; auch das ist ein bedeutender Unterschied zu anderen religiösen

Wegen. Wir sehen es so, dass keiner von uns sich selbst genug und niemand in der Lage ist, den ganzen Reichtum des Glaubens zu verstehen, und dementsprechend baut sich die lutherische Kirche »von unten«, aus den Gemeinden heraus, auf. Wir brauchen den Austausch mit den Glaubensgeschwistern im Sinne einer Vergewisserung, wir bedürfen der Beiträge der anderen, um uns in der verwirrenden Wirklichkeit der Gegenwart zu orientieren. Ein Christsein außerhalb der einen heiligen Kirche Jesu Christi kann es nicht geben, und darum begründet jede Taufe die Gliedschaft in einer Kirche. Umgekehrt gilt – wer sich von der Kirche trennt, trennt sich von dem Kraftstrom des Lebens in der Nachfolge Jesu. Die Ausdrucksformen der Trennung sind vielfältig, sie reichen von dem Nichthören-Wollen auf die abweichende Meinung der Schwestern und Brüder (sie nicht teilen können ist etwas anderes und gar nicht so selten der Gemeinschaft förderlich), bis hin zur formellen Erklärung vor einer staatlichen Instanz. Gerade in einer belastenden Situation, wie es die einer schrumpfenden Gemeinschaft ist, besitzt die Pflege der Gemeinschaft eine besondere geistliche Bedeutung. Es ist nicht gut, wenn unter Pfarrern gesagt wird: »Der Konvent gibt mir nichts.« Das kann im »eigentlichen«, geistlichen Sinn nicht sein – wenn es auch schwierig sein mag mit den unterschiedlichen Charakteren, Prägungen, Lebensaltern.

7. Den Beitrag der *Musik* für das geistliche Leben wird in der lutherischen Kirche hoffentlich niemand unterschätzen. Die Reformation war von Anfang an eine singende Bewegung; und es ist überaus bezeichnend, dass in der Kir-

che des Wortes, als die unsere Konfession wegen des Grundsatzes »sola scriptura«[4] sicherlich zu Recht bezeichnet wird, die Musik zu einer solchen Entfaltung gefunden hat. Auch hier hat ein Rückbezug auf die Bibel am Anfang gestanden, indem der Psalter als Liedbuch wiederentdeckt wurde und die Gemeinde begonnen hat, zu singen. »… dankbare Lieder sind Weihrauch und Widder«, sagt Paul Gerhard (vgl. EG 449, 3) und oft empfinden wir es so, dass in Lied und Melodie klarer und tiefer zum Ausdruck kommt, was zu sagen schwerfallen würde oder gar ganz unmöglich ist. Wie sehr die lutherische Spiritualität mit dem Gemeindegesang verbunden ist, und welcher kulturelle Grenzen überwindende Schatz uns damit gegeben ist, habe ich eindrucksvoll bei der Tansaniareise mit der Leipziger Mission empfunden – dort singen die Schwestern und Brüder hingebungsvoll »unsere« Lieder; und der sprachliche Abstand zum Kisuaheli verliert im Gottesdienst völlig seine Bedeutung.

8. Zuletzt nenne ich eine geistliche Dimension, über die nur wenig und selten geredet wird, das ist die *Übung*. Das ist eigentlich merkwürdig, denn Übung wird gebraucht für alles, was in einem Menschenleben Bedeutung haben soll. Es geht schon beim Spracherwerb los; seit langem gibt es wissenschaftliche Beobachtungen zu den erschütternden Folgen, die es hat, wenn Eltern mit ihren Kindern zu we-

---

[4] Rechtfertigung und Freiheit. 500 Jahre Reformation 2017. Ein Grundlagentext des Rates der EKD, Hannover 2014, entfaltet das »solo verbo« explizit.

nig sprechen und somit dem Kind die Möglichkeit vorenthalten, sich in der Sprache zu üben. (Leider steigt die Zahl der Kinder, die diesen Mangel erfahren.) In der Schule setzt die Beherrschung eines jeden Gegenstandes oder Stoffes Übung voraus, und Gleiches gilt für berufliche Fertigkeiten, in welchem Metier auch immer. Eine gewisse Zuspitzung bietet dann der Sport, in dem die Trainingsumfänge der Leistungsspitze oftmals einen Umfang haben, der erschrecken lässt. Aber wenn es um Perfektion geht, ist es wohl unvermeidlich, dass hinter dem Streben danach andere Lebensbereiche zurücktreten. Der Hinweis auf den Spitzensport ist hilfreich, um eine fundamentale Differenz zu verdeutlichen – das geistliche Leben ist eine Absage an das Leistungsprinzip. Wollte man einen Gegenbegriff zu »Spiritualität« suchen, so würde der »Funktionalität« lauten. Geistliches Leben ist immer in einem gewissen Sinn absichtslos; es wird nicht einer Funktion zugeordnet und zielt nicht auf das Erbringen einer Leistung, hat schon gar nichts mit der Absicht zu tun, sich ein »Verdienst« vor Gott erwerben zu wollen. Insofern sind die Gestaltungselemente der lutherischen Spiritualität nicht zu verstehen als ein Katalog, der mit dem Anspruch der Vollständigkeit »abgearbeitet« werden müsste; und ich gestehe, dass mir in den zurückliegenden Lebensabschnitten niemals alle Ausdrucksformen zugleich und gleichermaßen bedeutsam waren. Das ist auch heute nicht so, manches gewinnt in spannungsreichen Situationen oder gar in Lebenskrisen erst seine Bedeutung, gottlob. Anderes mag darüber seine Selbstverständlichkeit unbemerkt einbüßen; und eines Tages bemerkt man dann erst, dass da etwas fehlt. Lebensgesättigte Erfahrung ist jedenfalls, dass die Begegnung mit Gott der Einstimmung und Vorbereitung bedarf, und dazu hilft zuallererst die Wiederholung. Darum: Bibellese, Gebet, Gottesdienst, Tauferinnerung, Beichte, Kirchenmusik und gemeinsames Leben entfalten den Segen, der darauf liegt durch regelmäßige Übung. Zugespitzt könnte man sagen, dass für uns das geistliche Leben als solches eine Einübung in das Leben mit Gott ist, das im Alltag der Welt bewährt sein will. Dazu will die lutherische Spiritualität anleiten.

Es ist eine reiche geistliche Tradition, in der wir stehen. Sie ist gewachsen in der Überzeugung, dass vom geistlichen Leben eine ganz eigene Kraft ausgeht, die ihre Wirkung im Leben eines jeden und einer jeden entfaltet und darum der ganzen Kirche hilft. Der Heilige Geist kann und will den Gläubigen helfen, wie auch immer die Dinge liegen und die Situation beschaffen ist. Ob Steine den Weg hindern, Lasten zu tragen, oder aber Feste zu gestalten sind – der Geist ist eine Hilfe, die uns gegeben ist, nicht in Überschwang zu verfallen, wenn die Dinge sich leicht anfühlen und hell scheinen, und den Blick auf Christus zu richten, wenn wir in Bedrängnissen leben. Luther hat einmal gesagt, dass Gott beider Feind ist, der Vermessenheit und der Verzweiflung. Der Geist hilft unserer Schwachheit auf, sagt Paulus im Römerbrief (Röm 8,26) und Johann Sebastian Bach hat dieser im Geist zu ergreifenden Wahrheit einen überzeitlichen Ausdruck verliehen in der Motette BWV 226. Für unsere Landeskirche ist es ein sprechendes Zeichen, dass wir im nächsten Jahr die Leipziger Universitätskirche St. Pauli, in der sie erstmals (1729) aufgeführt wurde, wieder werden in den Dienst nehmen können. Auch in einer kleiner werdenden Kirche geschieht Großes!

Der Geist hilft, indem er das Umsonst der Gnade in den Vordergrund rückt. Wer geistlich lebt, wird absichtslos den Blick auf Christus richten, nicht rechnend auf Erfolg und Lohn; nicht auf Erden, nicht im Himmel. »Lass dir an meiner Gnade genügen ... meine Kraft ist in den Schwachen mächtig« (2Kor 12,9). Es ist der Segen, der dem geistlichen Leben verheißen ist, dass er die Sicht und die Haltung des Menschen verändert und so auch die Kirche, der er angehört. Darauf dürfen wir hoffen gerade in der konkreten Situation unserer Landeskirche – in Kenntnis der Situation und im Wissen um die Veränderungen der Mitgliedschaftszahlen vertrauen wir auf den Geist, der uns stärkt im Glauben, so dass wir nicht der Versuchung erliegen, zu resignieren. Es ist ganz und gar nicht vergeblich, dass wir Christus bezeugen auf dem Weg der Nachfolge. Was wir tun, befehlen wir Gott an, und wollen derweil fröhlich in Hoffnung, geduldig in Trübsal sein und anhalten am Gebet (Röm 12,12). Geistlich stark und lebendig kann eine Kirche unabhängig von ihrer Größe sein und unabhängig von dem Weg, den sie geführt wird.

Einer Frage will ich nicht ausgewichen sein; nämlich der nach dem Warum. Was will Gott uns damit sagen, dass wir kleiner werden und schwächer? Warum ist es so?

Das ist eine schwere Frage, mit der man sich an die Bibel wenden kann und soll, denn schon immer gab es für das mit seinem Herrn durch die Zeit wandernde Gottesvolk notvolle oder belastende Situationen, in denen sich diese Frage stellte. Wenn ich richtig sehe, lassen sich in der Schrift mehrere Deutungen finden, die darauf eine Antwort geben können und helfen, mit dem Warum umgehen zu können.

Im Alten Testament gibt es eine Linie, die Schwäche als das Gegenteil von Segen sieht, also der Wirkung eines *Fluches* zuordnet. Das Schicksal des Esau in 1 Mose 27 ist bezeichnend – den Segen erschleichen sich Rebekka und Jakob, und dem betrogenen Esau wird gesagt, dass er »wohnen wird ohne Fettigkeit der Erde und ohne Tau des Himmels von oben her« (V. 39). Dem Geschlagenen bleibt nur Bitternis »er wurde über die Maßen sehr betrübt« (V. 34). Das Gottesvolk, mit dem der Herr einen Bund geschlossen hat, wird durch die Geschichte hindurch immer wieder geschlagen, bis hin zur Zerstörung des Tempels und der Verschleppung in das babylonische Exil – die Könige taten, »was dem Herrn missfiel, wie sein Vater getan hatte« (2 Kön 23,32.37 oder 24,9). Die Schläge, die Israel hinnehmen muss, sind Folge des Abfalls, des Ungehorsams gegen das Gesetz.

Damit ist aber nicht alles gesagt. Wenn auch das Gottesvolk an Kräften verliert, kleiner und schwächer wird – so kann dies in einer Hoffnungsperspektive doch als *Reinigung* erscheinen, die erst eine heilvolle Zukunft eröffnet. Denn aus dem verbliebenen Rest – »ein heiliger Same« – wird Neues und Großes erwachsen (vgl. Jes 10,21 f.). Bei Hos 2,16 heißt es, dass Gott das Volk »in die Wüste schickt«, um dort aufs Neue mit ihm zu beginnen. In diesem Zusammenhang gehört auch die Schwäche, die eine Folge der freiwilligen, selbstgewählten Askese ist, durch den Verzicht auf materielle Güter und Sicherheiten die Hinwendung zu Gott fördern will und sein Wohlgefallen findet.

Mit Hiob, der leiden muss und sein Ergehen nicht anders verstehen kann denn als Strafe, eröffnet sich nochmals eine andere Deutungsperspektive. Sie weist weit über den schlichten Zusammenhang von Tun und Ergehen hinaus, denn es ist nicht so, als könnte man an der Situation eines Menschen ohne Weiteres ablesen, was er getan hat oder schuldig geblieben ist. Vielmehr wird für den Gerechten die Not zu einer *Versuchung*, die den Glauben auf die Probe stellt mit dem Ziel, ihn zu festigen und zu stärken. »Der Gerechte muss viel erleiden« heißt es in Ps 34,20; der Gerechte, nicht der Sünder; und tröstend fährt der Psalmist fort »aber aus alledem hilft ihm der Herr«. Damit ist eine weitere Sicht zu erkennen, nach der gerade die Treue zu Gott in Krisen führt und Leid wie Schwäche geradezu als Dimensionen der Nachfolge zu verstehen ist.

Diese Deutung findet sich auch im Neuen Testament; und es ist eindrücklich, wie die Veränderung der Sichtweisen beschrieben wird. Noch die Jünger, die Jesus nach dem Schicksal des Blindgeborenen (Joh 9) fragen, gehen ganz selbstverständlich davon aus, dass der Grund für die Behinderung in menschlicher Schuld zu suchen ist. Ganz ähnlich sieht man auf den Unfalltod; aber Nein, sagt Jesus, die von dem zusammenstürzenden Turm erschlagen wurden, waren nicht schuldiger als andere, die verschont blieben. (Lk 9,4 f.) Nun gilt anderes – wer Jesus nachfolgen will, muss bereit sein, das – sein! – *Kreuz* auf sich zu nehmen. Denn in der Nachfolge kommt es nur auf eins an: Vertrauen auf Gott; und daneben oder dahinter verblasst die Bedeutung all der Dinge, die im alltäglichen Leben der Christenmenschen ihre Bedeutung haben, auch Stärke, auch Schwäche. Billig allerdings ist die Gnade nicht und der Ruf des Herrn zur Buße darf nicht als eine unverbindliche Anregung missverstanden werden. Insofern sind wir an dieser Stelle gefragt – dürfen wir nach dem Maß unserer Erkenntnis annehmen, dass wir in der *Nachfolge* gehorsam sind? Daran entscheidet sich vieles, wenn nicht gar alles.

Nochmals – warum unsere Kirche diesen Weg der Schwächung geht? Vielleicht ist das eine der »unbeantwortbaren Fragen«[5], ganz bestimmt aber eine Frage, die zur Demut anleitet. Ich gestehe, dass ich seit vielen Jahren darüber nachdenke und nicht zu einer eindeutigen Antwort gekommen bin. Vor einiger Zeit, beim Abstauben des Bücherregals, ist mir ein Bericht in die Hände gefallen, den ich Ende der 1980er Jahre nach einem Besuch im Vernichtungslager Auschwitz verfasst hatte; damals war ich sehr in der Versöhnungsarbeit der evangelischen Jugend engagiert. In diesem Bericht habe ich einen Zusammenhang hergestellt zwischen dem Versagen unserer Kirche angesichts der Vernichtung der Juden und der heutigen Schwäche unserer Kirche; sie als Strafe Gottes für begangenes Unrecht und mangelnde Bereitschaft zur Buße gedeutet. Heute bin ich mir nicht mehr so sicher, ob es so ist, wie ich es damals formuliert habe; und sehe die »Theologie nach Auschwitz« eher als ein eigenes und unabgeschlossenes Kapitel an und das kann vielleicht auch nicht

---

[5]   So Joachim Fest.

anders sein. Jedenfalls hat sich über die Jahre die Richtung meines Fragens nach den Gründen für den Weg der Kirche und darüber hinaus des christlichen Glaubens in Europa verändert. Denn es ist ja nicht so, dass die anderen Kirchen in grundsätzlich anderen Herausforderungen stünden als die unsere; auch die römisch-katholische Kirche und die Freikirchen erleben Ähnliches. Heute meine ich, dass es wohl weniger darauf ankommt, eine »befriedigende« Antwort zu finden, in dem Sinne, dass man sich auf festem Boden wissen könnte. Wer geistlich lebt und weiß, was Buße ist, wird ja etwas davon verstanden haben, dass die eigene Einsicht wie alle menschlichen Fähigkeiten begrenzt ist. Letzten Endes ist es wohl gar nicht möglich, eine erschöpfende und insofern »richtige« Antwort zu finden. Wichtiger ist wohl etwas anderes – nämlich wie wir in Verantwortung vor Gott unserem Verkündigungsauftrag nachkommen können. Das biblische Zeugnis sagt jedenfalls, dass ärmer und kleiner werden keine Strafe sein muss, sondern eine Form der Nachfolge Christi sein kann, die in der Geschichte Gottes mit den Menschen zu allen Zeiten ihren Platz hatte. Warum sollte es nicht auch hier und heute so sein? Auffällig und für unsere Frage bedeutsam ist ja nicht zuletzt, dass Jesus das kommende Gottesreich zu den kleinen, nur mit Mühe wahrzunehmenden Dingen in Beziehung setzt, Senfkorn, Sauerteig, Salz. Die Frage nach dem »Warum« beantworten wir, indem wir den Blick auf Christus richten, der uns entgegenkommt (vgl. EG 395, 3) und das ist nur möglich dem, der geistlich lebt und allein auf seine Gnade vertraut.

Liebe Schwestern und Brüder, unsere Aufgabe ist es, die Landeskirche in Verantwortung vor ihrem Herrn und gebunden an Schrift und Bekenntnis zu leiten; und das meint ja, die Entscheidungen zu treffen, die nach dem Maß unserer Erkenntnis und Möglichkeiten nötig sind, damit sie die Frohe Botschaft ausrichten kann an »alles Volk« (Barmen VI). Vieles daran ist durchaus weltlicher Natur, so der Umgang mit dem Geld, der Ausgleich von unterschiedlichen Meinungen und Prägungen, das Schaffen von Freiräumen für die Begabungen von Schwestern und Brüdern, die angemessenen Strukturen für ihren Dienst in den jeweiligen Arbeitsfeldern. Das braucht Sachkunde, Erfahrung, einen nüchternen Verstand und manches mehr. Zuerst aber und vor allem geht es um die geistlichen Fragen. Mit Bonhoeffer gesagt – es geht nicht um das Vorletzte, sondern um das Letzte: Gottes Gnade in Jesus Christus.

Axel Noack verdanken wir die Einsicht, dass es in unserer Situation darauf ankomme, »Fröhlich kleiner zu werden und wachsen zu wollen«. Das ist gut gesagt, denn es bringt die Erkenntnis auf den Punkt, dass diese Situation die ist, in die wir nach Gottes Willen gestellt sind und dass es geistliche Hilfen gibt, sie zu bestehen. Also wollen wir in allem gelassen, dankbar und fröhlich Gott die Ehre geben. Paulus sagt es so: »Wachset in der Gnade und Erkenntnis unseres Herrn und Heilands Jesus Christus« (2Petr 3,18). Das ist jeder Zeit gesagt und zu allen Zeiten für alle Christenmenschen gleichermaßen gültig – und möglich. Wir hoffen!

Die Kirche und das Phänomen PEGIDA
Stellungnahme zu den »Montagsspaziergängen«
Pastoralbrief, Februar 2015

Liebe Schwestern und Brüder,

an einen ebenso erregten Jahreswechsel wie diesen kann ich mich nicht erinnern. Die Advents- und Weihnachtszeit waren durchgängig bestimmt von Diskussionen über »PEGIDA«, es gab unentwegt Demonstrationen und Kundgebungen, politische Leidenschaften in nahezu jedem Gespräch. Der Eindruck wurde unabweisbar, dass Risse die Stadt und das Land durchziehen. Aus Familien, Nachbarschaften und Kirchgemeinden war zu hören, wie weit die Meinungen auseinandergehen. Die Atmosphäre in Dresden hatte sich über die Wochen hin deutlich wahrnehmbar verändert und ist von Gereiztheit bestimmt. Erschreckend ist, dass Bürgerinnen und Bürger, die aufgrund ihres Aussehens oder ihrer Sprache als Fremde bzw. Zugereiste zu erkennen sind, von Feindseligkeiten berichteten, von Übergriffen und Gehässigkeiten, die sie noch vor Kurzem nicht einmal für denkbar gehalten hätten. Auch ich habe mich dann und wann gefragt, ob es real ist, was mir begegnete … inzwischen ist es ruhiger geworden und insofern möchte ich versuchen, mich dem Phänomen anzunähern.

Am Anfang der sogenannten »Montagsspaziergänge« war die Überraschung groß, dass eine kleine Gruppe von Unbekannten Woche für Woche Zulauf erhielt und zu einer Schar anwuchs. Das hatte niemand kommen sehen, und es schien zunächst unerklärlich. Tatsächlich hat es Vergleichbares – dass bis zu 25.000 Menschen zu einer politischen Kundgebung zusammenkommen – seit der Friedlichen Revolution nicht mehr gegeben. Noch der Landtagswahlkampf im zurückliegenden Sommer war ereignislos-milde verlaufen, und die Parteiveranstaltungen wurden nur von (teilweise beschämend) wenigen Bürgerinnen und Bürgern besucht. Die Parteien sind schon seit Langem nicht mehr in der Lage, zu Veranstaltungen dieser Größenordnung zu mobilisieren, und das gilt für die Bundesrepublik insgesamt. Insofern waren die Montagabende etwas höchst Bemerkenswertes und es fiel nicht ganz leicht, sich darauf einen Reim zu machen – woher kommt das, was bedeutet es, und was wird es bewirken? Relativ schnell war dann klar, dass einiges durchaus bekannte Züge trug. In Sachsen gibt es schon seit Langem (bereits in der DDR) rechtsextreme Zusammenschlüsse, in denen neonazistisches Gedankengut als politische Handlungsanweisung benutzt wird. Über zehn Jahre hat die NPD im Sächsischen Landtag gesessen, und die staatliche Wahlkampfkostenerstattung hatte es ihr ermöglicht, dauerhafte Strukturen aufzubauen. Mit dem Wahlergebnis von 4,9 % ist dieses Element der politischen »Kultur« selbstverständlich nicht verschwunden. Insofern konnte es nicht überraschen, dass bekannte Neonazis und deren Gefolge bei PEGIDA gesehen wurden. Eher unerwartet kam die Beteiligung einiger hundert Hooligans von Dynamo Dresden, die schon immer als besonders gewaltbereit und zugleich in Teilen als rechtsextrem gelten. Unlängst hat der Bundesgerichtshof einige Angeklagte als »kriminelle Vereinigung« eingeordnet. Noch bevor die Medien PEGIDA wahrgenommen hatten, gingen in der Bischofskanzlei Briefe und E-Mails von Bürgerinnen und Bürgern, Gemeindegliedern ein, die von ihren Sorgen bezüglich gesellschaftlicher Entwicklungen sprachen, sich als Unterstützer von PEGIDA und eher als Repräsentanten der »Mitte der Gesellschaft« (falls es sie noch gibt) bezeichnen: Lehrer, Ärzte, Anwälte, Ingenieure. Später ergaben Stichproben der TU Dresden, dass ein großer Teil der Demonstranten durchaus dem bürgerlichem Umfeld entstammt, Funktionsträger mittleren Alters, die eher überdurchschnittliche Einkommen erzielen. Es war eine unübersichtliche Situation – Menschen, mit denen unbedingt über ihre Besorgnisse geredet werden muss, an der Seite anderer, mit denen das Gespräch keinen Sinn macht oder sogar unangemessen wäre. So völlig verschiedene Personengruppen bei ein und derselben Veranstaltung, und dann noch unter einer Überschrift, die eine Gefahr unterstellt, von der in Sachsen und Dresden ernsthaft keine Rede sein kann: »Islamisierung«. Es war wahrhaftig nicht leicht, sich darauf einen Reim zu machen und extrem schwierig, in einer Weise Stellung zu beziehen, die sowohl den einen als auch den anderen gerecht wird, und das unter medialen Bedingungen, die auf Zuspitzung zielen und für differenzierte Äußerungen kaum Platz lassen. Nicht zuletzt wurde die Situation in Dresden durch das aggressiv-konfrontative Handeln von linksradikalen »Autonomen« kompliziert, die Gewalt als Mittel der politischen Auseinandersetzung verstehen und zu denen die Kirche größtmögliche Distanz halten muss, so dass sich die Beteiligung an deren Aktivitäten in jedem Fall verbietet. (Das gilt übrigens für Leipzig nochmals verstärkt.)

Der politische Betrieb in Berlin, als er dann die befremdlichen Dresdner Ereignisse zur Kenntnis nahm, legte auf Differenzierungen allerdings gar keinen Wert. »Abschaum«, »Mischpoke«, »Schande für Deutschland« – es ging ausschließlich darum, scharfe Ablehnung zu äußern, die von den Medien entsprechend verstärkt wurde und so die Stimmung erst richtig anfachte. Die Reaktionen aus Berlin gaben PEGIDA massiven Rückenwind. Aus vielen Zuschriften von formal durchaus gebildeten Personen war mir zu diesem Zeitpunkt bereits klar, dass es weniger um »Islamisierung« ging (das blieb stets in einer argumentativen Grauzone), sondern eher um gescheiterte Integration, den islamistischen Terrorismus und um eine Fülle weiterer Probleme. Nach einem Erfahrungsaustausch mit anderen Empfängern von Zuschriften kann ich sagen, dass sehr verschiedene Themenbereiche eine große Rolle spielen. Da ist zunächst das Verhältnis derer an der gesellschaftlichen Basis zu denen »in der Politik«, also eine als arrogant empfundene Distanz der Mächtigen zu den »kleinen Leuten« und ihren Sorgen, die zu einer geradezu schockierenden Politikerverachtung führt. Hinzu kommt die Klage, dass in den Jahren der Globalisierung die soziale Situation sich verschärft habe, Armut und Reichtum sich beziehungslos auseinanderentwickeln und die Ökonomisierung des Sozialen Menschen aus dem Sozialstaat ausschließe. Häufig wurde die Sanktionspolitik der EU gegenüber Russland kritisiert und die Beendigung der Waffenexporte gefordert, weil sie die Krisenregionen zusätzlich destabilisieren. Ein weiterer Schwerpunkt war der Missbrauch des Asylrechts, der durch niedrige Anerkennungsquoten dokumentiert werde, aber in nur wenigen Fällen Rückführung nach sich ziehe (teilweise ergänzt durch eigene Kenntnisse über die Situation in den Herkunftsländern); und nicht zuletzt der Umgang des Staates mit der von ihm selbst bestimmten Rechtsordnung, hier wurden häufig die Verstöße gegen die Verträge von Maastricht genannt. Auffallend ist, dass es sich um »rechte« wie auch um »linke« Themen handelt, die jeweils im etablierten Politikbetrieb durchaus kontrovers diskutiert werden.

Als Empfänger der Zuschriften steht man unter dem Eindruck einer politischen Unbildung, die geradezu erschauern lässt. Vielen der Briefschreiber ist völlig unklar, wie das politische System der Bundesrepublik funktioniert, welche Aufgaben die einzelnen Organe des Staates in ihrem Zusammenwirken haben und welche Bedeutung der Kompromiss in der Demokratie haben muss. Offenkundig ist auch, dass viele Bürgerinnen und Bürger schon seit geraumer Zeit nicht mehr zu den Wahlen gehen; in dieser Hinsicht wird man die PEGIDA-Demonstrationen als eine politische Beteiligungsform derer verstehen können, die mit der repräsentativen Demokratie nichts anzufangen wissen – ein Alarmzeichen.

Damit komme ich zu den Gründen. Was die Frage des Umgangs mit der Verschiedenheit und den Fremden angeht, so kommt die Tatsache in den Blick, dass es in der DDR nur wenige Ausländer gab und diese von der Teilhabe am gesellschaftlichen Leben weitgehend ausgeschlossen, mindestens aber isoliert waren. Zudem hat es in Ostdeutschland keine Auseinandersetzung mit der nationalsozialistischen Vergangenheit Deutschlands gegeben. Denn die DDR-Geschichtspolitik folgte der Vorgabe, dass der Faschismus nach 1945 seinen Ort im Westen gefunden habe, der Arbeiter- und Bauernstaat die »guten« und aufklärerischen Traditionen vertrete und dass es in diesem keine Nazis gebe. Für eine gesellschaftliche Auseinandersetzung mit der Nazivergangenheit gab es demzufolge keine Notwendigkeit, die Dinge hatten als geklärt zu gelten. Diese gewissermaßen »offizielle« Sichtweise hat dazu geführt, dass auch in den Familien kaum diskutiert wurde, was die Väter (und Mütter) in den Kriegs- und Vorkriegszeiten erlebt und getan hatten; das Fehlen einer gesellschaftlichen Debatte beeinflusste auch den privaten Umgang mit den Lebensgeschichten. Nach 1990 dann kam es zu einer tiefgehenden Umwälzung der Lebensverhältnisse, die vordrängende und keinen Aufschub duldende Fragen stellte, so dass für die Bewertung der Nazizeit kaum Raum war. Um in den neuen Verhältnissen anzukommen, war anderes wichtiger. Insofern wissen viele Menschen nicht, dass bestimmte Denkformen in der deutschen Geschichte bereits wirkmächtig geworden sind und mit welchen Folgen.

Ein zweiter Erklärungsversuch bezieht sich auf die ausgeprägte Institutionenschwäche, die für Ostdeutschland signifikant ist. Die DDR war ein Staat mit starren Institutionen, auf die es keinen bürgerschaftlichen Einfluss gab, und insofern ging es nach 1990 darum, sich von ihnen zu befreien. Das gelang, aber geblieben sind weithin Leerstellen. Nicht nur die Kirchen haben viele Menschen verloren, auch alle anderen gesellschaftlichen Institutionen vermögen es nur unzureichend, Menschen zu binden. Die Parteien in Sachsen haben bestürzend wenige Mitglieder, wie auch die Gewerkschaften. Die mächtige IG Metall musste 2003 die Erfahrung machen, dass ein Metallarbeiterstreik in Sachsen zusammenbrach. Die großen überregionalen Tageszeitungen werden nicht gelesen, den Innungen gehören nur wenige Handwerksbetriebe an, die Familienformen sind zerbrechlich, mehr als zwei Drittel der Kinder werden nichtehelich geboren. Insofern war es durchaus bezeichnend, dass bei PEGIDA gegen den öffentlich-rechtlichen Rundfunk agitiert wurde – warum soll jemand, der das Privatfernsehen bevorzugt, Gebühren an die GEZ zahlen? Vielen Bürgerinnen und Bürgern fehlt jedes Verständnis für die unentbehrliche Funktion der Institutionen, das Überindividuell-Gemeinschaftsstiftende zu gestalten und zu stärken.

In Dresden hat sich aus all dem eine Bewegung aufgebaut, die der Frustration an den politischen Verhältnissen Ausdruck verlieh. Auf andere Städte war das aus vielen Gründen nicht übertragbar, schon in Leipzig war die Konstellation bei der ersten LEGIDA-Demonstration eine völlig andere. Nun hat PEGIDA sich gespalten und es könnte sein, dass der verbleibende Teil sich radikalisiert und die von Beginn an vorhandenen rechtsextremen Züge verstärkt. Die beschriebenen Probleme aber haben sich nicht erledigt, und darum wird nun sehr viel darauf ankommen, mit den Gesprächsfähigen und -willigen zu reden, politische Bildungsarbeit zu betreiben. Das ist nicht zuerst unsere Aufgabe als Kirche, einen Beitrag aber können und sollten wir leisten. Denn wir bejahen den Staat des Grundgesetzes, und so nutze ich die Gelegenheit, allen Pfarrerinnen und Pfarrern und Kirchenvorständen zu danken, die sich bereits im Gespräch engagieren und damit in der erregten Atmosphäre des Jahreswechsels begonnen haben.

Meine Stellungnahmen in den letzten Wochen waren von den Gedanken aus dem Weihnachtsbrief bestimmt: Das Schicksal von Flüchtlingen, die auf den unterschiedlichsten Wegen vor Krieg oder Verfolgung fliehen, wird uns als Christen nicht unberührt lassen. Ihnen zu helfen und sie zu unterstützen, ist ein Gebot der Nächstenliebe, und darüber ist mit der Kirche nicht zu reden. Wir sind gebunden – wer in Deutschland um Asyl bittet, darf auf unsere Zuwendung als Christenmenschen hoffen. Zum anderen ist es so, dass über die Ausgestaltung des Asylrechts und die Einwanderung nach Deutschland politisch gestritten und debattiert werden kann und muss wie über andere Themen auch.

Abschließend will ich gestehen, dass die unübersichtliche Situation der letzten Wochen mich persönlich sehr belastet hat. Als ich in der weihnachtlichen Vesper auf dem Dresdner Neumarkt vor 21.000 Menschen die kirchliche Sicht auf PEGIDA darstellte (nachzulesen unter http://www.evlks.de/landeskirche/landesbischof/25698.html), hatte ich mich darauf eingerichtet, dass es Protest geben könnte und war erleichtert, als es für die Aussage, dass nun der Dialog beginnen müsse, Beifall gab.

Am 5. Juli 2015 werden wir – dann zum dritten Mal – in unserer Landeskirche einen Taufsonntag feiern. Die beiden 2011 und 2013 vorangegangenen haben die Taufe in den Gemeinden, die sich beteiligten, neu ins Gespräch gebracht. Das ist hilfreich, denn leider tun sich manche Familien – insbesondere Alleinerziehende und Eltern mit nur einem evangelischen Elternteil – mit der Taufe ihrer Kinder schwer. Der Taufsonntag spricht gerade diese Gemeindeglieder an und so wurden bei den Tauffesten viele Kinder und manche Erwachsene getauft. Die Erfahrung zeigt, dass es genügend Eltern gibt, die auf das Angebot, ihr Kind taufen zu lassen und nach dem Gottesdienst die Taufe gemeinsam zu feiern, gern eingehen und vielleicht sogar darauf gewartet haben.

In diesem Jahr soll ein Schwerpunkt bei den kirchlichen Kindergärten sein. Vielleicht sprechen Sie die Leitung der Einrichtung in Ihrer Nähe einmal darauf an, ob man sich die Beteiligung am Taufsonntag vorstellen kann. So könnte das christliche Profil eines Kindergartens betont werden.

Natürlich besteht die Möglichkeit, am Taufsonntag ein Taufgedächtnis zu feiern, wenn keine Taufen angemeldet sind. Für den Gottesdienst sind wieder verschiedene Anregungen und Bausteine vorbereitet. Alles ist zu finden unter www.evlks.de/taufsonntag. Plakate wird es über die Superintendenturen geben.

Mit einer gewissen Erleichterung habe ich die Nachricht erhalten, dass nunmehr das Verfassungs- und Verwaltungsgericht der VELKD im Rechtsstreit der klagenden Kirchgemeinden gegen die Landeskirche wegen der Kassenstellen entschieden hat. Wenn auch die Angelegenheit ihre Brisanz längst verloren hatte, so ist es doch erfreulich, dass der Rechtsfriede wiederhergestellt wurde. Das Gericht ist der Argumentation der Landeskirche gefolgt.

Ich wünsche Ihnen eine gesegnete Passionszeit und verbleibe mit den besten Wünschen für Ihren Dienst

Ihr
Jochen Bohl

Anstelle eines Nachworts:

Antwort auf die Frage, wie Menschen zum Glauben an Christus finden und was er ihnen bedeutet

Erschienen in: »Der Sonntag«, Mai 2006

Auf die Frage, wie ein Mensch zum Glauben an Jesus Christus kommt, gibt es immer zwei Antworten; die erste ist eine sehr persönliche, und wahrscheinlich gibt es nicht zweimal die gleiche. Die zweite Antwort ist immer dieselbe: weil sich Gott in seiner Güte erbarmt und den Glauben geschenkt hat. Für mich ist es, was die persönliche Dimension betrifft, ein Zusammenwirken meiner Eltern, der kirchlichen Jugendarbeit und einiger Entscheidungen, die ich in sehr jungen Jahren getroffen habe – im Rückblick wohl ohne alle Auswirkungen übersehen zu können.

Von meinen Eltern bin ich in einer liebevollen und behutsamen Weise in den christlichen Glauben und in die elementaren geistlichen Lebensvollzüge eingeführt worden. Das Gebet und das Hören auf die Geschichten der Bibel, in denen sich Gott unserer Welt zuwendet, haben mich als Kind mit dem »Urvertrauen« beschenkt, dass ich in seinen Händen gut aufgehoben und bewahrt bin. Viel später, als Theologiestudent, habe ich erst mit einem gewissen ungläubigen Staunen festgestellt, dass andere Menschen Gott anders denken und erleben, bis dahin, dass sie ihn als eine Bedrohung empfinden. Das kann ich inzwischen im intellektuellen Sinn »nachvollziehen« – bis heute aber nicht wirklich verstehen. Denn im Lauf der Jahre ist die

Beziehung zu Gott ja weiter gewachsen, fester geworden; und die wunderbare Gabe des Gottvertrauens gibt mir das Gefühl, in dankbarer Übereinstimmung mit der Welt, in die ich gestellt bin, leben zu dürfen. Anders wäre es angesichts aller Widersprüche und Krisen der modernen Zeiten auch nicht gut auszuhalten für mich.

Später habe ich im Christlichen Verein Junger Menschen (CVJM) meiner Heimatstadt eine lebendige und fröhliche Gemeinschaft junger Christen gefunden, die mir einen Zugang zu Jesus Christus eröffnet hat. In ihr gab es Menschen, an denen ich mich orientieren konnte, mit denen ich über gemeinsame Hoffnungen und Ängste reden und beten konnte. Besonders wichtig war auch, dass ich Verantwortung übertragen bekam, zunächst für eine Jungschargruppe und darauf aufbauend und altersgemäß für weitere ehrenamtliche Aufgaben. Die Entscheidung, Theologie zu studieren und den Beruf des Pfarrers anzustreben, ist so über einen längeren Zeitraum gewachsen als Ausdruck der Glaubenshaltung, zu der ich gefunden hatte – im Sinne der zweiten Antwort auf die Frage nach dem Entstehen des Glaubens sollte ich besser sagen: zu der ich geführt worden war. Heute staune ich darüber, wie sehr diese Entscheidung, ich war ja erst 18 Jahre alt, als ich mich berufen sah, mein ganzes Leben bestimmt und geprägt hat. Meine Vorstellungen über eine »theologische Existenz« waren rückblickend ebenso verschwommen wie jene über den pfarramtlichen Dienst; und dennoch war der Weg tragfähig und richtig, den ich geführt wurde. Ich bin meiner Kirche dankbar, dass sie mich mit Aufgaben betraut hat, denen ich mich mit allen meinen Kräften und

Gaben stellen und also mit Leib und Seele Pfarrer sein durfte: Gemeinde- und Jugendpfarramt, Leitungsverantwortung in der Diakonie und nun der Dienst als Landesbischof.

Natürlich hat es auf diesem Weg auch Krisen gegeben. Den Zweifel als eine existentiell-bedrängende Not habe ich nicht kennengelernt; das habe ich wohl meinen theologischen Lehrern zu danken; und dass sie uns den Respekt vor der theologischen Arbeit derer, die uns vorangegangen sind, lehrten. Anfechtungen im Pfarramt sind mir aber ebenso vertraut wie jedem, der in diesem wunderbaren Beruf leben und arbeiten darf.

Mut zum Glauben? Es ist gut, und gar nicht schwer, sich glaubend der Güte Gottes anzuvertrauen – und wunderbar zu sehen, wie unser Herr den Mut zum Leben stärkt.